福建省社科规划项目"新农保参与、劳动力迁移与农村老年人经济供养研究"（项目编号：FJ2019B132）

福建理工大学人文社会科学创新团队"创新与绿色发展创新团队"项目资助

福建理工大学科研启动基金"互联网使用对农村老年人健康的影响研究"（项目编号：GY-S22015）

王小增◎著

新农保参与、劳动力迁移与农村老年人经济供养

New Rural Pension Participation, Labor Migration and Rural Elderly Financial Support

中国财经出版传媒集团

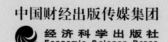

经济科学出版社

Economic Science Press

图书在版编目（CIP）数据

新农保参与、劳动力迁移与农村老年人经济供养 /
王小增著 . -- 北京：经济科学出版社，2023.6
ISBN 978 - 7 - 5218 - 4899 - 1

Ⅰ.①新…　Ⅱ.①王…　Ⅲ.①农村-养老保险制度-
研究-中国②农村劳动力-劳动力转移-研究-中国③农
村-养老-研究-中国　Ⅳ.①F842.67②F323.6
③D669.6

中国国家版本馆 CIP 数据核字（2023）第 121030 号

责任编辑：杜　鹏　武献杰　常家风
责任校对：王京宁
责任印制：邱　天

新农保参与、劳动力迁移与农村老年人经济供养

王小增　著

经济科学出版社出版、发行　新华书店经销

社址：北京市海淀区阜成路甲 28 号　邮编：100142

编辑部电话：010-88191441　发行部电话：010-88191522

网址：www. esp. com. cn

电子邮箱：esp_bj@ 163. com

天猫网店：经济科学出版社旗舰店

网址：http：//jjkxcbs. tmall. com

固安华明印业有限公司印装

710×1000　16 开　15 印张　240000 字

2023 年 6 月第 1 版　2023 年 6 月第 1 次印刷

ISBN 978 - 7 - 5218 - 4899 - 1　定价：89.00 元

前　言

当前中国人口老龄化、城镇化同步交织推进，产生了一系列亟待解决的社会问题，农村社会养老便是其中很关键并受到国家高度关注的社会问题。在当前社会经济发展水平下，对老年人的物质支持是养老的核心内容，在农村老年人的养老需求中仍然是最重要的，与老年人的生活质量与品质息息相关。农村老年人的经济支持主要来源于成年子女，然而现实生活中随着大规模农村中青年劳动力迁移到城镇，老年健康护理关系中的主体与客体发生区域空间分隔，增加了农村老年人在获取经济供养方面的不确定性，"老有所养"面临诸多挑战。为此，国务院于 2009 年开展新型农村社会养老保险制度试点，2012 年底实现了区域全覆盖，并在 2014 年与城镇居民社会养老保险制度统筹归并为城乡居民社会养老保险制度，现已成为农村老年人生活保障的重要组成部分。城乡居民社会养老保险制度基本上保持了原有新农保制度的相关规定，覆盖的人群主要还是农村居民，占其总量的 95% 左右。由于研究问题为农村老年父母的参保行为对成年子女劳动力迁移行为以及经济供养行为的影响，因此为了统一口径以及与国内外文献保持一致，本书仍然沿用新农保这一概念。

作为一项重大的、创新性制度安排，社会养老保险能否真正有效缓解当前农村社会的养老困境，实现预期政策目标，已成为其可持续发展的重要评判依据。农村老年人参加新农保，拥有了领取养老金资格或已领取养老金之后，对其个人、家庭成员福利水平将会产生什么影响呢？纵览已有的众多评估新农保绩效的研究成果，多从直接路径探讨新农保对家庭成员，尤其对老年人福利水平的影响，且研究结论并不一致。而新农保对老年人福利除了会产生直接影响，还可能会通过某些作用路径间接影响老年人福利水平，对此少有学者涉猎。基于此，本书以成年子女劳动力迁移为中介变量，探讨老年父母新农保参与对成年子女经济供养行为的内在影响机理，并尝试构建一个清晰的分析框架，为未来的研究提供一定的借鉴和参考。

本书的总目标是以完善农村社会养老保险制度、提高农村老年人生活保障和福利水平为出发点，通过建立基于新劳动力迁移经济学理论以及家庭效用最大化原理的成年子女经济供养行为的分析框架，从理论和实证分析考察老年父母新农保参与对成年子女劳动力迁移的影响及作用机理，并以成年子女劳动力迁移为中介变量，探讨成年子女经济供养决策行为及其变化规律，以此来科学评价中国新农保制度的福利效果，为选择和制定适当的农村养老社会体系及保障政策、提高政策效率提供科学的理论框架和政策建议。全书共9章，主要的研究内容和相关研究结论陈述如下。

研究内容一：新农保参与对成年子女劳动力迁移决策行为影响研究

老年父母因参与新型农村社会养老保险，可保障其有一定的稳定收入，在一定程度上缓解成年子女迁移的信贷约束和照顾孩子的约束，减少老年父母对成年子女的依赖，因此，成年子女劳动力迁移决策行为可能会发生变化。本部分将从理论方面分析新农保参与对成年子女劳动力迁移行为产生影响的内在机理和一般规律；在实证方面，采用中国健康与养老追踪调查（China Health and Retirement Longitudinal Study，CHARLS）相关数据，运用固定效应模型和工具变量法着重探讨新农保参与对成年子女劳动力迁移行为产生影响的程度和政策效应水平。研究结论表明：老年父母新农保参与行为显著提高了成年子女发生劳动力迁移的概率。老年父母新农保参与对儿子迁移的影响大于女儿，且对教育程度低、收入水平较低的成年子女效应更显著。老年父母由于身体健康、心理健康差异，新农保参与行为对成年子女劳动力迁移概率的影响也存在异质性差异。同时，老年父母新农保参与行为对成年子女劳动力迁移概率的影响存在区域差异。与此同时，老年父母新农保参与行为对成年子女劳动力迁移距离的影响显著为正，提高了成年子女向县外迁移的概率，但在迁移距离影响中，对女儿迁移的影响大于对儿子迁移的影响。

研究内容二：新农保参与对成年子女经济供养决策行为影响研究

老年父母参加新农保领取一定额度的养老金后，收入约束得到释放，出于家庭成员的利他动机和交换动机，成年子女经济供养行为也可能发生变化。本部分将讨论在老年父母新农保参与的情况下，成年子女对老年父母经济供养行为是产生正向还是负向的影响，影响方式和影响程度如何？研究结论表明：老年父母新农保参与对成年子女提供经济供养概率和总额的影响显著为正，提高了成年子女经济供养的概率，增加了成年子女经济供养总额。与此同时，老年父母新农保参与对成年子女提供经济供养形式具有显著的影响，成年子女以实物形式提供经济供养的比例逐步增加。此外，通过样本异质性分析可知，上述研究结论存在一定的异质性效应。

研究内容三：以劳动力迁移为中介变量，探讨新农保参与对成年子女经济供养决策行为影响机制

本部分基于新劳动力迁移经济学理论，在家庭效用最大化原理的框架下，以成年子女劳动力迁移为中介变量，采用中介效应模型，深入分析老年父母新农保参与对成年子女经济供养决策行为的影响机理和效应，并从实证角度深度解析和重新评价现阶段新农保制度的福利效果。研究结论表明：成年子女劳动力迁移行为在老年父母新农保参与影响成年子女经济供养决策、成年子女经济供养程度以及成年子女经济供养形式中起到部分中介作用，是老年父母新农保参与影响成年子女经济供养的重要中介机制，且成年子女劳动力迁移的中介效应还存在性别及收入性差异。

综合上述三个方面的研究内容，本书得出如下结论：老年父母新农保参与行为对成年子女劳动力迁移会产生显著正向影响；老年父母新农保参与行为会显著"挤入"成年子女的经济供养，使老年父母的经济福利水平得到双重提升；成年子女劳动力迁移行为在老年父母新农保参与影响成年子女经济供养行为中起到部分中介作用，是提升老年父母经济福利水平重要的中介机制。因此，要提高农村老年人经济福利水平，解决农村劳动力流动性不足的社会问题，必须逐步提高基础养老金标准和政策补贴力度，不断创新社会养老保险的运行机制和瞄准机制，增强社会养老保险的公平性和针对性；由于农村青壮年外出，迫切需要解决老年父母日常照料的问题，各级地方政府应推动农村养老基础设施建设，大力发展智慧养老产业，促进社会关怀；此外，要增强社会养老保险带来的福利效应，必须消除农民城乡流动就业的制度性和体制性障碍，切实保障农村劳动力迁移者的合法权益。

本书的特色和创新之处主要体现在以下两点：第一，从研究内容上看，国内外鲜有探讨新农保参与对农村劳动力迁移影响的研究成果，已有的极少数研究成果结论也并不一致。此外，本书首次以成年子女劳动力迁移为中介变量，探讨老年父母新农保参与对成年子女经济供养行为的影响。本书深度解析新农保制度的福利效果，可为评价新农保制度提供有价值的参考，也能为现阶段中国城乡社会养老保障制度的修正、完善及可持续发展提供科学参考依据，同时也丰富了成年子女经济供养研究方面中国的实证证据。第二，从研究方法和研究数据来看，本书突破了新农保参与对经济供养直接影响的通常途径，力图探讨老年父母新农保参与对成年子女经济供养影响的间接途径，引入"成年子女劳动力迁移"这个中介变量；在实证分析上，构建基于新劳动力迁移经济学理论及家庭效应最大化原理的成年子女经济供养行为分析框架，采用固定效应模型、工具变量法和中介效应模型相结合的方法，以 CHARLS 数据为基础，用来测算、评价老年父母新农保参与对其成年子女经济供养的影响，弥补了现有文献的不足。

王小增

2023 年 3 月

目　录

第1章 导 论

本章主要分为四个部分：第一部分，主要深入阐述了研究背景与研究问题的提出；第二部分，就研究目标和研究内容进行了简要介绍；第三部分，具体阐述了研究方法与技术路线；第四部分，简要介绍了研究的创新点与不足之处。

1.1 研究背景与问题的提出

1.1.1 研究背景

当前中国人口正同时面临着前所未有的两大社会变革。

一是人口老龄化已经发展为一种"新常态"。统计数据显示，1992年我国65岁及以上的老年人口比例为6.2%，而2000年该比例已增长到7%，这表明中国进入了人口老龄化社会①，且人口老龄化趋势仍在不断加剧，截至2020年底，该比例增长至13.5%，随着中国老年人口的增长，老年抚养比也从2000年的9.9%增加到2020年的19.7%（见表1-1）。2021年中国60岁及以上人口为26 736万人，比上年增加992万人，占全国人口的18.9%，比上年提高了0.7个百分点，人口老龄化程度将进一步加剧。相对于城镇，中国农村人口老龄化更为严重：根据第七次全国人口普查数据显示，中国农村60岁及以上人口占比为23.81%，而城市60岁

---

① 根据国际标准，当60岁及以上人口的占比超过10%或者65岁及以上人口占比超过7%，即该国或地区被认为进入了老龄化社会。

及以上人口占比为 15.82%。如果考虑到大量拥有农村户籍的中青年劳动力在城市务工的事实，中国农村老龄化问题更为严峻[①]。

表1-1　　中国人口年龄结构和老年抚养比（2000~2020年）

年份	总人口（万人）	65 岁及以上人口		老年抚养比（%）
		人口数（万人）	占比（%）	
2000	126 743	8 821	7.0	9.9
2001	127 627	9 062	7.1	10.1
2002	128 453	9 377	7.3	10.4
2003	129 227	9 692	7.5	10.7
2004	129 988	9 857	7.6	10.7
2005	130 756	10 055	7.7	10.7
2006	131 448	10 419	7.9	11.0
2007	132 129	10 636	8.0	11.1
2008	132 802	10 956	8.3	11.3
2009	133 450	11 307	8.5	11.6
2010	134 091	11 894	8.9	11.9
2011	134 916	12 277	9.1	12.3
2012	135 922	12 777	9.4	12.7
2013	136 726	13 262	9.7	13.1
2014	137 646	13 902	10.1	13.7
2015	138 326	14 524	10.5	14.3
2016	139 232	15 037	10.8	15.0
2017	140 011	15 961	11.4	15.9
2018	140 541	16 724	11.9	16.8
2019	141 008	17 767	12.6	17.8
2020	141 212	19 064	13.5	19.7

资料来源：2021 年《中国统计年鉴》。

二是人口城镇化，中国正在进行的城镇化在人类历史上是前所未有的。从 1979 年经济改革开始到 2004 年的 25 年间，中国的城市人口从 1.7 亿增加到 5.4 亿，居住在城市的人口比例从 17.9% 上升到 41.8%[②]。数以

[①]　资料来源：国家统计局第七次全国人口普查汇总数据。

[②]　World Bank Report（2006）. How Will China's Saving-investment Balance Evolve? World Bank China Office Research Working Paper No. 5.

万计的农村劳动者在城市地区工作和居住，数量每年都在增加，截至 2021
年，中国城镇化率达到 64.7%。随着中国经济快速发展，地区之间、行业
之间要素流动壁垒逐渐消除，因而吸引了大量农村劳动力向城市迁移，农
村劳动力迁移规模日益增大（王小龙和兰永生，2011）。从农村到城市地
区的大规模迁移，构成了世界历史上最大的农业劳动力外流。据统计，
2021 年农民工总量达到 29 251 万人，其中外出农民工 17 172 万人，约占
农民工总量的 60%。农民工仍以青壮年为主，外出农民工平均年龄为 36.8
岁，其中 40 岁及以下所占比重为 65.8%[①]。

与此同时，许多学者的研究表明，中国过去三四十年的城乡劳动力迁
移为中国社会发展、经济增长作出了重要贡献。但随着中国人口的快速老
龄化、工厂劳动力短缺，农村劳动力流动性不足的社会问题（见表 1 - 2），
引起了越来越多的研究人员和政策制定者的审视。当前中国经济增长开始
步入了"新常态"，过去主要依靠经济快速增长来促进城乡劳动力迁移的
基本条件已经发生根本改变，为了有效促进经济社会发展，深入了解影响
城乡劳动力迁移的因素至关重要，从而不断探索如何放大现有公共政策的
制度效应。

表 1 - 2　　　　　　　2011 ~ 2021 年中国农民工增长率统计

年份	农民工总增长率 （%）	外出农民工增长率 （%）	本地农民工增长率 （%）
2011	4.4	3.4	5.9
2012	3.9	3	5.4
2013	2.4	1.7	3.6
2014	1.9	1.3	2.8
2015	1.3	0.4	2.7
2016	1.5	0.3	3.4
2017	1.7	1.5	2
2018	0.6	0.5	0.9
2019	0.8	0.9	0.7
2020	- 1.8	- 2.7	- 0.4
2021	2.4	1.3	4.1

资料来源：2011 ~ 2021 年《全国农民工监测调查报告》。

---

① 资料来源：国家统计局 2021 年《全国农民工监测调查报告》。

伴随着人口结构的转变，中国在人均收入水平较低的背景下便进入了老龄化阶段，形成"未富先老"的特点（蔡昉，2010）。同发达国家人口老龄化伴随着城市化和工业化，呈渐进的步伐不同，中国的"人口老龄化""城镇化"同时推进，相互交织。这两种人口变化的结合带来了重大的社会变化，其中最迫切需要是照顾老人的问题。老人照料已成为家庭、社区乃至国家面临的巨大挑战。这种挑战在中国农村地区尤其严重。截至2010年，我国60岁及以上的老年人口占总人口的13.26%，即1.8亿，其中有一亿以上的老年人生活在农村（叶敬忠和贺聪志，2009）。第七次全国人口普查的数据显示，农村60岁、65岁及以上老人的比重分别为23.81%和17.72%，比城镇分别高出了7.99、6.61个百分点。而全国第六次人口普查时，人口差距分别为3.19、2.26个百分点，说明农村人口老龄化比城市更快、程度更深。

与城市相比，农村经济水平较低、居住条件较差、医疗资源相对匮乏，农村老年人更具脆弱性。受经济发展水平和传统家庭观念的影响，中国农村养老保障制度不健全，家庭养老仍然是农村老年人主要的养老方式（卢海阳和钱文荣，2014）。在养老体系中，对老年人的赡养主要包括经济供养、时间照料等内容（李瑞芬和童春林，2006），而在目前社会经济发展水平下，经济供养即对老年人的物质赡养是养老的核心内容，仍然是大多数农村老年人最重要的养老需求，直接关系老年人的生活质量（叶敬忠和贺聪志，2009；张文娟，2012）。农村老年人的经济支持主要来源于成年子女，据第六次全国人口普查数据显示，中国农村老年人主要经济来源中家庭内部转移支付高达47.74%[①]。但是，农村中青年劳动力迁移到城镇，导致老年健康护理关系中的主体与客体发生区域空间分隔，增加了农村老年人在获取经济供养方面的不确定性，严重削弱了传统家庭养老功能的发挥，"老有所养"面临诸多挑战。在人口老龄化和城镇化的双重背景下，农村养老问题不仅关系到农村老年人自身福利和生活质量，更是构建更具幸福感社会的重大社会问题。

认识到中国的人口变迁正在挤压家庭、破坏传统的养老方式，为了应对中国农村日益严峻的养老问题，也为了逐步推进城乡社会公共服务的均

---

① 资料来源：国家统计局2010年第六次全国人口普查数据，经作者计算得到。

等化，国务院于 2009 年 9 月发布了《关于开展新型农村社会养老保险试点的指导意见》，决定在全国开展新型农村社会养老保险制度（以下简称新农保）试点，并于 2012 年底实现全覆盖。2014 年 4 月，国务院发布了《关于建立统一的城乡居民基本养老保险制度的意见》，在总结新农保和城镇居民社会养老保险（以下简称城居保）试点经验的基础上，将新农保和城居保两项制度合并实施，在全国范围内建立统一的城乡居民基本养老保险（以下简称城乡居民养老保险）制度。城乡居民社会养老保险制度基本上保持了原有新农保制度的相关规定，覆盖的人群主要还是农村居民，占其总量的 95% 左右。所以，对于新农保制度研究的结论对于城乡居民基本养老保险同样具有很重要的参考价值。城乡居民养老保险制度与新农保制度在政策规定性方面大体相同，保险基金主要由个人缴费和政府补贴构成。参加养老保险的居民，年满 60 周岁，可按月领取养老金。据人力资源和社会保障部网站数据显示，截至 2021 年底，全国参加城乡居民社会养老保险的总人数已达 54 797 万人，其中，实际领取待遇人数 16 213 万人，月人均领取养老金 179 元，占当年农村家庭人均可支配收入的 11. 35%[①]，农村社会养老保险已成为农村老年人生活保障的重要组成部分。

由于国家社会养老保险政策的调整，虽然新农保与城居保统一归并为城乡居民养老保险，但由于研究问题为农村老年父母的参保行为对成年子女劳动力迁移行为以及经济供养行为的影响，因此为了统一口径以及与国内外文献保持一致，本书仍然沿用新农保这一概念。

以新农保为代表的农村社会保障制度，承担着实现广大农村居民老有所养等一系列政策任务。政府和学界对新农保解决农村居民的养老问题寄予厚望，是"实现广大农村居民老有所养、促进家庭和谐、增加农民收入的重大惠民政策"，也是"促进基本公共服务均等化的重要基础性工程"[②]。研究表明，养老金计划均在不同程度上动摇了传统的家庭养老模式，推进了社会化养老的进程（Juarez，2009）。在中国"人口老龄化""城镇化"双重背景下，作为一项重要的创新性制度安排，新农保改变了农村家庭的

---

① 2021 年全国农村家庭人均可支配收入为 18 931 元（数据来源：2021 年国民经济和社会发展统计公报）。

② 2009 年 9 月中华人民共和国国务院《关于开展新型农村社会养老保险试点的指导意见》。

预算约束，从而可能影响农村老人的经济来源、照料模式等在内的现有养老模式，继而可能对中国农村社会的家庭关系、家庭结构产生重要影响。新农保实施后的绩效如何？新农保制度在多大程度上惠及了目标群体，并对农村老年人的收入差距与贫困保护带来怎样的影响？农村老年人参加新农保，拥有了领取养老金资格或已领取养老金之后，对其个人、家庭成员福利水平将会产生什么影响？作为一项重大的、创新性制度安排，社会养老保险能否真正有效缓解当前农村社会的养老困境，实现预期政策目标，已成为其可持续发展的重要评判依据。与此同时，这一议题又涉及我国城乡劳动力市场的建设以及未来经济的发展。当前，中国经济发展进入"新常态"，经济发展减缓和劳动力市场发生根本性转变要求密切关注社会保障制度与劳动力市场之间的关系，释放各类制度、政策的最大潜力，也成为促进中国经济社会发展所需要考虑的重要议题。

1.1.2 研究问题的提出

国外研究表明，信贷约束和照顾未成年子女的约束阻碍了农民外出就业，养老金会通过缓解上述约束从而显著促进成年子女劳动力迁移（Posel，et al.，2006；Ardington，et al.，2009）。农村老年父母因参与新农保，保障其有一定的稳定收入，考虑到当前农村老人实际生活支出，新农保养老金可以比较明显地提高老年人的收入水平，因此，相应的保障及收入效应会比较显著。一方面，老人会将更多的精力和时间贡献给家庭，如帮助成年子女操持家务、抚养儿童，从而促进家庭中成年子女的外出就业决策。另一方面，领取一定养老金可以增强老年父母的心理安全，帮助老年父母获得自尊和社会尊重，减少老年父母对子女的心理依赖；同时使得老年父母更负担得起相关医疗服务，使养老金领取者可以采取购买养老服务替代成年子女的直接照料，减少老年父母对成年子女照料的依赖，放松成年子女对老年父母的照顾约束，从而促进其劳动力迁移，加快城乡劳动力流动，为经济发展提供更多的劳动力支持。

农村劳动力迁移作为一种理性选择，通常能够增加农村家庭收入水平，从而提高外出务工子女对农村老年人的经济供养能力（王小龙和兰永生，2011），在传统儒家孝悌思想的影响下，迁移的成年子女往往会通过对老年父母的经济供养来弥补日常照料等方面的缺位，成年子女在迁入地就业后收入水平相对提高，会通过汇款等方式为父母提供更多的经济支持，绝大多数留守老人的经济和福利状况也因此得到改善（Mason，1992；Knodel et al.，2010）。国外研究表明，利他动机和交换动机是经济供养行为背后的主要动机（Becker，1974）。如果基于利他动机，迁移的成年子女会随着农村老年父母年龄的增长以及健康状况恶化增加其经济供养。如果经济供养行为是基于交换动机，基于家庭中的交换服务（如老年父母帮助迁移子女照料其未成年子女或者提供劳务帮助），在成年子女劳动力迁移的情况下，迁移成年子女将为老人提供更多的经济供养。

但与此同时，家庭现代化理论提出，随着社会现代化和经济发展，家庭结构将从父系扩大的家庭结构转变为具有较小的核心家庭，老人在家庭和社会中的地位可能降低，代际支持可能削弱（Goode，1963；Benjamin et al.，2000；Yan，1997）。劳动力迁移导致"孝"观念的弱化，淡化了原有的乡村人情社会对于人们遵循传统文化的约束力，降低了老年人和传统社区对成年子女的控制能力，从而削弱了农村老年人的经济供养体系（Ikels，1993；Chan，1999；Hermalin，2002）。外出务工的子女随着生活方式及价值观的改变，其与家庭的联系减少或被阻断，进而影响他们对父母的养老支持（Du et al.，2000）。在城市生活越久的外来务工者越关注独立和平等，从而最终可能削弱他们对农村老年父母的经济供养意愿和水平。

纵览已有的众多评估新农保绩效的研究成果，多从直接路径探讨新农保对家庭成员，尤其对老年人福利水平的影响，且研究结论并不一致。而新农保对老年人福利除了会产生直接影响，还可能会通过某些作用路径间接影响老年人的福利水平，对此少有学者涉猎，更鲜有学者将新农保与农村劳动力迁移结合来考虑。若老年父母新农保参与显著促进成年子女劳动力迁移，成年子女劳动力迁移增加对其父母的经济供养，提高老年人的生活保障、降低贫困发生率，则新型农村社会养老保险的政策效应会得到进一步增强，将大大缓解农村老年人的养老困境，农村老年人的生活质量和福利水平得到进一步改善；反之，若成年子女劳动力迁移显著降低对父母的经济供养，则新农保制度的福利效应将会受到严重削弱，新农保制度不仅不会增加农村老年人福利，而且会使农村老年人的生活质量和福利水平更加恶化，加剧农村养老问题的严峻性，新农保制度带来的结果将有悖于保险本身的政策初衷和目标。若老年父母新农保参与对成年子女劳动力迁移影响为负，限制了成年子女劳动力城乡迁移。当成年子女劳动力迁移增加了对其父母的经济供养，新农保制度挤出了成年子女的经济供养，降低了农村老年人的福利水平；反之，当成年子女劳动力迁移显著降低了对父母的经济供养，新农保制度则起到了缓冲的作用，减轻了由于成年子女劳动力迁移带来的福利水平恶化程度。

那么，农村老年父母参加新农保拥有领取养老金资格或已领取一定养老金后，成年子女劳动力迁移决策行为将会如何变化，是促进迁移还是阻碍迁移？进而，对其老年父母的经济供养行为又将发生何种影响，是增加还是减少？若新农保参与显著影响农村劳动力城乡迁移，将会严重影响该政策的实际效果，可能会因为家庭内部代际经济支持关系的改变，挤出（或挤入）成年子女对农村老年父母的经济供养而得以削弱（或加强），农村老年人福利水平也因此可能会得以改善或者更加恶化。而忽略参与新农保可以影响农村劳动力迁移的前提下，单纯地考量新农保本身而忽略其与其他涉及农村老年人切身利益相关因素的关联性，显然既难以客观评价新农保制度的实施效果，也不利于农村社会的稳定和发展。

基于此，本书以完善农村社会养老保险制度、提高农村老年人生活保障和福利水平为目标，以经济学尤其是新劳动力迁移经济学理论和家庭效用最大化原理为基础，科学评价我国新农保制度的福利效果，这对我国农村养老社会保障政策的进一步完善和发展具有理论和现实的双重意义。为实现这一研究目标，本书拟将劳动力迁移作为中介变量引入新农保制度的福利效果分析框架中，讨论成年子女劳动力迁移对其农村老年父母经济供养的影响，从而深度解析和重新评价现阶段新农保的政策效果，丰富现有关于新农保和农村老年人经济供养的研究成果。此外，本书可为现阶段城乡居民社会养老保险政策的修正、完善以及可持续发展提供科学的参考依据，对于稳固和提高中国农村老年人生活质量和福利水平具有重要现实意义。

本书还有助于增进我们对发展中国家公共养老金计划的了解。中国新农保实施只有十几年的时间，还没有开展深入研究。相比之下，南非的老年养老金制度在 20 世纪 90 年代初迅速扩大，且已经进行了广泛的研究。南非的养老金非常丰厚，是农村人均收入的两倍，因此有理由预期在家庭行为中发挥重要作用。相比之下，新农保由于没有那么丰厚，正好提供了一个分析家庭行为边际变化的机会。这样的养老金收入是否会对老年人的福利产生明显影响，或以可观察的方式影响家庭决策？如果是，哪些家庭行为最敏感？这些问题的答案具有重要的政策含义，同样有利于丰富现有家庭理论。

此外，对于成年子女来说，发生劳动力迁移、前往城镇就业是其重要的经济决策，同时也有利于整个国家劳动力资源的合理配置（Harris et al.，1970）。当然，城乡间劳动力转移仍面临较多障碍因素，这使得大量农村剩余劳动力难以实现自由流动。尤其在当前中国经济增长步入了"新常态"，过去主要依靠经济快速增长来促进劳动力转移的基本条件已经改变，反而需要通过进一步深化改革来打破阻碍劳动力自由流动的壁垒。因此，评估社会养老保险对于城乡劳动力转移的影响，对于推进中国城乡劳动力转移和城镇化进程具有现实意义。

1.2　研究目标和研究内容

1.2.1　研究目标

本书的总目标：以完善农村社会养老保险制度、提高农村老年人生活保障和福利水平为出发点，建立基于新劳动力迁移经济学理论以及家庭效用最大化原理的成年子女经济供养行为的分析框架，通过理论和实证分析考察老年父母新农保参与对成年子女劳动力迁移的影响及作用机理，并以成年子女劳动力迁移为中介变量，探讨成年子女经济供养决策行为及其变化规律，以此来科学评价中国新农保制度的福利效果，为选择和制定适当的农村养老社会体系及保障政策、提高政策效率提供科学的理论框架和政策建议。

本书的具体目标如下。

第一，通过理论和实证来探讨老年父母新农保参与对成年子女劳动力迁移影响方向、具体作用机制以及相应的政策效应水平。

第二，构建基于新劳动力迁移经济学理论及家庭效用最大化原理的成年子女经济供养行为分析框架，实证分析老年父母新农保参与对成年子女经济供养决策行为的影响，明确影响方向以及影响程度，并对迁移后成年子女经济供养行为进行经济学分析和解释。

第三，根据上述研究结果，以成年子女劳动力迁移为中介变量，探讨新农保制度对成年子女经济供给行为的影响程度及作用机理，并探讨提高农村老年人生活福利保障制度各种可能的政策选择，为提高中国农村社会养老保障制度的效率及其优化设计提供可供参考的实证依据。

1.2.2　研究内容

研究内容一：新农保参与对成年子女劳动力迁移决策行为影响研究

老年父母因参与新型农村社会养老保险，保障其有一定的稳定收入，相应的收入效应会比较显著，可在一定程度上缓解成年子女迁移的信贷约束和照顾孩子的约束，减少老年父母对成年子女的依赖，因此，成年子女劳动力迁移决策行为可能会发生变化。本部分将从理论方面分析新农保参与对成年子女劳动力迁移行为产生影响的内在机理和一般规律；在实证方面，运用 CHARLS 相关数据，着重探讨新农保参与对成年子女劳动力迁移行为产生影响的程度和政策效应水平。

研究内容二：新农保参与对成年子女经济供养决策行为影响研究

老年父母参加新农保领取一定额度的养老金后，收入约束得到缓解，出于家庭成员的利他动机和交换动机，成年子女经济供养行为也可能发生变化。本部分将讨论在老年父母新农保参与的情况下，成年子女对老年父母经济供养行为是产生正向还是负向的影响，影响方式和影响程度如何？

研究内容三：以劳动力迁移为中介变量，探讨新农保参与对成年子女经济供养决策行为的影响机制

当前对新农保制度是否会替代或挤出成年子女向农村老年父母经济供养的研究结论尚无法统一，且农村父母参与新农保，除了可以直接影响成年子女对其经济供养，还可以通过影响其他因素，尤其是成年子女劳动力迁移，进而间接影响成年子女经济供养。本部分基于新劳动力迁移经济学理论，在家庭效用最大化原理的框架下，以成年子女劳动力迁移为中介变量，采用中介效应模型，深入分析老年父母新农保参与对其经济供养决策

行为的影响机理和效应,并从实证角度深度解析和重新评价新农保制度的
福利效果。

研究内容四:完善中国农村社会养老保险制度的相关政策建议

新型农村社会养老保险制度会通过不同影响途径对成年子女经济供养
行为产生不同的影响,从而同一公共政策干预对老年人的生活质量和福利
水平将产生异质性的预期效果。因此,本部分综合分析国内外社会养老保
险管理模式和运行机制,结合中国农村社会养老保险制度参与各方的实际
情况,为中国农村社会养老保险制度的改革和完善提出比较有价值的成果
和政策建议。

1.3　研究方法与研究技术路线

1.3.1　研究方法

本书运用规范研究和实证研究相结合、归纳分析与演绎分析相结合、
系统分析与比较分析相结合的方法进行综合研究。在研究步骤上,严格按
照经济学研究范式,即从"文献收集与整理—提出理论假说—验证假设—
结论和政策建议"的步骤逐步推进。

本书以 2011、2013 两年的中国健康与养老追踪调查(CHARLS)数据
为基础,形成短期面板数据,针对不同的研究内容和数据特点采用不同的
实证研究方法。本书中主要涉及的计量模型有固定效应模型、Tobit 面板模
型、工具变量法和中介效应模型。

采用固定效应模型(fixed model)和工具变量法分析农村父母新农
保参与行为对成年子女劳动力迁移以及成年子女是否提供经济供养的
影响;

采用 Tobit 面板模型(tobit model)和工具变量法分析农村父母新农保
参与行为对成年子女经济供养程度以及经济供养形式的影响;

采用中介效应模型(mediator effect model)分析成年子女劳动迁移行
为在农村父母新农保参与行为对成年子女经济供养行为中的中介效应。

1.3.2　研究技术路线（见图1-1）

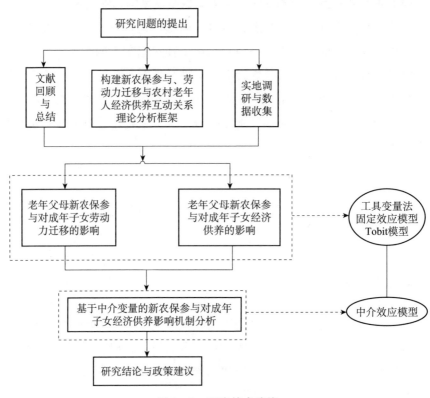

图1-1　研究技术路线

1.4　本书的创新点与不足

1.4.1　主要创新点

本书根据家庭效用最大化原理，以新劳动力迁移经济学理论为基础，结合中国家庭养老文化和农村独特的社会背景，探讨老年父母新农保参与对成年子女劳动力迁移决策行为以及经济供养行为的影响，科学评价中国新农保制度的福利效果，这对中国农村养老社会保障政策的进一步完善和发展具有理论和现实的双重意义。

本书的特色和创新之处主要有以下两点。

1. 从研究内容来看，通过文献整理发现，国内外鲜有探讨参与新农保对农村劳动力迁移影响的研究成果，已有的结论也并不一致。本书拟重点探讨老年父母新农保参与对农村劳动力迁移行为产生影响的内在机理和一般规律，有利于更深入地掌握新农保制度的政策效应。此外，本书首次以成年子女劳动力迁移为中介变量，探讨新农保参与对农村老年人经济供养行为的影响。本书在明确成年子女劳动力迁移方向的基础上，着重探讨成年子女在农村老年父母参与新农保的情况下，其经济供养将会如何发生变化？主要细分为以下两个方面：一方面，探讨在此双重因素下，成年子女对其农村老年父母的经济供养产生影响的机制，并通过实证来判断影响的程度和效应；另一方面，探讨农村劳动力迁移这个中介变量的作用机制和中介效应水平，从而深度解析新农保制度的福利效果，可为评价新农保制度提供有价值的参考，也能为未来公共政策的完善和进一步深化提供一定的启示，同时也丰富了成年子女经济供养研究方面中国的实证证据。

2. 从研究方法和研究数据来看，本书突破了新农保参与对经济供养直接影响的通常途径，力图探讨老年人新农保参与对其成年子女经济供养影响的间接途径，引入"成年子女劳动力迁移"这个中介变量。在实证分析上，构建基于新劳动力迁移经济学理论及家庭效应最大化原理的成年子女经济供养行为分析框架，采用固定效应模型和中介效应模型相结合的方法，以中国健康与养老追踪调查（CHARLS）数据为基础，用来测算、评价老年父母新农保参与对其成年子女经济供养的影响，弥补现有文献的不足。

1.4.2 不足之处

当然，受到数据、时间、个人研究能力以及研究手段的制约，本书尚有几个方面有待进一步加强和完善，主要体现在以下几方面。

第一，本书只是利用了 CHARLS 2011、2013 年两年的数据，而未对中国实施新农保政策以来的长期数据进行分析，尤其是忽略了新农保政策的滞后性影响，这方面有待在数据更新和完善后作进一步分析。

第二，老年父母新农保参与行为除了通过劳动力迁移影响成年子女经济供养行为，可能还会通过其他中介变量如劳动力供给、社会网络等发挥作用。由于研究时间的限制以及研究数据的缺乏，本书并未涉及，还有待进一步的针对性研究。

第 2 章　文献综述

　　本章主要分为四个部分：第一部分，围绕社会养老保险与劳动力迁移行为之间的关系展开回顾；第二部分，就养老金计划与成年子女经济供养行为之间的关系进行归纳和总结；第三部分，详细回顾劳动力迁移与成年子女经济供养行为关系的相关研究成果；第四部分，对国内外文献进行简要述评。

2.1　社会养老保险与劳动力迁移行为的关系

　　养老保险的劳动力供给效应一直受到世界各地经济学家的普遍关注，成为社会保险研究中核心问题之一，尤其以中老年人劳动力供给影响研究为主（Krueger et al.，2002；VERE，2011；黄宏伟，2014；解垩，2015；刘凌晨和曾益，2016；刘欢，2017；刘子兰等，2019；张征宇和曹思力，2021）。而社会养老保险对劳动力迁移行为的影响，尤其对成年子女劳动力迁移影响的研究相对较少。

2.1.1　社会养老保险促进劳动力迁移

　　国外现有不多的相关文献中，多以南非社会养老金项目来探讨养老金对劳动力转移产生的影响。阿丁顿（Ardington，2009）认为，如果家庭经济上的贫困和照料未成年子女抑制了农户外出工作，南非养老金制度的实施可以通过放松家庭的信贷限制或更好地照顾子女，增加了青壮年劳动力迁移。随着中国于 2009 年试点新农保制度，也有少部分学者关注到了新农保对成年子女劳动力迁移的影响。陈（Chen，2015）和凯伦等（Karen et al.，2018）分别利用在贵州和山东莱芜的调查数据，通过断点回归分析了新农保制度对成年子女劳动力迁移的影响，结果显示：领取养老金有利于促进成年子女劳动力外出从事非农工作，其中外出迁移影响具有性别差异，对儿子的影响较为显著；同时，社会养老保险对父母一方身体欠佳的成年子女的迁移行为影响更大，可减少老年人对成年子女照料的依赖，新农保在一定程度上放松成年子女对父母的照顾约束，从而促进其劳动力外流。此外，贵州的效应明显大于山东莱芜。

国内关于新农保对劳动力转移，尤其是成年子女外出迁移的研究处于起步阶段，学者关注度不足。谭华清等（2016）的研究同样认为，老年父母因参与新型农村社会养老保险，保障其有一定的稳定收入，会影响老年父母的养老模式，老人也会将更多的精力和时间贡献给家庭，如操持家务、抚养儿童，从而可能影响家庭中成年子女的外出就业决策，并利用中国家庭追踪调查数据（CFPS）进行实证分析，结果显示新农保有利于促进劳动力外出，参加新农保的家庭比没有参加的家庭成员外出就业的概率要高2%左右。此外，对于未成年孙辈数量较多、教育程度高的或收入高的家庭来说，新农保影响效应更为显著。

2.1.2 社会养老保险阻碍劳动力迁移

由于社会养老保险收入属于政府转移支付，对于公民来说就构成稳定的收入来源，如果保险收入较高，无形中就降低了劳动力外出就业的意愿。沈毅等（2013）认为，新型农村社会养老保险的实施，使得农民就业的理性和自主性得以提高，农民工劳动力流向在结构上出现重大变化，农民工在中西部地区和当地就业的数量持续增长，某种意义上削弱了农民外出就业的想法。于新亮等（2019）利用CLDS数据实证结果显示，新农保使农村劳动力迁移概率下降了56.82%，由于新农保非携带性特征使其对农村劳动力迁移产生锁定效应，且对中青年劳动力的锁定效应大于老年劳动力。同样，封进（2019）研究表明，中国社会保障基金区域性运营也在一定程度上阻碍了劳动力流动，但对中老年劳动力的锁定效应更明显。

此外，詹生（Jensen，2003）研究发现，南非社会养老金项目对家庭劳动力迁移没有显著影响；波塞尔等（Posel et al.，2006）也认为，南非社会养老金项目整体上对成年子女劳动力迁移影响不显著，但发现养老金会通过放宽信贷限制、帮助照顾儿童而显著促进女性成年子女劳动力迁移，而且社会养老金收入效应根据领取者的性别而有所不同，女性老人领取养老金更有利于成年子女外出迁移。

2.2 养老金计划与成年子女经济供养行为的关系

参加新农保意味着农村老年人能够获得一笔稳定的养老金，从养老金对老年人经济来源的影响来看，由于养老金可能会对传统的子女赡养方式造成冲击，因此，养老金的存在是否会替代或挤出子女向老年父母的经济供养成为研究的重点。近年来，国内外学者多从理论与实证两个层面来探讨养老金计划对成年子女经济供养行为的影响。

从理论上来说，学者们更多关注到了代际支持背后动机的重要性，并认为代际支持的动机决定了父母养老金收入对成年子女经济供养行为影响的方向和强度。如果成年子女出于利他动机对老年父母实施经济支持，即为了满足父母的生活需要，那么父母拥有养老金收入将会降低成年子女的经济供养水平（Becker，1974；Barro，1974）。然而，若成年子女为了换得老年父母的家庭服务或财产继承权而向父母进行经济转移，如换取老人帮助照料孩子或料理家务等，那么即使父母有了养老金收入，也并不会减少成年子女的经济支持水平（Bernheim et al.，1985；Cox，1987）。一些学者研究发现，中国家庭代际支持基本上基于交换动机（江克忠等，2013；张琪和李廷豪，2015；杨帆和杨成刚，2016），还有一部分学者认为，中国家庭代际支持动机不是单一的存在，而是交换动机与利他动机重叠性存在（刘岩，2015；郑旭辉等，2015）。其中，周律等（2012）的研究表明，子女的孩次对代际货币转移动机有显著的影响，年长子女以交换动机为主，而年幼子女则以利他动机为主。宁满秀和王小莲（2015）利用 CHARLS 2011 年的数据研究发现，中国农村家庭代际经济转移动机以国家贫困线为界存在区别，在贫困线下利他主义是主要动机，而交换动机则是贫困线以上的主要动机，并认为基于不同养老动机的家庭，新农保政策影响效应迥异。而郝春虹等（2021）研究表明，"新农保"对"养儿防老"和财富代际转移的利他动机有一些减弱，但统计上并不显著。

从实证角度来看，老人拥有社会养老金收入会对成年子女的经济供养行为产生何种影响也吸引了广大国内外学者的兴趣和极大关注，但目前研究结论尚未取得一致意见。

2.2.1 养老金"挤入"成年子女向老年父母的经济供养

一种观点认为，养老金收入对子女的经济供养具有挤入效应，即成年子女经济供养与社会福利水平呈正相关关系，即社会福利水平越高，子女提供的经济支持也就越高。发达国家的社会保障体系相对比较完善，人均收入水平较高。针对发达国家的研究普遍表明，养老金收入对父母从子女处获得的转移支付几乎没有影响（Cox et al.，1995；Altonji et al.，1997；Reil-Held，2006）。其中，考克丝和兰克（Cox and Rank，1992）的研究表明，老年人收入每增加 2 万美元，其成年子女经济供养的概率就会降低1%，但其获取现金转移的数量并没有降低，反而增加了 1 100 美元。库奈蒙德和赖因（Künemund and Rein，1999）针对美国、加拿大、英国、德国、日本 5 个发达国家的研究，并未发现老年人拥有养老金会对成年子女的经济供养产生替代效用，但在研究中发现为成年子女提供家庭服务，增加了其获得子女经济支持的概率。阿蒂亚斯·顿弗特和沃夫（Attias – Donfut and Woff，2000）通过对法国的研究发现，公共转移支付与家庭转移支付之间具有显著的互补性关系，而不是代替性关系，公共转移支出加强了私人转移行为，即存在挤入效应。

随着中国新农保政策的实施与推行，也有部分学者开始关注和探讨新农保政策对成年子女经济供养行为的影响。部分实证研究表明，新农保政策对成年子女经济供养无明显影响或有显著的正向影响，社会保障对子女的代际经济供养具有挤入效应。胡宏伟等（2012）基于对浙江和河北的实地调研数据，分析得出老年人获得社会保障总体上提高了子女对其经济供养水平，即公共政策对私人代际转移有挤入作用。江克忠等（2013）运用CHARLS 2008 年先导调查数据，基于 Heckman 两步估计法的研究结果表明，成年子女家庭对父母提供经济帮助的规模与父母收入水平呈显著的正相关关系，支持了交换动机假说，表明政府养老保障不会对家庭代际转移产生"挤出"效应。程令国等（2013）利用 CLHLS 数据评估新农保政策效果，结果表明：老年人参与新农保后，其获得成年子女的经济供养反而有所增加，虽然统计上不显著；其中，成年子女对身体健康欠佳的老年人的经济供养数量上显著增加，对物质条件较好的老年父母的经济供养也略有增长。谭银清和陈益芳（2016）认为，成年子女的收入水平与支付形式是影响其代际经济支持的两个重要因素。老年人新农保参与在一定程度上"挤出"了成年子女的现金支持，"挤入"了成年子女的实物类支持。相比于收入水平较低的成年子女，收入水平较高的成年子女在对老年父母的现金支持并未减少的情况下，会增加对父母的实物类支持，老年父母获取的总支持水平有所增加，明显提高了参保老人的经济福利。王翌秋和陈青霞（2017）研究表明，新农保政策通过显著增加家庭成员间的经济往来，实现了家庭资源的最优化配置。农村老年父母领取养老金后，成年子女对其经济供养水平非但没有减少，反而有显著的增加。刘佩和孙立娟（2020）研究发现，城乡居民养老保险对农村老年人收到的代际经济支持的总效应是显著为正的，且与女性相比，养老保险对男性收到的代际经济支持的影响更大。

2.2.2　养老金"挤出"成年子女向老年父母的经济供养

另一种观点认为，与发达国家不同，发展中国家或地区的社会保障体系较为落后，人均收入水平也较低，针对发展中国家的实证研究普遍认为，老年父母的养老金收入对子女经济供养有一定的挤出作用，减少了子女向父母经济供养水平（Cox et al.，2004；Jung et al.，2015）。比如，考克丝和吉梅内兹（Cox and Jimenez，1992）针对秘鲁的研究结果显示，拥有社保性收入的家庭成员之间发生经济转移的概率比无社保性收入的家庭高出 20%。詹生（2003）的研究表明，南非老年人每增加一个单位的社会养老金收入，从非同居子女获得的经济支持就会减少 0.25 ~ 0.3 个单位。华雷斯（Juarez，2009）研究指出，墨西哥社会养老金制度对家庭私人转移支付的挤出效应非常显著，老年父母获得公共转移支付每增加 1 个单位，其获得的家庭私人转移支付总额减少 0.87 个单位，其中获得的私人转移支付减少 0.57 个单位、汇款减少 0.3 个单位。范（Fan，2010）对中国台湾地区的研究中发现，农民养老金政策显著减少了老年人获取成年子女经济供养的概率，降低的经济供养量占比 30%，且影响效应具有性别差异，对女儿的挤出效应明显小于儿子。国外也有少部分学者关注新农保对成年子女经济供养行为的研究。陈等（Chen et al.，2017）利用针对中国山东省和贵州省的调查数据，采用模糊断点回归模型，探讨了新农保对家庭内部转移支付的影响，结果发现，新农保政策对代际现金和实物转移支付的影响在统计学上并不显著。

针对新农保政策的一些实证研究显示，新农保政策对成年子女的经济供养具有显著的"挤出"效应。利用 CLHLS 数据，通过构建固定效应模型，陈华帅和曾毅（2013）发现，新农保对于家庭代际经济支持有着显著的"挤出效应"，老年人获得的养老金收入每增加 1 个单位，成年子女的经济供养将减少 0.808 个单位；2011 年，参保老年父母获取的成年子女经济支持比未参保父母缩减了 587.1 元；而且代际经济支持挤出效应具有性别差异，老人参加新农保后，相比于女儿，儿子给予经济支持的概率出现显著下降。张川川和陈斌开（2014）采用 CHARLS 2011 年的数据，研究同样发现：农村父母在领取养老金后，其获取成年子女经济供养的概率出现显著性下降，降幅在 32% ~56%；但对已获得子女经济供养的农村老年人来说，领取养老金对他们从子女及任何亲属或朋友获得私人转移金额的影响效应并不显著。杨政怡（2016）研究表明，是否享受新农保待遇对其代际经济支持有显著影响，享受新农保待遇的老年人，其子女的经济支持显著降低；且成年子女的经济供养频度与其自身是否参保也显著相关。许明等（2014）研究发现，新农保政策使老人获得成年子女代际经济支持的金额和可能性都有所降低，且政策效果具有一定的性别差异。范辰辰和李文（2015）认为，新农保政策对代际经济支持的影响效应存在一定时滞，在政策运行初期，新农保具有一定的"挤入"效应，但随着政策的持续推进，"挤出"效应逐步显现。此外，王芳和李锐（2016）研究显示，享有新农保养老金使农户从子女处获得转移支付的概率不仅下降 6.2%，还发现新农保对家庭代际经济支持的影响效应具有区域差异，相比于东部地区农村家庭来说，老年父母领取养老金显著降低了中西部地区农村家庭获得代际经济支持的概率。秦昌才（2019）基于中国家庭追踪调查（CFPS）2010 和 2014 年两期面板数据，研究表明，参加新农保使得农村家庭的土地流转收入显著增加，来自子女的转移性收入显著减少。

此外，朱火云（2019）研究发现，养老保险制度与代际收入转移并不是简单的线性关系。养老金一方面挤出了子女向父母转移支付的意愿和水平；另一方面具有外溢效应，增强了老年人向儿子、孙子女的收入转移，两者使约 19% 的养老金流向了子女和孙子女。

2.3　劳动力迁移与成年子女经济供养行为的关系

成年子女劳动力迁移对老年父母照料产生的影响主要体现在经济供养、生活照料及情感慰藉三个层面。在广大发展中国家现有的农村养老体系中，成年子女的经济供养仍是养老需求中最核心的内容，直接关系老年人的生活质量。因此，关于劳动力迁移对成年子女经济供养行为的影响研究就成为国内外学者关注的热点问题。成年子女的外出究竟会对老年父母经济供养行为产生何种影响，对此学术界目前尚无定论。已有研究显示，留守老人经济上能否受益于子女的外出，与每个国家和地区的社会政策、经济状况、劳动力迁移特征和地方文化等有直接关系。

2.3.1　成年子女劳动力迁移对老年父母经济供养的负向影响

一部分学者认为成年子女劳动力迁移对老年父母经济供养的影响是负面的，持这种观点的学者指出，空间上的距离减少或阻断了与农村家庭的联系，降低了成年子女的支持意愿，成年子女外出务工并没有显著改善甚至更加恶化了农村父母的经济生活状况（Skeldon，1999；Macwan et al.，1996；Vullnetari et al.，2008）。同时，成年子女的城乡劳动力迁移也削弱了家庭作为社会保障机构的功能。家庭现代化理论提出，随着家庭的现代化，家庭结构将从父系扩大的家庭结构转变为具有较小的核心家庭，成员间的传统式联系被打破，代际支持可能削弱甚至崩溃（Goode，1963；Yan，1997）。外出务工的成年子女，经过一定时期的城市社会融入，在生活方式、价值观等方面都会发生微妙变化，从大家庭意识逐渐向更加关注自身独立和平等转变，从而弱化了农村社会传统的孝道，最终影响他们对农村老年父母经济供养的意愿和支持程度（Du et al.，2000）。此外，还有一些研究指出，成年子女劳动力迁移弱化了老年父母和农村社区对其的控制能力，严重影响了传统农村社会养老供养体系功能的发挥（Ikels，1993；Chan，1999；Hermalin，2002）。

其中，斯克尔顿等（Skeldon et al.，1999）对中国、蒙古国以及泰国的研究发现，由于成年子女劳动力外出，老年父母出现贫困化的可能性更大。瓦伦塔里和金（Vullnetari & King，2008）一项对阿尔巴尼亚南部山区农村年轻人跨国移民（主要流向希腊、意大利）的研究发现，子女外出后很少会返回家乡，很多老人被子女遗弃了，因为缺少子女的物质支持，加上该国正面临的经济危机和福利体制的崩溃，这些老人连基本的温饱问题都难以解决，有的甚至以草和树叶为食。张胜荣和聂焱（2012）研究结果显示，在中国经济欠发达地区，由于成年子女外出务工的收入有限，尚未突破经济供养的阈限值，其劳动力外出行为并没有增加对父母的经济供养量，反而减少了日常照料，老年父母由于子女的外出致使自身福利水平严重受损。

叶敬忠和贺聪志（2009）研究发现，虽然外出务工有利于提高子女对留守老人的经济支持能力，但外出子女的经济供养水平普遍非常低，留守老人的生活条件并没有得到显著改善。此外，子女外出务工导致传统的供养资源出现货币化趋势，同时使礼物日益成为维系代际情感关系的新型供养资源。

贺聪志（2010）认为农村老年人并没有因子女外出打工而增加收入。外出打工的成年子女在建房、教育、医疗等各方面的经济压力以及他们收入的有限和不稳定、外出成本较高等都限制了外出家庭成员为父母提供经济支持的能力，外出子女对老人的经济支持十分有限。

此外，也有学者发现，子女外出打工增强了其提供经济支持的能力，但对农村老年人的经济供养并没有出现预想中的较大幅度增长，家庭代际经济支持总体上相当有限，且获益程度具有显著的不稳定性和差异性（蔡蒙，2006；王全胜，2007）。另有学者研究表明，农村老年人只能从成年子女外出中获得有限补偿，其经济资源（舒玢玢和同钰莹，2017）、金融资本和物质资本（宋璐和李树茁，2017）并未因成年子女外出而直接增加。

2.3.2 成年子女劳动力迁移对老年父母经济供养的正向影响

而亦有很多学者的研究表明，成年子女外出后自身经济条件通常都会有所改善，为了弥补平时日常照料的缺失，会通过汇款、寄送物品等方式为农村老年父母提供更多的经济供养（李强，2001；孙鹃娟，2006；Giles et al.，2007；Antman，2012；郑晓冬和方向明，2017）。克诺德等（Knodel et al.，2007）发现，虽然老年人的受益程度存在差异，但泰国留守老年人在成年子女外出后，其生存状况均有所改善。郭等（Guo et al.，2009）研究同样表明，子女外迁增加了其对父母的经济支持，农村老年人的经济条件得到了明显改善。但迁移子女经济支持存在性别差异，相较于女儿，儿子的迁移会使父母得到更多的金钱上的支持。卢等（Lu et al.，2012）采用在中国 2001 年、2003 年和 2006 年调查数据，运用随机效应模型，结果证实子女劳动力外出增加了经济供养的可能性，且代际经济支持存在性别差异，相比于母亲，父亲则会从成年子女的迁移中获益更多。虽然儿子对家庭的支持承担更多的责任，但是伴随着迁移，女儿的角色和作用逐步增强，子女间代际支持的性别差异已经减少。罗（Luo，2009）研究认为迁移子女是基于家庭中的交换服务（如照料孙辈）而不是父母的需要或议价能力为其提供经济支持，儿子继续担负老人经济照料的责任，而且老年父母从子女处获取经济支持还存在性别差异，相比于父亲，母亲较为弱势。

张烨霞等（2007）利用深圳市外来农村流动人口调查数据，分析深圳市外来已婚农村打工者的性别因素对流动后其对仍生活在农村的父母及配偶父母的经济支持的影响。结果显示，男女打工者在流动后都增加了对父母的经济支持，但增长效应存在性别差异，女性打工者在流动后更可能增加给配偶父母的经济支持。而且外出务工人员的受教育程度、经济收入以及家庭居住安排与其给老年父母的经济支持量呈正相关。

张文娟（2012）认为，迁移所带来的经济状况改善提高了子女为父母提供经济帮助的能力和意愿，从而导致其为父母提供经济帮助的可能性显著上升，对父母的经济支持水平也明显增加。但是，子女外出后的生活环境差异导致了他们对父母提供经济帮助的可能性存在显著差异。外出子女的社会网络对其代际支持行为存在深刻的影响，对于外出者在流入地因社会融入程度不同而产生的社会网络异质性，及其所带来的代际支持行为上的差异还有待进一步深入探讨。

田北海和徐杨（2020）基于 CHARLS 2015 年数据，运用倾向得分匹配法，研究表明，受到子女劳动力迁移带来的增收效应或养老资源补偿效应影响，成年子女外出强化了对农村老年人家庭经济支持。

从等（Cong et al.，2008）、张烨霞等（2008）均发现，是否照料孙辈对成年子女的经济供养意愿和强度具有显著性影响。

关于成年子女城市化程度对父母经济供养行为的影响，得出与家庭现代化理论截然相反的结论，杜鹏等（2004）研究发现，外出务工成年子女的孝顺观念并未减弱，且由于对农村老年父母日常照料缺失的愧疚，提高了成年子女提供经济供养的概率和水平；同时还发现，现代化程度更深的子女具有更高的供养水平，承担更多的养老义务（张胜荣和聂焱，2012）。

2.4 研究述评及对本书研究的启示

上述前人研究成果夯实了本书的基础，对本书研究具有很好的启发和借鉴意义，但仍存在以下不足。一是尚未考虑到农村社会养老保险，尤其是新农保制度会通过影响劳动力迁移进而对农村老年人经济供养产生影响。二是针对农村社会养老保险，尤其是参与新农保对成年子女劳动力迁移的影响研究涉猎不多，影响机理和效应还有待进一步检验和证明。三是学者们主要从老年人的角度探讨社会养老计划、劳动力迁移对代际经济支持的影响，但尚未取得较为一致的研究结论，有待进一步检验；但考虑到经济供养行为的决策主体是成年子女，而从成年子女的角度探讨社会养老保险计划、劳动力迁移双重因素共同作用对其老年父母经济供养的影响还鲜有研究。因此，本书尝试引入成年子女劳动力迁移这个中介变量，构建一个新的分析框架，从成年子女的角度，探讨其对农村老年父母经济供养行为的变化规律，从而深度剖析和科学评价新农保制度的福利效果，为完善当前中国城乡养老保障制度以及农村老年人福利提升提供政策建议和理论支撑。

第3章 中国新型农村社会养老保险 制度的发展现状

由于历史、政策等多方面的原因，农民基本上在社会中处于弱势地位，城乡差异悬殊。而这种城乡差异表现在各个方面，特别是老年人社会保障方面的差异尤为明显。自20世纪50年代以来，中国在城市实行国家养老保险模式，而在农村主要以家庭养老为主、集体保障为辅。因此，在20世纪80年代之前，国家把养老保险的制度安排重点放在了城市地区，主要解决城市人口的养老问题，而广大的农村地区一直依靠非正规性制度的传统方式进行养老，尚未建立社会养老保险制度。

在20世纪80年代之后，随着农村土地家庭联产承包责任制的推广，原有的依托农村社队基础上的养老保障方式不复存在。中国是农业大国，20世纪80年代初，超过70%的人口生活在农村，随着实行计划生育政策和人口老龄化、家庭子女养老和靠土地养老的比例逐年降低，农村人口的养老问题日渐成为国家十分重视的社会问题。

建立农村社会保险制度是破解"三农"问题的重要途径，是应对农村人口老龄化挑战的迫切要求，更是扭转工农、城乡、地区差别扩大趋势的现实要求。建立和完善农村社会养老保险制度，对于农村社会的稳定、巩固农业基础性地位、维护市场经济的正常运行是非常必要的。20世纪80年代中后期，中国开始在经济相对发达的地区进行了正规化的农村养老保险制度改革探讨，拉开了中国农村养老保险制度建立和发展的序幕。

3.1　中国新型农村社会养老保险制度的
历史演进与建立发展

随着人口老龄化、城镇化交织出现，农村社会养老问题变得日益突出和紧迫。为了寻找合适的解决途径，中国政府从 20 世纪 80 年代中期开始在农村地区探索建立社会养老保险制度。目前为止，农村社会养老保险已有 30 多年的历史。

3.1.1　中国新型农村社会养老保险制度的历史演进

1986 年 10 月，国家有关部委在江苏省沙洲县（现为张家港市）召开了全国农村基层社会保障工作座谈会。会议根据当时中国农村的实际情况决定因地制宜开展农村社会保障工作，在经济比较发达的地区发展以乡镇、村为单位的农村社会养老保险，并由民政部具体负责。

在各级民政部门的努力下，农村社会养老保险工作取得了较大进展。据统计，截至 1989 年，全国已有 19 个省份的 190 多个县进行农村社会养老保险试点工作，800 多个乡镇建立了乡镇或村一级的农村社会养老保险制度，参加人数达 90 多万，累积资金 4 100 多万元，有 21.6 万农民开始领取养老金（赵国庆，2007）。

1991 年 1 月，国务院决定在部分地区开展县级农村社会养老保险的试点。同年 5 月，民政部经国务院批准，决定选择山东省牟平县等 20 个县进行"农村社会养老保险试点"，随后制定并颁布了《县级农村社会养老保险基本方案（试行）》，确定了以县为基本单位开展农村社会养老保险的原则，决定 1992 年 1 月 1 日在全国实施。

1992 年 1 月 3 日，民政部正式下发《县级农村社会养老保险基本方案》，强调农村社会养老保险坚持"资金个人缴纳为主，集体补助为辅，国家给予政策扶持"的原则，同年 12 月，中国农村社会养老保险制度（俗称"老农保"）进入全面推广阶段。

1994 年，经国务院批准，民政部成立了"农村社会保险司"，专门负责农村社会养老保险政策的制定和执行。1995 年 10 月，国务院办公厅转发民政部《关于进一步做好农村社会养老保险工作的意见》，加大了农村社会养老保险在全国范围的推广力度。截至 1997 年底，全国农村社会养老保险机构已达 2 005 个，建立农村社会养老金保险代办点 33 140 个，参保农民已达 7 452 万人，有 61.4 万农民领取了养老保险金，农村社会养老保险基金达 139.2 亿元（张红梅，2012）。

1998 年，"老农保"遭遇两大变故。一是 1998 年 3 月，中国开展了规模最大一次的政府机构改革，将民政部管理的农村社会保险并入新成立的劳动和社会保障部，实行全国社会保险的统一管理。在一些地方，"老农保"在职能划转过程中出现了管理脱节。二是亚洲金融危机。中国为了应对危机，对国内呈现混乱状态的金融业加强了规划管理，其间，农村社会养老保险基金在管理上暴露出很多问题。

1999 年 7 月，《国务院批转整顿保险业工作小组〈保险业整顿与改革方案〉的通知》，提出对原先开展的农村社会养老保险要进行清理整顿，停止接受新业务，并逐步将其过渡为商业保险。从 1999 年开始，农村社会养老保险参加人数一直在减少，在随后的两年内，农村社会养老保险参保人数从高峰时的 8 000 多万锐减到 5 000 多万（何平等，2011）。此后，农村社会养老保险长期陷入停滞和徘徊状态。

3.1.2　中国新型农村社会养老保险制度的建立与发展

农村社会养老保险制度的探索工作虽然经历了几年的沉寂，随着人口城镇化、老龄化的交织推进，农民对养老保险的需求越来越大。从 2003 年起，农村社会养老保险进入了恢复探索阶段。2003 年，劳动和社会保障部连续下发了两个关于做好农村社会养老保险的重要通知，要求各地积极稳妥地推进农村社会养老保险工作。

2006 年起，中共中央、国务院在多个重要文件中都提出要探索建立与农村发展水平相适应、与其他保障措施相配套的农村社会养老保险制度。同年 1 月，劳动和社会保障部选取北京市大兴区、山东省招远市、山东省菏泽市牡丹区、福建省南平市延平区、安徽省霍邱县、山西省柳林县、四川省通江县以及云南省南华县 8 个县市区，启动了新型农村社会养老保险制度试点工作。在党的十七大之后，各地积极探讨适应当地农村社会发展的社会养老保险制度（俗称"地方新农保"），形成了多个农村社会养老保险典型模式（如苏南模式、东莞模式、山东模式以及北京模式等），也进一步激发了农户参保的积极性。2008 年 3 月、11 月国家有关部门分别在四川成都、山东蓬莱召开了全国新型农村社会养老保险试点工作总结座谈会，听取了各地新农保试点工作的进展情况以及经验介绍。截至 2008 年底，全国开展农村社会养老保险制度试点的县达到 500 个，农村社会养老保险参保人数也在经历多年下跌和徘徊后首次出现大幅增长（何平等，2011）。

在总结全国各地开展"地方新农保"试点经验的基础上，国务院于 2009 年 9 月 1 日出台了《关于开展新型农村社会养老保险试点的指导意见》，决定扩大试点范围，当年就在全国超过 10% 的县（区）开展新农保试点，并于 2012 年底实现区域性全覆盖。按照文件规定，年满 16 周岁（不含在校学生）及未参加城镇职工基本养老保险的农村居民，可以在户籍地自愿参加新农保；年满 60 周岁、未享受其他基本养老保险待遇的农村老年人，可以按月领取养老金。新农保制度探索建立个人缴费、集体补助、政府补贴相结合的运行机制。实施当年，中国农村社会养老保险参保人数较上一年就增加了 3 000 多万人，享受新农保待遇的人数也增至 1 000 多万人。

为了统筹城乡发展，党的十八大报告中明确提出要构建城乡统筹的基本社会保障制度。2014 年，国务院在总结新型农村社会养老保险试点经验的基础上，决定将新型农村社会养老保险制度和城镇居民社会养老保险制度合并实施，在全国范围内建立统一的城乡居民基本养老保险制度，中国农民首次在国家层面享受养老保险金，正式成为"有退休金"的新时期农民。

3.2 中国新型农村社会养老保险制度的基本架构及运行状况

中国新型农村社会养老保险是指在基本模式上实行社会统筹与个人账户相结合，在筹资方式上实行个人缴费和政府补贴为主、集体补助为辅的社会养老保险制度。

3.2.1　中国新型农村社会养老保险制度的主要内容及基本特征

中国城镇居民社会养老保险制度主要是在借鉴了中国新型农村社会养老保险制度试点经验的基础上提出的，并于 2011 年开始了试点工作，两种保险制度均坚持"保基本、广覆盖、有弹性、可持续"的基本原则，相关制度性规定差异不大，新型农村社会养老保险制度与城乡居民养老保险制度在整体框架上基本相同。2014 年建立的城乡居民社会养老保险制度基本上保持了原有的中国新型农村社会养老保险制度的相关规定，覆盖的人群主要还是农村居民，占其总量的 95% 左右。所以，对于新农保制度研究的结论对于城乡居民基本养老保险同样具有很重要的参考价值。因此，本部分结合《关于开展新型农村社会养老保险试点的指导意见》和《国务院关于建立统一的城乡居民基本养老保险制度的意见》两份制度性文件，简要介绍当前在中国广大农村实施的社会养老保险制度的主要内容和相关制度性规定（见表 3-1）。

表 3-1　　　　　中国新型农村社会养老保险制度的主要内容

项目类别		具体内容
基本原则		保基本、广覆盖、有弹性、可持续
参保对象		年满 16 周岁（不含在校学生），不属于城镇职工基本养老保险制度覆盖范围的农村居民
养老基金筹集	个人缴费方面	每年 100 元、200 元、300 元、400 元、500 元 5 个档次，自主选择，各地方可以根据实际情况增设缴费档次
	集体补助方面	1. 有条件的村集体应当给予适当补助，并纳入社区公益事业资金筹集范围； 2. 鼓励其他经济组织、社会公益组织、个人提供资助
	政府补贴方面	1. 政府支付基础养老金，其中，中央财政对中西部地区按中央确定的基础养老金标准给予全额补助，对东部地区给予 50% 的补助； 2. 地方政府补贴标准不低于每人每年 30 元，并向较高档次标准缴费者适当倾斜

续表

项目类别		具体内容
养老金待遇及调整	基础养老金部分	1. 中央确定的基础养老金标准，目前为每人93元/月①； 2. 地方政府可以根据实际情况提高基础养老金标准，对于长期缴费的农村居民，可适当加发基础养老金，目前各地的基础养老金标准不一
	个人账户养老金部分	1. 个人缴费、地方政府补贴以及其他各项补助、资助全部记入个人账户； 2. 参考中国人民银行公布的金融机构人民币一年期存款利率计算； 3. 月计发标准：个人账户全部储存额除以139； 4. 参保人死亡，个人账户资金余额（除政府补贴外）可以依法继承
	待遇调整	根据经济状况及时调整全国基础养老金最低标准
	养老金领取条件	1. 年满60周岁、累计缴费满15年，且未领取国家规定的基本养老保障待遇的农村有户籍的老年人，可以按月领取养老金； 2. 实施时，已年满60周岁，不用缴费，可以按月领取基础养老金；实施时，45周岁以下的人，缴费15年后可享受待遇；45周岁以上的人，按规定须在60周岁前每年缴费可以享受待遇，也允许补缴，累计缴费不超过15年
基金管理		1. 基金纳入社会保障基金财政专户，实行收支两条线管理； 2. 试点阶段，基金暂时实行县级管理，逐步推进基金省级管理

　　老农保制度、新农保制度以及城乡居民养老保险制度三者之间是按照时间依次递进的。新农保制度是在对老农保进行整顿规范的基础上，通过各地自行根据本地具体情况进行探索，国家进行引导、部署、试点逐步建立起来的。而城乡居民养老保险制度就是在新型农村养老保险制度的基础上通过城乡统筹建立起来的，两者本质上没有太大差别。因此，新型农村社会养老保险制度的特征主要是针对与"老农保"制度比较而言的（见表3-2）。

表3-2　　老农保制度与城乡居民养老保险制度主要内容简要汇总

项目类别	老农保制度	城乡居民养老保险制度
参保对象	20～60周岁非城镇户口、不由国家供应商品粮的农村人口	年满16周岁（不含在读学生），非国家机关和事业单位工作人员及不属于职工基本养老保险制度覆盖范围的城乡居民

---

① 从2020年7月1日起，中国城乡居民基本养老保险基础养老金最低标准提高为每人93元/月。

续表

项目类别	老农保制度	城乡居民养老保险制度
养老基金筹集	基金坚持以个人缴纳为主、集体补助为辅、国家给予政策扶持的原则。月缴费标准分为 12 个等级	以个人缴费和政府补贴为主、集体补助为辅。个人缴费分为 100 到 2 000 元等 12 个档次；地方政府对于个人账户缴费补贴不低于 30 元，并向高标准缴费倾斜
个人账户	未建立	建立保险个人账户，个人缴费、地方政府补贴以及其他各项补助、资助全部记入个人账户
养老金待遇及调整	根据交费的标准、年限，确定支付标准。领取养老金的保证期为十年	养老金由基础养老金和个人账户养老金构成，并建立适时调整机制
养老金领取条件	领取养老金从 60 周岁以后开始	年满 60 周岁，累计缴费满 15 年的参保个人。该制度实施时已 60 周岁时，可不用缴费，按月领取基础养老金
基金管理	基金以县为单位统一管理	基金纳入社会保障基金财政专户，实行收支两条线管理

将新型农村社会养老保险制度的主要内容与上表中城乡居民养老保险制度，尤其是老农保制度比较，可以发现中国新型农村社会养老保险具有以下几个基本特征。

第一，形成了普惠福利型基础养老金。老农保参保范围以及待遇享受范围均较窄，只有缴纳基金的农村居民才有权参加。而新农保参保范围涵盖了全体农村居民，而且年满 60 周岁的农村老年人，都可以按月领取基础养老金，且是终身支付，具有明显的"普惠福利型"特征。

第二，明确了政府的财政责任。在老农保制度中，各级政府仅给予政策上的扶持，但不给予财政投入。老农保制度实施得不成功，笔者认为一个非常重要的原因就是各级政府责任的缺位，特别是政府在基金筹集中财政责任的缺失。与老农保制度相比较，新农保制度中明确了各级政府的财政责任。各级政府成为新农保制度的一个非常重要的筹资主体，并对中央和各级地方政府财政补贴标准、补贴方式以及筹资责任分担进行了明确的界定，这是新农保制度能持续推进的重要因素。

第三，建立了"统分"结合的基金筹资模式。与老农保制度单一的筹资模式不同，新农保制度采取了社会统筹和个人账户相结合的方式进行筹资。基础养老金由中央和地方政府补贴，属于社会统筹账户，采用的是现收现付制的筹资模式；个人账户由个人缴费和地方政府提供的补贴构成，采用的是累进制的筹资模式。因此，新农保制度采用的是现收现付制与完全累进制相结合的筹资模式。这种模式既有利于新农保基金的统筹调剂，也有利于新农保制度与城镇居民养老保险、城镇职工基本养老保险的转移衔接。

3.2.2 中国新型农村社会养老保险制度试点启动及进展情况

根据党的十七大和党的十七届三中全会的部署和要求，中国从2009年开始新型农村社会养老保险制度的试点工作。同年9月1日，《关于开展新型农村社会养老保险试点的指导意见》由国务院正式颁布，标志着中国新型农村社会养老保险制度全国试点正式启动。全国各省份在2009年底前先后制定了具体的实施办法，同年除了北京等4个直辖市直接纳入新农保试点，全国另确定了320个县级单位为首批试点县（见表3-3）。

表3-3　　　中国首批新型农村社会养老保险试点县分布情况

序号	省份	试点县数量（个）	序号	省份	试点县数量（个）
1	河北	18	15	湖南	14
2	山西	15	16	广东	14
3	内蒙古	10	17	广西	14
4	辽宁	8	18	海南	4
5	吉林	9	19	四川	21
6	黑龙江	14	20	贵州	11
7	江苏	13	21	云南	13
8	浙江	8	22	西藏	7
9	安徽	12	23	陕西	11
10	福建	9	24	甘肃	10
11	江西	11	25	青海	5
12	山东	19	26	宁夏	3
13	河南	21	27	新疆	13
14	湖北	13			

资料来源：根据人力资源和社会保障部网站，经作者整理获得。

2010 年，中国扩大了新型农村社会养老保险试点的范围，河北等 25 个省份的 330 个县列入第二批次试点。截至 2010 年底，全国共有 838 个县级单位参加试点，而且北京、天津、浙江等 8 个省份已经实现新农保制度全覆盖。全国参加新农保试点人数高达 10 277.2 万人，其中 2 862.3 万人领取养老金；全年养老金收入 453.6 亿元，支出 200.2 亿元，基金累计结余 422.4 亿元（见表 3 – 4）。

表 3 – 4　　2010 年中国各地区新型农村社会养老保险试点运行情况

地区	参保人数（万人）	领保人数（万人）	基金收入（亿元）	基金支出（亿元）	累计结余（亿元）
全国	102 772	2 862.3	453.6	200.2	422.4
北京	168.5	17.7	21.2	7.1	57.2
天津	79.4	65.6	28.5	9.7	36.4
河北	840.3	179.5	24.8	9.9	20.9
山西	249.8	68.8	5.7	3.4	8.0
内蒙古	168.8	41.8	5.6	2.9	7.7
辽宁	146.8	33.6	5.5	2.4	3.1
吉林	86.7	32.2	2.4	1.2	1.4
黑龙江	131.2	27.7	7.2	2.1	3.9
上海	28.9	14.1	6.9	6.8	25.0
江苏	333.5	132.4	27.9	15.7	53.9
浙江	290.8	134.2	16.5	7.3	16.7
安徽	349.3	93.0	13.9	7.3	10.1
福建	273.9	57.7	9.4	3.5	4.6
江西	272.3	75.2	7.0	3.2	4.3
山东	919.2	318.0	43.7	18.2	52.7
河南	1 211.8	251.1	46.6	16.2	23.2
湖北	380.0	115.0	12.4	6.4	7.8
湖南	581.8	217.8	17.2	10.1	8.6
广东	157.6	51.8	6.5	3.5	5.0
广西	220.4	59.6	8.5	3.9	4.6
海南	62.4	17.7	2.5	1.1	1.0

续表

地区	参保人数 （万人）	领保人数 （万人）	基金收入 （亿元）	基金支出 （亿元）	累计结余 （亿元）
重庆	807.4	265.0	33.5	23.6	9.9
四川	669.6	199.6	29.6	14.2	21.6
贵州	223.9	63.5	7.1	3.7	5.2
云南	469.4	91.7	11.1	3.5	7.3
西藏	80.5	23.5	2.2	1.7	0.2
陕西	439.7	97.0	23.8	4.4	13.4
甘肃	185.5	38.0	15.7	3.5	0.8
青海	65.1	16.8	1.9	0.5	1.4
宁夏	24.7	4.7	0.8	0.3	0.7
新疆	357.9	58.0	8.0	2.7	5.8

资料来源：2011 年《中国劳动统计年鉴》。

2011 年，国家持续大力推进新农保试点工作，2011 年 4 月 20 日，国务院常务会议决定，2011 年新农保覆盖地区提高至 60%。同年 12 月底，纳入国家社会养老保险试点地区的参保人数共计 3.265 亿人，其中 60 周岁以下参保人数 2.372 亿人，2011 年国家试点地区实际平均参保率达 79.57%。2012 年 5 月，人力资源和社会保障部、财政部在北京召开全国新型农村社会养老保险和城镇居民社会养老保险制度全覆盖工作视频会议，同年底，中国新型农村社会养老保险制度实现了区域全覆盖，新农保制度的试点工作圆满结束，开始进入稳步运行的阶段。

3.2.3 中国新型农村社会养老保险制度运行概况

第一，参保人数逐年递增，但增速出现较大波动。

自 2009 年试点新型农村社会养老保险制度以来，各级地方政府高度重视，积极宣传引导，甚至采取"行政动员"手段鼓励广大农民参保，尤其是 2011、2012 两年，每年新增加的参保人数均在亿人以上，2012 年实现了区域性全覆盖。但随后广大农民的参保积极性出现下降的趋势，参保人数虽然在增加，但增加的比例不高。但到了 2018 年，参保增加人数出现陡增，随后增速又出现下滑（见表 3 - 5）。

表 3 - 5　中国新型农村社会养老保险参保情况统计（2009 ~ 2021 年）

年份	参保人数（万人）	增加人数（万人）	参加县区（个）
2009	8 691	3 096	320
2010	10 277	1 586	838
2011	32 643	22 367	1 914
2012	48 370	15 187	全国所有县级单位
2013	49 750	1 381	全国所有县级单位
2014	50 107	357	全国所有县级单位
2015	50 472	365	全国所有县级单位
2016	50 847	375	全国所有县级单位
2017	51 255	408	全国所有县级单位
2018	52 392	1 137	全国所有县级单位
2019	53 266	874	全国所有县级单位
2020	54 244	978	全国所有县级单位
2021	54 797	554	全国所有县级单位

资料来源：《人力资源和社会保障事业发展统计公报》（2009 ~ 2021 年）。

第二，受益人数逐年增加，但待遇地区性差异明显。

自新型农村社会养老保险制度在全国试行以来，广大农村地区的农民受益颇多，虽然每月养老金金额不高，但考虑到农村地区的生活水平，也在一定程度上缓解了生活费支出的压力（月人均领取养老金 179 元，占当年农村家庭人均可支配收入的 11.35%[①]），降低了广大农村地区成年子女的供养压力（见表 3 - 6）。

表 3 - 6　中国新型农村社会养老保险待遇领取人数统计（2009 ~ 2021 年）

年份	领取人数（万人）	比去年增加人数（万人）
2009	1 556	1 044
2010	2 863	1 307
2011	8 525	5 662
2012	13 075	4 550
2013	13 768	693
2014	14 313	545

① 2021 年全国农村家庭人均可支配收入为 18 931 元（资料来源：2021 年《国民经济和社会发展统计公报》）。

续表

年份	领取人数（万人）	比去年增加人数（万人）
2015	14 800	487
2016	15 270	470
2017	15 598	328
2018	15 898	300
2019	16 032	134
2020	16 068	36
2021	16 213	145

资料来源：《人力资源和社会保障事业发展统计公报》（2009～2021年）。

中国新型农村社会养老保险制度从试点之初的县级统筹已过渡到省级统筹，但由于中国各省份的地区经济差异明显，基础养老金标准以及各级政府补助金额均存在较大差距，致使不同省份的农民养老金领取金额存在较大的地区性差异，如上海市基础养老金最低标准为1 200元/月，同时期，北京市为887元/月，而贵州省基础养老金最低标准为113元/月[①]，地区间差异达10倍。

第三，养老保险基金规模逐渐扩大，但来源渠道较为单一。

为了解决广大农村社会的养老问题，中国各级政府不断加大对新型农村社会养老保险的财政支持力度。截至2021年，基金年收入为5 339亿元，年增长率为10%，社会保险积累基金存额已高达11 396亿元。但养老保险基金来源渠道单一且增长稳定性不强。2013年以后，虽然基金年收入金额均在2 000亿元以上，但其中个人缴纳的比重不高，基本维持在24%～28%，养老保险运行所需基金大部分来自各级政府的财政支持和补贴。社会养老保险制度的主要特点是：从筹资上来看，以财政补贴为主，个人缴费为辅；从制度类型来看，以普惠福利型的基础养老金为主，以个人账户养老金为辅。

此外，基金收入的增长率年度变动较大，如2015年增长率为23.6%，而2016年增长率仅为2.8%，严重影响了社会养老基金运行的稳定性。而基金开支的增长率多年高于基金收入的增长率，且基金开支在逐年增加，

①　资料来源：上海市、北京市人力资源和社会保障局网站，贵州省人力资源和社会保障厅网站。

将不断加大各级政府财政压力，如果这种趋势不改变，必将严重影响社会养老基金的可持续发展。值得庆幸的是，2017 年基金收入增长率首次超过基金开支增长率，截至目前，社会养老保险基金运行基本进入良性状态（见表 3 – 7）。

表 3 – 7　　中国新型农村社会保险基金运行情况（2009～2021 年）

年份	基金收入（亿元/年）	增长率（%）	个人缴纳（亿元）	增长率（%）	基金支出（亿元）	增长率（%）	积累基金（亿元）
2009					76	33.8	681
2010	453		225		200	163.2	423
2011	1 070	135.9	415	84.0	588	193.3	1 199
2012	1 829	64.8	594	41.0	1 150	92.2	2 302
2013	2 052	12.2	636	7.2	1 348	17.3	3 006
2014	2 310	12.6	666	4.7	1 571	16.5	3 845
2015	2 855	23.6	700	5.1	2 117	34.7	4 592
2016	2 933	2.8	732	4.6	2 150	1.6	5 385
2017	3 304	12.6	810	10.7	2 372	10.3	6 318
2018	3 838	16.2			2 906	22.5	7 250
2019	4 107	7.0			3 114	7.2	8 249
2020	4 853	18.2			3 355	7.7	9 759
2021	5 339	10.0			3 715	10.7	11 396

资料来源：《人力资源和社会保障事业发展统计公报》（2009～2021 年）。

第4章　理论分析框架与研究假说

本章的结构安排如下：首先是对本书所涉及的理论基础进行阐述；其次，在相关理论基础的指导下，针对第1章提出的研究问题，以前人研究成果为参照，详细阐述本书的分析框架；最后，提出亟待检验的研究假说。

4.1　理论基础

4.1.1　新劳动力迁移经济学理论

20世纪80年代以来，由斯达克（Stark）提出并命名的"新劳动力迁移经济学"理论（the new economics of labor migration，NELM），经过卢卡斯（Lucas）、布卢姆（Bloom）和泰勒（Taylor）为代表的经济学家的加盟和完善丰富，逐渐发展起来，成为解释发展中国家农村劳动力流动现象的重要经济理论。

在新劳动力迁移经济学的理论框架中，迁移决策主体并非个人，而是整个家庭（Stark et al.，1985），新劳动力迁移经济学理论立足家庭整体效应最大化，以劳动力迁移者的家庭为分析单位探讨其迁移决策行为。斯达克（1991）指出由个别人进行的迁移行为实际上是一组人决策的结果，或是对一组人决策的执行，家庭就是这一组人的存在形式之一。斯达克（1978；1982；1991）和布卢姆（1985）认为，在发展中国家的农村地区，由于信贷市场和保险市场不完善，各个家庭将其劳动力资源在不同区域和不同行业之间进行重新配置，可以使家庭收入来源多样化，因此，家庭成员的迁移行为可以被视为家庭为了应对收入的不稳定性并实现家庭收入最大化，从而采取的规避生产和收入中存在风险的理性选择。

关于劳动力迁移者向家庭的汇款，新劳动力迁移经济学理论给予了极大的关注和重视，并认为家庭为迁移者进行教育投资，提供迁移成本，在迁移者遭受失业、生病等不幸冲击时提供支持以及遗产继承等；同时，迁移者的汇款增加了家庭的收入，实现了家庭收入的多样化，降低了家庭经营的风险，为家庭其他留守成员提供保障。特别是对于信贷市场和保险市场不健全的地区来说，这些汇款就显得尤为重要。因此，通过这种"风险共担、利益共享"的契约安排，互相为对方提供保险，迁移者与其他家庭成员既可获得各自的利益，又可以使家庭整体利益最大化（孙战文，2013）。

新劳动力迁移经济学理论还重点分析了农村劳动力迁移的影响因素，弥补了以前劳动力迁移理论忽略的诸如家庭、社会网络等因素，其认为劳动力迁移决策不仅是对收入差距的反映，还取决于感受其家庭在社区中的相对贫困度。斯达克和泰勒（1991）在分析迁移因素时，引入了社会特征和社会网络等因素，用"相对贫困"来解释这些因素对迁移的影响，即农户与农户之间收入的相对差距，许多感到经济地位下降的农户会产生迁移动机。处于所在社区收入分布低端的家庭，会更希望通过劳动力迁移获得更高的、稳定的收入水平，从而提高其相对经济地位。因此，感受家庭相对贫困度越强或相对失落感越大，其家庭成员迁移动机就越强，迁移行为就越可能发生。

4.1.2　家庭生产理论

传统经济理论认为，厂商和家庭是两个完全不同的分析对象，厂商重在生产，家庭重在消费，两者是完全割裂的，适应于不同的分析范式。诺贝尔经济学奖获得者加里·贝克尔针对传统经济理论关于厂商与家庭二元分立的批判，提出了家庭生产理论。该理论的核心是假定家庭既是生产者又是消费者，家庭根据传统厂商理论的成本最小化原则通过产品与时间等投入要素的组合进行商品的生产，从而实现家庭效应最大化。家庭生产行为受时间和货币收入两个因素的限制，决策的代价要用时间和货币来衡量（Becker，2008）。

当一个家庭的时间和货币为既定时，为了使家庭行为效用最大化，家庭成员就在户主的组织下，通过合理配置进行家庭生产。家庭生产以明确、细致的分工协作为基础，家庭成员之间的这种分工部分地取决于生理上的差异，但主要取决于经验和人力资本投资上的不同，这种差异的存在构成家庭生产的物质基础。根据家庭生产理论，理性家庭通过对家庭所属产品与时间等投入要素的组合进行商品的生产，从而实现家庭整体效应最大化。时间是家庭的稀缺资源。市场中活动效率较高的家庭成员在消费活动中使用的时间少于家庭其他成员在同一活动中使用的时间，而且某一家庭成员的市场效率的相对提高会引起消费活动中所有其他成员的时间的再分配，从而使前者在市场活动中支出更多的时间。

同时，贝克尔（Becker，2009）也认为，由于家庭成员具有不同的比较优势，如果要实现家庭生产效率最大化，家庭成员就不会愿意把时间平均分配到市场和家庭两个部门，他们会根据自己的比较优势进行抉择，在市场竞争中有比较优势的家庭成员会使其市场活动完全专业化，而在家庭生产中有比较优势的成员就会操持家务，从而实现家庭活动专业化。

4.1.3　家庭现代化理论

所谓的家庭现代化理论，就是运用现代化理论的基本框架、核心范畴和理论预设来解释家庭发展变化关系，主要探讨的是随着现代化、城市化与工业化转型，家庭这一社会最基本单位将如何适应这种趋势的变化、如何应对现代化的发展与转型。

家庭现代化理论最早可以追溯到奥格本（Ogburn）关于家庭的阐述，奥格本（1928）认为妇女角色和儿童养育及监管模式的变化最终将导致传统家庭的解体。家庭现代化理论以全新的视角重新审视城市化如何影响家庭内的权力关系，其假定当社会以城市化和工业化形式实现现代化时，传统家庭价值会逐步下降。家庭现代化理论分为古典家庭现代化理论和新家庭现代化理论。

（1）古典家庭现代化理论。与现代化理论一样，古典家庭现代化理论同样包含着"现代"优于"传统"，"现代"与"传统"之间是对立的、非此即彼的（马春华等，2011）。同时，强调个人主义价值观念与夫妇式家庭制度间的适应性、核心家庭制度与工业化之间的适应性是家庭现代化理论的两个重要观点（唐灿，2010）。

帕森斯（Parsons）和古德（Goode）是古典家庭现代化理论的杰出代表人物。帕森斯（1943）认为，家庭从传统向现代化的转变，体现为亲属关系团体的分解和核心家庭体制的普遍化。随着现代化步伐的加快，随着社会的现代化，家庭结构将从父系扩大的家庭结构转变为具有较小的核心家庭，代际支持可能削弱，老人在家庭和社会中的地位可能降低（Goode，1963）；传统的大家族结构解体，个人主义盛行。现代化与家庭经济关系之间存在负相关关系。随着一个社会变得更加城市化和工业化，家庭成员之间的经济联系被打破。英克尔斯（Inkeles，1972）还发现，地理距离造成传统面对面家庭相互关系的减弱。因此，传统权威性的拥有者，例如，大家族的老人，因为他们比成年子女拥有的资源少，所以权力变小。当人类社会从农村转型到城市时，农村环境中的集体主义将逐渐被城市个人主义所取代。

（2）新家庭现代化理论。自20世纪60年代以来，古典家庭现代化理论如同其他领域中的现代化理论一样，受到了严厉的批评，尤其是未认识到文化在塑造权力和家庭凝聚力的重要作用和地区差异。到20世纪70年代末，基于对古典家庭现代化理论的批评形成了新家庭现代化理论。这种新的理论避免将传统和现代化视为相互排斥；相反，它们可以共存，传统可以发挥有益的作用。

新家庭现代化理论认为，传统与现代并不是对立的，而可能是兼容的，有着不同的组合方式。在家庭现代化过程中，文化、观念、意识形态等因素同工业化和城市化一样，都可能决定家庭变迁。虽然社会现代化后，核心家庭都是普遍的家庭形式，但家庭亲属社会网络依旧承担着诸如相互支持和非物质性的情感交流等重要社会功能，但是失去了传统社会中对核心家庭的控制和支配权力。同时，在现代社会中，两性间平等意识和观念增强，家庭和亲属关系的双系制度得到发展，并替代传统社会的单系制度。此外，随着新工业秩序的兴起，打破了社区对家庭的控制，也打破了老一代的权力和控制（Hertel，1987）。

4.1.4 代际转移动机理论

代际转移是指各类资源在家庭内不同代际成员之间的流动和重新分

配，是家庭生活中广泛存在的一种经济现象和行为，引起了大量经济学家、社会学家和人口学家的广泛关注和研究，而代际经济转移的动机则是研究的核心内容之一。家庭代际经济转移不仅会改变父母和子女的消费和储蓄行为，而且会对国家公共转移支付项目的实施效果产生影响（王劲松，2002）。在有关代际经济转移的众多文献中，经济学家们特别关注代际经济转移行为背后所隐含的动机是什么，这主要是因为对代际支持动机的研究有助于理解人的行为本质，且有利于全面评估公共养老保障政策的实际效果（Cox, et al., 1998）。代际转移接受者收入水平与其获得的转移数量之间的关系是考察家庭代际转移动机的关键，根据两者关系，经济学家提出了代际经济转移动机理论，即代际经济转移行为主要基于两大动机：一是利他主义动机；二是交换动机，从而形成了代际转移利他主义动机理论和交换动机理论。

代际转移利他主义动机理论由贝克尔和巴伦（1974）提出。贝克尔认为，家庭内普遍存在利他行为，家中成员不仅关心自己的利益，而且关心其他家庭成员的福利，因此，个人效用的最大化是个人自身消费和其关心的家庭成员的效用的函数（Cox, 1987）。他认为，转移提供者关心接受者的效用，当接受者收入足够低的时候，转移提供者会对接受者提供转移，并指出如果一个人的状况很差（如收入难以维持基本的消费），具有利他动机的家庭成员将为其提供支持，以缓解接受者经济紧张的困境，直到转移给予者与接受者的边际效用达到一致水平。

但是，代际转移利他主义理论也存在一定的不足，一是利他主义假说只关注转移给予者的偏好，而忽略了接收方的偏好；二是转移接受者完备的收入和消费信息难以获得；三是转移给予者未必不期望任何的交换和回报（Cox, 1987; Cox, et al., 1992）。针对以上不足之处，考克丝（1987）提出了代际转移交换动机理论。考克丝认为，家庭中不仅仅只有利他行为，还存在广泛的交换、互惠行为，转移给予者向其他家庭成员提供经济转移是为了获得补偿，补偿的形式可以是物质的（如金钱、实物），也可以是非物质的（如获得接受者提供的服务）。基于代际转移交换动机理论，代际经济转移数量不会因为代际转移接受者收入的变化必然发生反方向变化。

总之，无论是受利他动机还是交换动机驱动，代际转移发生的概率与转移接收者收入水平负相关，与转移给予者收入水平正相关。

4.2　分析框架

4.2.1　老年父母新农保参与对成年子女劳动力迁移的影响

国外研究表明，信贷约束和照顾未成年子女的约束阻碍了农民外出就业，养老金会通过缓解上述约束从而显著促进成年子女劳动力迁移（Posel et al.，2006；Ardington et al.，2009）。在新劳动力迁移经济学理论框架中，家庭会依据既有资源禀赋（如劳动力、土地资源）同时最优化生产和消费的决策。为了克服信贷市场和保险市场不完善的弊端，广大发展中国家农村地区的理性家庭会通过劳动力迁移等方式实现家庭劳动力资源在不同区域和不同行业之间的重新配置，最大化现有资源对家庭的效用，从而实现家庭效用最大化。

由于劳动力迁移直接成本与寻找工作是昂贵且有风险的，虽然迁移后期望收入相对较高，但会出现收入波动较大的风险。而农村劳动力在当地企业、家庭农场等经济部门工作，由于各方面因素匹配程度高，收入风险相对较小。而发展中国家广大农村地区普遍面临信贷约束，因此制约了农村劳动力迁移的意愿和水平。老年父母参加新农保，保障其有一定的稳定收入，额外增加了家庭总收入，从而放松了家庭信贷约束和家庭预算约束，经济条件得以改善，进而可在一定程度上分担成年子女劳动力迁移的成本，有力地促进了成年子女劳动力迁移。

医疗、自然灾害等问题仍然是广大发展中国家农村家庭自身要面对的风险问题，特别是随着人口老龄化和城镇化同步推进，农村社会养老问题尤其突出。但由于发展中国家农村地区的保险市场不健全，发展严重滞后，并没有相关机构或风险产品来分散这种农村家庭风险。一方面，劳动力迁移后比所在农村社区一般可以获得更高的收入，因此，为了应对各类风险带来的收入不稳定性，进而实现家庭收入最大化，为家庭成员提供养老保障，作为理性的农村家庭，通常会通过劳动力迁移来实现家庭收入来源的多样化，从而规避生产和收入中存在的各种风险。而随着新型农村社会养老保险的推行，特别是老年父母参加新农保保证了其养老经济来源，农村家庭的养老风险得以缓解，那种基于规避风险的劳动力迁移行为将会减少，因此，老年父母新农保参与行为，在一定程度上抑制了成年子女劳动力迁移。另一方面，由于农村地区的养老保险市场不健全，家庭养老仍是广大发展中国家农村地区最重要的养老方式，成年子女仍然主要是老年父母赡养服务的提供者。为了照顾年迈父母的生活起居，提供及时的医疗服务，成年子女只能伴随左右，不能外出务工，即遵循传统儒家孝道"父母在，不远游"。但老年父母参加新农保，可以预期养老金收入能够减轻老年人对子女的经济依附关系，减少老年人在社会心理和情感上的被剥夺感，增强老年父母的心理安全，帮助老年父母获得自尊和社会尊重，减少老年父母对成年子女的心理依赖；同时使得老年父母更负担得起相关医疗服务，使养老金领取者可以采取购买养老服务替代成年子女的直接照料，减少老年父母对成年子女照料的依赖，放松成年子女对老年父母的照顾约束，可能为成年子女的工作地点选择提供更大的灵活性，为他们参与全国劳动力市场提供了可能。

根据家庭生产理论，理性家庭通过对家庭所属产品与时间等投入要素的组合进行商品的生产，从而实现家庭整体效应最大化。时间是家庭的稀缺资源。市场中活动效率较高的家庭成员在消费活动中使用的时间少于家庭其他成员在同一活动中使用的时间，而且某一家庭成员的市场效率的相对提高会引起消费活动中所有其他成员时间的再分配，从而使前者在市场活动中支出更多的时间。在家庭生产中，由于老年父母和成年子女在时间价值和要素禀赋上存在差异，为了追求家庭最大产值，实现家庭效用最大化，老年父母和成年子女必须进行分工。成年子女在市场部门劳动具有专业化优势，使其从事市场劳动以获取家庭所需的市场商品；而老年父母在家庭部门具有专业化优势，使其从事家务劳动、照顾未成年孙辈以获取家庭所需的家庭产品。因此，农村老年父母应参与新农保，保障其有一定的稳定收入，考虑到广大发展中国家农村老人实际生活支出，新农保养老金可以比较明显地提高农村老年人的收入水平，更有利于实施家庭生产的内部分工，提高家庭整体效应水平。同时，中国农村家庭中广泛存在着"逆反哺"的代际模式，祖父母隔代照料未成年孙辈是广大农村地区的普遍现象。因此，相应的保障及收入效应会比较显著：老人可以将更多的精力和时间贡献给家庭，如帮助成年子女操持家务、抚养儿童，从而促进家庭中成年子女劳动力迁移决策（见图 4 - 1）。

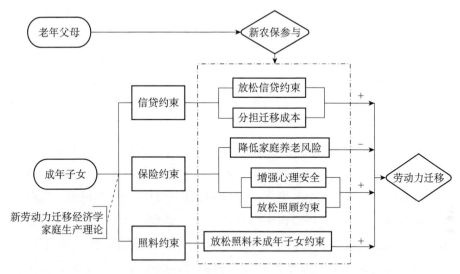

图 4 - 1 老年父母新农保参与影响成年子女劳动力迁移的作用机制

4.2.2 成年子女劳动力迁移对其老年父母经济供养行为的影响

新家庭现代化理论认为，随着城市化和工业化，在家庭变迁过程中，传统与现代并不是对立的。现实中的孝顺与现代化和城市化并不是相互排斥的（Sung，2000）。孝顺继续作为中心价值观，并存在于亚洲社会，孝顺的传统可能与工业发展和农村郊区迁徙不冲突。利特瓦克（Litwak，1960）认为，即使流动性减少了大家族面对面的接触，迁移造成的地理距离不会破坏大家族的凝聚力。现代通信系统的发展使地理距离对家庭凝聚力的破坏性影响最小化。他认为，大家族内的经济相互依赖实际上为核心家庭和个人职业发展提供了重要的帮助。很多学者以中国为例展开研究（Zhang et al.，1994；Sung，2000），结果发现孝顺的传统可能与工业化发展和城乡迁移不矛盾，迁移的子女继续孝顺他们的年长父母。虽然距离在一定程度上降低了身体照料，迁移的成年子女有与他们的父母保持经常联系和履行义务关系的强烈欲望，成年子女的家庭照料继续作为老年照料的有效方式。而成年子女农村劳动力迁移作为一种理性选择，通常能够增加农村家庭收入水平，从而提高外出务工子女对农村老年人的经济供养能力，在传统儒家孝悌思想的影响下，迁移的成年子女往往会通过对老年父母的经济供养来弥补日常照料等方面的缺位，成年子女在迁入地就业后收入水平相对提高，会通过汇款等方式为父母提供更多的经济支持，绝大多数留守老人的经济和福利状况也因此得到改善。此外，随着成年子女外出就业，家庭事务以及部分农业生产多交予留守农村的老年父母来承担，为了获取更好的家庭和农业生产服务，迁移的成年子女通常也会增加对农村留守老年父母的经济供养。

但与此同时，无论古典家庭现代化理论还是新家庭现代化理论均一致认为，随着社会现代化和经济发展，家庭结构将从父系扩大的家庭结构转变为具有较小的核心家庭，老人在家庭和社会中的地位可能降低，代际支持可能削弱（Goode，1963；Benjamin et al.，2000；Yan，1997）。此外，家庭现代化理论趋向于表达一种议价能力模型，表明随着社会的现代化，农村老年人失去了他们对于照顾的议价能力，因为他们在重要的资源方面，如教育、金钱和技术，与他们的孩子相比有明显缺陷。除了土地，老人还拥有宝贵的人力资本，如智慧和经验，这可能是其议价能力的重要来源。正如古德所指出的，由于积累的农业经验，农村老人可以获得高回报。然而，现在这些年龄优势已经不存在了。怀特（Whyte，1995）的研究表明，随着青年人受教育机会的增加，中国家庭中年长一代的影响力大大减弱。不能耕种土地降低了老年人储蓄的能力，再加上他们在人力资本方面的相对下降，也降低了他们的盈利能力，从而导致议价能力的降低。最终，他们在家庭中的地位可能会受到挑战，子女对父母照料的义务可能会减少。

伴随成年子女的城乡迁移，一方面加剧了农村老年父母落后于时代的程度，降低了农村老人的经济和社会地位；另一方面也削弱了家庭作为社会保障机构的功能（Benjamin et al.，2000）。许多研究一致认为，大规模的农村劳动力迁移减少了父母与成年子女住在一起的机会，这可能进一步削弱了代际家庭照料（张文娟和李树苗，2004）。随着成年子女国内迁移或跨国迁移导致"孝"观念的弱化，淡化了原有的乡村人情社会对于人们遵循传统文化的约束力，降低了老年人和社区对成年子女的控制能力，从而削弱了农村老年人的经济供养体系（Ikels，1993；Chan，1999；Hermalin，2002）。外出务工的成年子女生活方式及价值观的改变影响他们对父母的养老支持（Du et al.，2000）。在城市生活越久的外来务工者更关注独立和平等，从而最终可能削弱他们对农村老年父母的经济供养意愿和水平（见图 4-2）。

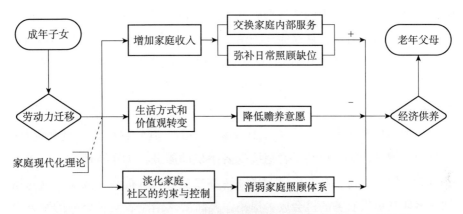

图 4-2 成年子女劳动力迁移影响对其老年父母经济供养的作用机制

4.2.3 老年父母新农保参与对成年子女经济供养行为的影响

老年父母参加新农保领取一定的养老金后，收入约束得到释放，这将影响其经济行为的变化，出于家庭成员的利他动机和交换动机，成年子女的经济供养行为也可能发生变化。根据代际转移动机理论，代际经济转移发生的概率与代际转移接收者的收入水平呈负相关关系。因此，当农村老年父母参加新农保后，尤其是领取一定养老金后，预示其将有一笔相对比较稳定的且属于家庭预算外的"意外之财"。因此，由于老年父母参加新农保，提高了自身收入水平，随着其收入总量的增加，成年子女向其提供经济转移的概率将会下降。

国外研究表明，利他动机和交换动机是经济供养行为背后的主要动机。而在代际经济转移数量方面，基于不同的代际转移动机，老年父母新农保参与对成年子女经济供养行为将会产生截然不同的效果。

基于利他动机理论，亲子代际经济转移的数量将随着转移双方收入差距的扩大而提高，代际转移接受者收入水平与获得的转移数量呈现负相关关系。具体而言，一方面，如果代际转移给予者的收入增加，其向代际转移接受者提供经济转移的数量将会提高；另一方面，如果代际转移接受者的收入提高，代际转移给予者向接受者转移的数量将会下降。因此，随着农村老年父母年龄的增长以及健康状况恶化或者出现经济困难时，成年子女会出于利他心将给予适当的帮助，提高对老年父母经济供养水平。因此，公共养老保险制度的实施会对基于纯粹利他动机的家庭代际经济转移产生完全的挤出效应，从而完全抵消公共政策的收入再分配效果（Becker，1974；Cox et al.，1992）。而老年父母参加新农保，意味着增加了代际转移接受者的收入水平，作为代际转移给予者的成年子女必然会减少对老年父母的经济供养量。

根据交换动机理论，转移给予者收入提高，其转移的数量将会提高，这是因为假设代际转移给予者把接受者提供的服务视为正常商品，给予者愿意为该服务支付更高的价格；代际转移接受者收入提高，接受者收入增加必将使其提供服务的机会成本提高，其将要求给予者支付更高的服务价格，这将导致代际转移给予者对服务需求的下降，代际转移接受者获得代际转移的概率将会下降。然而，在转移发生的情况下，代际转移数量可能依据代际转移给予者对服务需求有无弹性而减少或增加（Cox，1987）。因为代际转移数量取决于代际转移给予者对接受者提供服务的需求弹性。如果富有弹性，那么代际转移给予者将会选择价格便宜的其他服务替代接受者提供的服务，从而代际转移数量减少。如果缺乏弹性，那么代际转移给予者将会支付更多的货币以获取接受者提供的服务，从而代际转移规模扩大。在广大的发展中国家，农村老年父母一般会通过为成年子女提供各种家务帮助、农田耕种、照顾未成年孙辈等服务，以及家庭资产继承等权利保障来换取成年子女更多的补偿性支持。而这些可用于交换的家庭服务或物质性权利，由于农村正式照料制度的缺失，对于代际转移给予者而言，其对老年父母提供家务帮助的需求缺乏弹性。对代际经济转移以交换动机为主的家庭而言，公共养老金制度的实施对其代际经济转移将产生"挤入效应"，从而加强公共政策的收入再分配效果（Cox et al.，1992）。因此，老年父母参加新农保，老年父母收入提高，成年子女对老年父母的经济转移数量不会减少，反而会增加，增强了新农保制度的政策效果（见图4-3）。

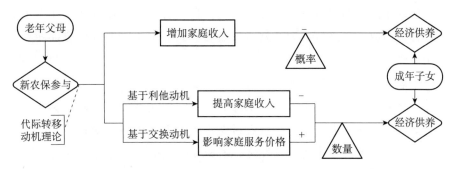

图 4 - 3　老年父母新农保参与影响成年子女经济供养的作用机制

4.2.4　本书的分析框架

当前中国人口老龄化、城镇化同时交织推进，产生了一系列社会问题，农村社会养老便是其中很关键并受到国家高度关注的社会问题。受经济发展水平和传统家庭观念的影响，中国农村养老保障制度不健全，家庭养老仍然是农村老年人主要的养老方式（卢海阳和钱文荣，2014）。在当前社会经济条件下，成年子女的经济供养是家庭养老的核心内容，仍然是大多数农村老年人最重要的养老需求。但随着农村青壮年劳动力向城镇迁移，成年子女与农村老年父母出现空间性分离，使得老年父母在获取成年子女经济供养上出现了更多的不确定性，传统的家庭养老功能逐渐削弱。因此，为了应对中国农村日益严峻的养老问题，国务院推行了新型农村社会养老保险制度，并于 2014 年与城镇居民社会养老保险制度统筹合并为城乡居民社会养老保险制度。作为一项重要的创新性制度安排，农村社会养老保险制度改变了农村家庭的预算约束，从而可能影响农村老人的经济来源以及照料模式等在内的整个养老模式，继而可能对中国农村社会的家庭关系、家庭结构产生重要影响。新农保能否真正实现老有所养，缓解农村老年人的养老困境，提高农村老年人生活质量就成了其可持续发展的重要标准。

通过上面分析可知，老年人新农保参与行为通过放松家庭信贷约束和照顾未成年子女的约束从而影响成年子女劳动力城乡迁移，加剧了家庭养老照顾主体和客体的空间距离；而成年子女城乡劳动力迁移又会由于农村老年父母传统地位的下降以及与成年子女生活方式的差异，影响成年子女对农村老年父母的经济供养，老年人新农保参与行为会影响成年子女的城乡迁移；而成年子女劳动力迁移，又会影响其经济供养行为，进而将严重影响社会养老保险制度的福利效果。

若老年人新农保参与显著促进成年子女劳动力迁移，当成年子女劳动力迁移显著增加对其父母的经济供养时，新农保制度的政策效应会得到进一步增强，将在较大程度上缓解农村老年人的养老困境，农村老年人的福利水平也会得到进一步改善。反之，若成年子女劳动力迁移显著降低对父母的经济供养，则新农保制度的福利效应将会受到严重削弱，新农保制度不仅不会提高农村老年人的福利水平，而且会使农村老年人的生存状况更加恶化，加剧农村老年人养老的严峻性，新农保制度带来的结果将有悖于保险本身的政策初衷和目标。

若老年人新农保参与对成年子女劳动力迁移影响为负，限制了成年子女劳动力城乡迁移，当成年子女劳动力迁移增加了对其父母的经济供养，新农保制度挤出了成年子女的经济供养，降低了农村老年人的福利水平。反之，当成年子女劳动力迁移显著降低了对父母的经济供养，新农保制度则起到了缓冲的作用，减轻了由于成年子女劳动力迁移带来的福利水平恶化程度。而忽略老年人参与新农保可以影响农村劳动力迁移的前提下，单纯地考量新农保本身而忽略其与其他涉及农村老年人切身利益相关因素的关联性，显然既难以客观评价新农保制度的实施效果，实现社会养老保险政策健康、有序地推进，也不利于农村社会的稳定和发展。基于此，为了分析成年子女经济供养行为的变化规律，科学评价新农保制度的福利效果，构建了基于老年父母新农保参与、成年子女劳动力迁移以及对老年父母经济供养三者关系的总体分析框架及作用机制（见图4-4）。

农村老年人参与新农保，除了可以直接影响成年子女对其经济供养，还可以通过影响其他因素，尤其是成年子女劳动力迁移，进而间接影响成年子女对其经济供养。因此，要科学评价新农保制度的福利效果，探究老年父母新农保参与对成年子女经济供养行为的影响，必须明确老年父母新农保参与行为对成年子女劳动力迁移影响的方向及效应，影响方向及效应的大小直接决定了新农保制度是否实现了农村老年人"老有所养"的目标，决定了中国城乡社会养老保障制度是否需要调整以及如何进行调整。在此基础上，引入成年子女劳动力迁移作为中介变量，进一步厘清和深化

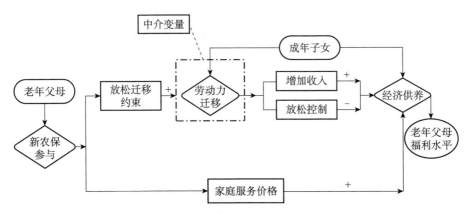

图 4 - 4　老年父母新农保参与、成年子女劳动力迁移与经济供养的作用机制

对新农保制度影响成年子女经济供养的运行方式和机制的认识,判断"成年子女劳动力迁移"中介变量的效应水平,并作为深度解析和科学评价现阶段中国城乡社会养老保障制度福利效果的重要依据。因此,下文在分析老年父母新农保参与对成年子女劳动力城乡迁移行为影响的基础上,以劳动力迁移为中介变量引入到新农保制度福利效果的分析框架中,讨论成年子女劳动力迁移对其农村老年父母经济供养的影响,从而深度解析和评价新农保政策效果。

4.3　研究假说

老年父母参加新农保,领取一定的养老金后,可以在一定程度上放松家庭信贷约束和成年子女照顾孩子等系列约束,从而有利于提高成年子女发生劳动力迁移决策的概率,也有利于增加成年子女劳动力迁移的距离(迁移距离分为县外、县内两个类别),尤其增加其向县外迁移的概率。因此,基于前面思路和分析框架,提出如下需要验证的研究假说。

假说 H1:老年父母新农保参与显著促进成年子女劳动力迁移。

根据前面分析,信贷约束与照顾约束严重影响成年子女劳动力迁移。而在中国广大农村,社会规范仍然规定老年父母一般由成年儿子来赡养,儿子应比女儿承担更多的责任,为父母提供财政和工具性帮助,女儿仅需在节假日买些礼品看望即可。因此,可以进一步细化形成分假说 H1a:老年父母新农保参与会显著促进成年子女劳动力迁移，且对成年儿子迁移的影响效应大于对成年女儿的影响效应，迁移影响效应存在性别差异。

对于因照顾未成年子女而制约其迁移的成年子女来说，因为老年父母参与新农保后可以更好地帮助照顾，从而使成年子女照顾未成年子女的约束得以放松，效应越显著，越可以促进成年子女劳动力迁移。因此，可以进一步细化形成分假说H1b：老年父母新农保参与对于成年子女劳动力迁移的影响效应，相对于没有未成年孩子的成年子女，对有未成年孩子的成年子女劳动力迁移的影响更显著。

同时，由于教育程度较高、收入水平较高的成年子女受到照料父辈的经济约束相对较少，因此，老年父母新农保参与更多影响教育程度较低、收入水平较低的成年子女。因此，可以进一步细化形成分假说H1c：老年父母新农保参与对于成年子女劳动力迁移的影响效应，相对于教育程度较高、收入水平较高的成年子女，对教育程度较低、收入水平较低的成年子女劳动力迁移的影响更显著。

对于由于老年父母身体健康、心理健康等因素制约的成年子女来说，如果老年父母患有功能障碍或者心理抑郁，通过老年父母参加新农保，增加了一定的收入或者提高了心理安全感，减少了对成年子女的心理依赖，放松了对成年子女劳动力迁移的约束。因此，可以进一步细化形成分假说H1d：老年父母新农保参与对于成年子女劳动力迁移的影响效应，相对于未有老年父母患有功能障碍或者心理抑郁的成年子女，对有老年父母患有功能障碍或者心理抑郁的成年子女劳动力迁移的影响更显著。

此外，由于地区经济文化差异，笔者还提出分假说H1e：老年父母新农保参与对成年子女劳动力迁移的影响可能会存在一定的区域性差异。

老年父母新农保参与行为可在一定程度上使得家庭收入约束得到释放，家庭成员的经济行为可能发生改变。根据前面分析，结合中国家庭特征以及代际转移动机理论，笔者认为，老年父母新农保参与可以提高成年子女提供经济供养的概率，为了换取相关家庭服务，也会增加其提供经济供养的程度；与此同时，老年父母新农保收入主要为现金形式，成年子女经济供养中，以实物形式供养占总经济供养的比重逐步加大。因此，基于前面思路和分析框架，提出如下需要验证的研究假说。

假说H2：老年父母新农保参与行为显著提高成年子女的经济供养。

　　特别需要注意的是，农村女性，特别是年轻女性，正在成为城市地区制造业和服务业农民工的重要组成部分。随着收入和自主性的增加，妇女的家庭地位可能由于她们参加外部劳动而得到提高。然而，由于父系家庭制度，只有儿子才有正式义务向父母提供照料。因此，笔者假设老年父母新农保参与对成年子女经济供养存在性别差异。因此，可以进一步细化形成分假说 H2a：老年父母新农保参与对成年子女经济供养的影响，相对于女儿，对儿子经济供养行为的影响更为显著。

　　根据前面的研究表明，对于收入水平较高的成年子女，其向老年父母提供经济供养多出于对养老责任承担的利他动机，也非基于交换动机，加上老年父母参加新农保及其收入相对有限，基本上不会影响其提供经济供养的决策；但对于收入水平较低的成年子女，其向老年父母提供经济供养多出于交换动机，如换取家务帮助等，在老年父母参保并获取一定收入后，其可掌握的议价资源就会增加，因此成年子女一般会增加对老年父母提供经济供养的概率。因此，可以进一步细化形成分假说 H2b：相对于收入水平较高的成年子女，老年父母新农保参与显著影响收入水平较低的成年子女经济供养概率，但经济供养金额的方向正好相反。

　　议价能力模型强调成年子女和父母之间的相互关系，它认为老人通过向他们的孙辈提供短期托儿服务得到赡养。作为交换，子女为父母提供住房、食物、医疗等。随着父母变老和身体健康欠佳，成年子女通过提供身体和经济照料，反哺他们从父母那里得到的抚育。因此，可以进一步细化形成分假说 H2c：相对于身体健康、年龄较轻的老年父母，针对身体状况较差、年龄较大的老年父母成年子女将提供更多的经济供养。

　　此外，由于地区经济文化差异，笔者还提出分假说 H2d：老年父母新农保参与对成年子女经济供养的影响可能会存在一定的区域性差异。

　　根据上面分析，农村父母参与新农保，除了可以直接影响成年子女对其经济供养，还可以通过影响其他因素，尤其是成年子女劳动力迁移，进而间接影响成年子女对其经济供养，为了深入分析其影响机理，特提出如下需要验证的研究假说。

　　假说 H3：成年子女劳动力迁移在农村老年父母新农保参与对成年子女经济供养的影响路径中发挥着一定的直接中介作用，且对成年子女经济供养产生正向影响。

　　根据前面分析可知，虽然随着劳动力迁移，成年女儿的经济地位逐步提高，但由于传统观念和政策局限性，老年父母新农保参与基于成年子女性别差异产生不同的政策效果。因此，可以进一步细化形成分假说 H3a：相比于迁移的成年女儿，成年儿子劳动力迁移的中介效应更显著，成年子女劳动力迁移的中介效用存在性别差异。

　　而成年子女农村劳动力迁移通常能够增加家庭收入水平，从而提高对农村老年人的经济供养能力，在传统儒家孝悌思想的影响下，迁移在外的成年子女往往会通过汇款等方式为老年父母提供更多的经济供养。因此，可以进一步细化形成分假说 H3b：相比于收入水平较低的成年子女，收入水平较高的成年子女劳动力迁移的中介效应更显著，成年子女劳动力迁移的中介效应具有收入性差异。

第5章 实证模型选择与数据来源

本章主要分为三个部分：第一部分，对实证模型的选择进行了说明；第二部分，简要介绍了数据来源与样本选择；第三部分，详细阐述了变量的选择和说明。

5.1 实证模型选择

在分析新农保参与对于参保老人福利的影响效应时，需要考虑到农村父母参保行为的内生性问题，尤其是由于遗漏变量问题产生的内生性问题，直接进行 OLS 或 Logistic 回归的结果可能有偏并且不一致。根据研究目的和数据结构，笔者拟使用固定效应模型、Tobit 面板模型、工具变量法以及中介效应模型进行相关实证分析。

5.1.1 老年父母新农保参与对成年子女劳动力迁移影响的实证模型

（1）实证策略。固定效应模型可以在一定程度上控制不随时间变化的遗漏变量问题，包括养老风险偏好以及其他个体、家庭或地区层面的异质性。同时由于被解释变量（成年子女劳动力迁移行为）为二元虚拟变量，因此，在分析老年父母新农保参与对成年子女劳动力迁移决策行为的影响时，采用 Logit 固定效应面板模型（fixed-effect estimation，FE），实证模型设定如下：

$$\text{LM}_{it} = \alpha_0 + \alpha_1 \text{NRIS}_{it} + \sum \alpha_2 \text{X}_{it} + \lambda_t + \varphi_i + \varepsilon_{it} \qquad (5-1)$$

其中，i 表示成年子女；t 表示调查时点（2011 年、2013 年）；LM_{it} 表示成年子女 i 在时点 t 的劳动力迁移情况（包括迁移状态以及迁移距离等）；$NRIS_{it}$ 表示成年子女 i 在时点 t 其农村老年父母新农保参与情况（包括参保情况、领取养老金情况以及养老金收入金额等）；X_{it} 表示控制变量（包括成年子女个体特征变量、农村老年父母特征变量以及家庭特征变量）；α_0，α_1，α_2 表示待估参数；λ_t 及 φ_i 分别表示不可观测的时期效应和个体效应；ε_{it} 表示随机误差项。

（2）内生性问题。在中国，由于新农保实施坚持"农户自愿"的原则，因此，老年父母新农保参与行为多是老年父母及其子女的自主选择，诸如参保者的预期寿命、风险偏好与预期未来收入流的稳定性、对政策信任程度等不可预测因素会造成选择性偏误，因此，可能因选择性偏误或反向因果等原因导致内生性问题的存在。事实上，老年父母新农保参与和成年子女劳动力迁移之间存在互为因果的关系，成年子女因为劳动力迁移，其可能就会多鼓励老年父母参加新农保或者直接帮助父母办理参保事宜并缴纳参保费用；而老年父母参加新农保，有了一定的养老保障，又可能影响成年子女劳动力迁移行为。而且尽管通过控制个人、家庭及社区层面的固定效应能够控制不随时间变化的不可观测特征，但无法完全控制随时间变化的不可观测因素。

因此，为了缓解潜在的内生性问题，本研究采用工具变量法（ivprobit 模型），借鉴马光荣和周广肃（2014）、谭华清等（2016）以及刘凌晨和曾益（2016）的做法，选择家庭所在的农村社区是否实施新农保这个虚拟变量，作为老年父母新农保参与行为的工具变量。该工具变量在 CHARLS 2011 年可以通过社区问卷直接获得，2013 年主要通过 2011 年社区问卷以及 2013 年问卷分析综合获得。具体来说，因 CHARLS 2013 年未提供社区调查数据，所以首先分析 2011 年社区问卷里面该社区是否实施新农保，若 2011 年已经实施，那么 2013 年也肯定已经实施；若 2011 年社区没有实施新农保，则通过分析 2013 年同一社区编码中 60 周岁以上老年人是否领取新农保养老金来判别该村庄在 2013 年是否实施了新农保制度。每个村庄是否实施新农保直接决定了老年父母是否有机会参保、老年父母是否能领取养老金以及领取养老金的额度，而村庄是否实施新农保政策更多是由中央和地方政府决定，与成年子女劳动力迁移决策无关，因此，满足工具变量的外生性规定。

5.1.2 老年父母新农保参与对成年子女经济供养影响的实证模型

（1）实证策略。本部分主要采用固定效应模型和 Tobit 模型来探讨农村老年人新农保参与情况对成年子女经济供养决策行为的影响。具体模型设定如下。

当被解释变量为"成年子女是否提供经济供养"时，为了控制不随时间变化的遗漏变量问题以及由此产生的内生性问题。笔者依旧采取 Logit 固定效应面板模型（FE），实证模型设定如下：

$$Y_{it} = \beta_0 + \beta_1 NRIS_{it} + \sum \beta_2 X_{it} + \lambda_t + \varphi_i + \varepsilon_{it}^* \qquad (5-2)$$

其中，i 表示成年子女；t 表示调查时点（2011 年、2013 年）；Y_{it} 表示成年子女 i 在时点 t 的经济供养情况（"是否提供经济供养"）；$NRIS_{it}$ 表示成年子女 i 在时点 t 其农村老年父母新农保参与情况；X_{it} 表示控制变量（包括成年子女个体特征变量、农村父母特征变量以及家庭特征变量）；β_0，β_1，β_2 表示待估参数；λ_t 及 φ_i 分别表示不可观测的时期效应和个体效应；ε_{it}^* 表示随机误差项。

当被解释变量为"成年子女经济供养程度和供养形式"时，由于相当一部分成年子女提供的经济供养金额为零（例如，2011 年未获成年子女经济支持的老人占全部样本老人的比例为 15.3%），被解释变量在零点出现积聚及"左截取"（left censored）的现象，参考陈华帅和曾毅（2013）的做法，本部分拟采用 Tobit 面板模型，模型设定为：

$$Y_{it}^* = \beta_0 + \beta_1 NRIS_{it} + \sum \beta_2 X_{it} + \lambda_t + \varphi_i + \varepsilon_{it}^* \qquad (5-3)$$

$$\begin{cases} Y_{it} = Y_{it}^*, & if \quad Y_{it}^* > 0 \\ Y_{it} = Y_{it}^*, & if \quad Y_{it}^* \leqslant 0 \end{cases}$$

其中，Y_{it} 为个体 i 在时点 t 的"过去一年成年子女经济供养金额"；Y_{it}^* 为指标变量，其余变量的定义与式（5-2）固定效应模型相同。

（2）内生性问题。由于新农保实施坚持"农户自愿"的原则，事实上农村社区中交得起新农保的人家本来收入就很高或者本来就更孝顺，经济供养本来就高，收入还可以测量并放入模型来控制，而孝顺则难以量化控制，此时就可能存在内生性问题。此外，农村老人是否参保还取决于他们获取来自成年子女经济转移的可能性和转移数额，这反映了成年子女的经济供养对老年父母参保决策的反向因果关系，从而产生内生性问题。在本部分研究中，由于可能因不可观测性因素导致的选择性偏误以及反向因果等原因导致内生性问题的存在。因此，为了处理变量内生性问题，本部分利用工具变量法分析这一问题（IVprobit 模型、IVtobit 模型），同样采取上面提到的"所在村庄社区是否开展新农保"这一虚拟变量作为工具变量。

5.1.3　基于中介变量的新农保参与对成年子女经济供养影响的实证模型

本部分以成年子女劳动力迁移为中介变量，采用中介效应模型来探讨农村老年父母新农保参与对其经济供养行为的影响。在综合式（5-1）、式（5-2）、式（5-3）的基础上，根据巴伦和肯尼（Baron and Kenny，1986）的方法，笔者构建如下中介效应模型。

$$LM_{it} = \alpha_0 + \alpha_1 NRIS_{it} + \sum \alpha_2 X_{it} + \lambda_t + \varphi_i + \varepsilon_{it} \qquad (5-1)$$

$$Y_{it} = \beta_0 + \beta_1 NRIS_{it} + \sum \beta_2 X_{it} + \lambda_t + \varphi_i + \varepsilon_{it}^* \quad (5-2, \ 5-3)$$

$$Y_{it} = \delta_0 + \delta_1 NRIS_{it} + \delta_2 LM_{it} + \sum \delta_3 X_{it} + \lambda_t + \varphi_i + \varepsilon_{it}^{**} \qquad (5-4)$$

其中，i 表示成年子女；t 表示调查时点（2011 年、2013 年）；Y_{it} 表示成年子女 i 在时点 t 给农村老年父母的经济供养总量；$NRIS_{it}$ 表示成年子女 i 在时点 t 其农村老年父母新农保参与情况；LM_{it} 表示成年子女 i 在时点 t 的劳动力迁移情况；X_{it} 表示控制变量（包括成年子女个体特征变量、农村父母特征变量以及家庭特征变量）；δ_0，δ_1，δ_2，δ_3 表示待估参数；λ_t 及 φ_i 分别表示不可观测的时期效应和个体效应；ε_{it}^{**} 表示随机误差项。其中，式（5-1）表示老年父母新农保参与行为对成年子女劳动力迁移这一中间传导机制的影响效应；式（5-2）、式（5-3）表示老年父母新农保参与行为对成年子女经济供养决策行为影响的总效应；式（5-4）中的系数 δ2 表示中间传导机制对成年子女经济供养决策行为的直接效应。将式（5-1）代入式（5-4）可以进一步得到中间传导机制的中介效应 $\delta_2\alpha_1$，即老年父母新农保参与通过成年子女劳动力迁移这一中间传导机制对成年子女经济供养行为所产生的影响作用。

5.2　数据来源与样本选择

本书采用 2011 年、2013 年中国健康与养老追踪调查（China Health and Retirement Longitudinal Study，CHARLS）数据库，通过提取所需数据进行实证分析。该数据库不仅包含 45 周岁以上父母及其成年子女人口特征信息，还包含了劳动力迁移、家庭收入、代际经济往来等信息。同时，CHARLS 数据库中包含的丰富信息有助于深入分析和研究老年父母新农保参与行为对成年子女劳动力迁移及其经济供养决策行为的影响机理。

之所以会选择使用 CHARLS 2011 年、2013 年的数据，主要是因为新农保政策自 2009 年开始试点，2012 年底实现了区域全覆盖，所以使用这个时间跨度的数据正好可以验证新农保政策效果。与此同时，由于从 2014 年起新农保政策与城镇居民保险制度合并统筹为城乡居民保险，虽然主体仍为农村居民，但与新农保范畴有些差异，而且 CHARLS 2015 年以后的问卷中，既有新农保的选项，也有城乡居民保险的选择，且有许多样本中，二者均有填报，这给相关政策效果评价带来了一定挑战。因此，笔者仍坚持使用 CHARLS 2011 年、2013 年对新农保政策比较有典型特征时期的数据来支撑。

本研究对象的选择遵循以下几个原则：（1）分析对象的父母户籍是农村户口，年龄满 45 周岁（夫妻至少有一人）且至少有一个子女；（2）考虑到子女年龄较小或正在读书，没有能力对父母提供经济供养，故分析对象为年龄大于 16 周岁（含 16 周岁）且非全日制脱产学生；（3）选择非家庭成员的成年子女作为研究对象。此外，我们还剔除了父母中参加、领取其他养老金或退休金的受访者，因为参加或领取其他类型养老金或退休金同样会影响成年子女劳动力迁移以及经济供养行为，纳入这部分受访者可能导致估计结果有偏（王芳和李锐，2016）。

在 2011 年的基线调查中，CHARLS 数据覆盖了 28 个省份，125 个地市级单位，450 个村级单位，约 1.7 万人，根据父母 ID 与非家庭成员的成年子女配对形成 21 856 个样本。在 2013 年的追踪调查中，CHARLS 数据覆盖了 28 个省份，126 个地市级单位，448 个村级单位，约 1.86 万人，根据父母 ID 与非家庭成员的成年子女配对形成 28 516 个样本。

把 2011 年、2013 年两年 CHARLS 数据合并成短期面板数据，通过家庭 ID、父母 ID 对非家庭成员的成年子女 ID 进行编码，保留两期中都存在的非家庭成员的成年子女信息，并对农村父母、农村家庭等信息匹配，共形成有效样本量分别为 10 348 个（每年样本量为 5 174 个，主要用于分析农村老年父母新农保参与对成年子女劳动力迁移决策行为的影响）、7 422 个（每年样本量为 3 711 个，主要用于分析农村老年父母新农保参与对成年子女经济供养决策行为影响以及中介效应检验）。

5.3　变量的选择和说明

5.3.1　老年父母新农保参与对成年子女劳动力迁移的影响

（1）因变量。本研究将"成年子女劳动力迁移"界定为当成年子女常住地与其老年父母居住地不属于同一村庄时即视为成年子女发生劳动力迁移。根据研究表明，在探讨老年父母新农保参与行为对成年子女劳动力迁移的影响时，因变量为"成年子女劳动力迁移"，主要分为成年子女是否发生劳动力迁移以及迁移的距离两个层面。由于 2014 年前，中国新型农村社会养老保险实行的是县级统筹，而本研究所使用的数据则是 CHARLS 2011 年、2013 年调查数据，为了更好探究老年父母新农保参与对成年子女劳动力迁移效应，本研究将成年子女劳动力迁移距离分为县外与县内两个方面。过去一年，成年子女劳动力迁移决策相关信息主要通过 CHARLS 调查问卷中编码为 CB053 "目前，[孩子姓名] 在哪里常住？"的调查结果经过处理来获取。

（2）关键自变量。根据研究问题表明，此部分主要探讨老年父母新农保参与行为对成年子女劳动力迁移决策行为的影响。故关键自变量界定为老年父母的新农保参与行为，主要分为老年父母"是否参保""是否领取新农保养老金"以及"新农保养老金收入金额"三个层面问题。其中，"老年父母是否参保"相关信息主要通过 CHARLS 调查问卷中编码为 FN071（2013 年的编码为 FN069_w2）"您是否参加了新型农村社会养老保险"的调查结果来获取;"老年父母是否领取新农保养老金"相关数据主要通过问卷编码为 FN077(2013 年的编码为 FN075_w2)"您是否已经领取了新型农村社会养老保险发放的养老金"的调查结果来获取;过去一年"老年父母新农保养老金收入金额"相关数据主要通过问卷编码为 FN079(2013 年为 FN077_w2)"您每个月能领取多少养老金"的调查结果经过处理获取的。

（3）控制变量。影响成年子女劳动力迁移的因素很多,根据前人研究成果、研究目的及 CHARLS 数据库中相关变量的可获取性,本研究选取的控制变量主要有成年子女个体特征变量、老年父母相关特征变量以及家庭、社区相关特征变量。

第一,成年子女基本社会经济特征变量。不同住成年子女社会经济特征主要包括性别、年龄、教育程度、婚姻状况以及是否长子。受传统思想的影响,长子一般要承担主要的赡养责任,所以相比较其他子女,老年父母新农保参与行为对长子劳动力迁移影响的可能性更大、程度更深。此部分相关数据主要通过对 CHARLS 调查问卷的结果处理获得。

第二,成年子女收入水平。依据相关理论(Stark et al.,1991)分析可知,子女收入越高其选择外出的可能性较小,迁移的距离也会越短。成年子女收入评分是老年父母对未同住的成年子女收入水平给出的一个主观判断,采取赋分的方法进行测度,取值范围在 1~11 之间,分值越高,代表子女收入水平越高(宁满秀和王小莲,2015)。

第三,成年子女 16 周岁以下的孩子数量。成年子女的未成年孩子越多,照料负担就会越重,其劳动力迁移决策行为受到的照料约束就会越强。

第四,老年父母基本社会经济特征变量。因为研究对象为成年子女,把老年父母作为一个整体来看待,因此,老年父母基本社会经济特征变量的相关数据以父母双方的平均值或者整体来处理:主要包括老年父母年龄、受教育程度以及婚姻状况。

第五,老年父母身体健康状况以及是否照顾 16 周岁以下孙辈。老年父母健康状况越差,对成年子女提供经济帮助和照料的需求越大,从而严重影响成年子女劳动力迁移决策。本研究用老年父母任何一方是否患有严重的慢性疾病以及是否患有 ADL_IADL 功能障碍来衡量其健康状况。帮忙照顾孙辈可以缓解成年子女劳动力迁移受到的照料约束，从而影响成年子女劳动力迁移决策。此部分数据主要通过对 CHARLS 调查问卷的结果处理获得。

第六，老年父母家庭所处区域。为了体现东部、中部、西部的经济发展差异，设置地区虚拟变量来反映区域差异对成年子女劳动力迁移决策行为的影响。具体而言，将老人常住地（即所在省份）划分为东部、中部、西部。

老年父母新农保参与对成年子女劳动力迁移决策行为的影响相关变量的具体含义及相关说明见表 5 – 1。

表 5 – 1　　新农保参与对成年子女劳动力迁移影响的变量定义及说明

变量类型	变量名	变量定义及说明
因变量	迁移状况	成年子女是否发生劳动力迁移（1 = 是，0 = 否）
	迁移距离	成年子女迁移距离（1 = 县外，0 = 县内）
关键自变量	老年父母参加新农保状况	老年父母是否至少有一方参加新农保（1 = 是，0 = 否）
	老年父母领取新农保养老金	老年父母是否至少有一方领取养老金（1 = 是，0 = 否）
	老年父母领取新农保养老金数额	老年父母领取养老金额度（千元）
控制变量	老年父母平均年龄	老年父母平均年龄（岁）
	是否照顾孙辈	老年父母是否照顾 16 周岁以下孙辈（1 = 是，0 = 否）
	是否患有严重慢性疾病	老年父母至少有一方患有严重慢性疾病（1 = 是，0 = 否）
	是否患有 ADL_IADL 功能障碍	老年父母至少有一方患有 ADL_IADL 功能障碍（1 = 是，0 = 否）
	老年父母受教育程度	老年父母平均受教育年数（年）
	年龄	成年子女年龄（岁）
	收入水平	成年子女及配偶的收入评分
	16 周岁以下孩子数量	成年子女 16 周岁以下孩子数（人）
	婚姻状况	成年子女婚姻状况（1 = 已婚且与配偶同住，0 = 其他）
	性别	成年子女性别（1 = 女儿，0 = 儿子）

续表

变量类型	变量名	变量定义及说明
控制变量	教育程度	成年子女受教育年数①（年）
	是否长子	是否长子（1 = 是，0 = 否）
	中部（以西部为参照组）	中部（1 = 中部，0 = 其他）
	东部（以西部为参照组）	东部（1 = 东部，0 = 其他）

5.3.2 老年父母新农保参与对成年子女经济供养的影响

（1）因变量。本研究将"成年子女经济供养行为"界定为成年子女定期或不定期向父母提供现金、实物等经济性帮助。根据研究问题，在探讨老年父母新农保参与行为对成年子女经济供养决策行为的影响时，因变量界定为"成年子女经济供养行为"，主要分为成年子女是否提供经济供养、经济供养的程度（即经济供养的总额）以及经济供养形式三个层面。其中，"成年子女是否提供经济供养"是指过去一年成年子女是否向老年父母提供经济供养，该变量相关信息主要通过 CHARLS 调查问卷中编码为 CE007（2013 年主要通过对编码为 CE009 的计算获取该信息，没有收到子女的经济供养的视为"否"，反之为"是"）"过去一年，您或您的配偶从没住在一起的孩子那里收到过任何经济支持吗？"的调查结果经过处理来获取。"成年子女经济供养程度"是指在过去一年，成年子女向老年父母提供经济供养的总额；"成年子女经济供养形式"是指过去一年，成年子女经济供养中实物形式经济供养的价值占经济供养总额价值的比例。以上两个变量的相关信息主要通过 CHARLS 调查问卷中编码为 CE009（"过去一年，你们从这个孩子那里获得了多少帮助。"）中系列问题调查结果经过处理获得。

（2）关键自变量。根据研究问题，此部分主要探讨老年父母新农保参与行为对成年子女经济供养决策行为的影响。故关键自变量界定为"老年父母新农保参保行为"，主要分为"老年父母是否参加新农保""老年父母

---

① 本研究中，成年子女及老年父母教育年数根据问卷答案分为 11 个等级，分别赋值："未受过教育"赋值为 0，"未读完小学，但能够读写"赋值为 3，"私塾"赋值为 6，"小学毕业"赋值为 6，"初中毕业"赋值为 9，"高中毕业"赋值为 12，"中专等毕业"赋值为 12，"大专毕业"赋值为 15，"本科毕业"赋值为 16，"硕士毕业"赋值为 18，"博士毕业"赋值为 21。

是否领取新农保养老金"以及"养老金收入金额"三个层面，相关变量的信息获取渠道、处理方式与前面一致。

（3）控制变量。影响成年子女经济供养行为的因素有很多，根据前人研究成果、研究目的及 CHARLS 数据库中相关变量的可获取性，本研究选取的控制变量主要分为成年子女个体特征变量、老年父母相关特征变量以及家庭社区相关特征变量等方面。

第一，成年子女基本社会经济特征变量。不同住成年子女社会经济特征主要包括性别、年龄、教育程度、婚姻状况以及是否长子。此部分相关数据主要通过对 CHARLS 调查问卷的结果处理获得。

第二，成年子女收入水平。依据相关理论分析可知，子女收入越高其为老年父母提供经济供养的概率和金额就越大。本部分成年子女收入水平仍使用前面提到的成年子女收入评分来表示。

第三，成年子女 16 周岁以下的孩子数、成年子女与父母情感亲近度。成年子女的未成年孩子数量越多，照料负担就越重，其向老年父母提供经济供养的可能性和规模就越小。成年子女与老年父母亲子间联系越频繁，成年子女向老年父母提供经济供养就越多。成年子女与父母情感亲近度则通过双方的联系频率来测度①。

第四，老年父母基本社会经济特征变量。因为本部分研究对象为成年子女经济供养行为，因此把老年父母作为一个整体来看待，老年父母基本社会经济特征变量的相关数据以父母双方的平均值或者整体来处理，主要包括老年父母年龄、教育程度以及婚姻状况。

第五，老年父母身体健康状况以及是否照顾 16 周岁以下孙辈。本研究用老年父母任何一方是否患有严重的慢性疾病以及是否患有 ADL_IADL 功能障碍来衡量其健康状况。照顾未成年孙辈可以增加与成年子女交换未来养老服务的筹码，从而让成年子女提供经济供养。此部分相关数据主要通过对 CHARLS 调查问卷的结果处理获得。

---

① 本研究根据 CHARLS 问卷中编码为 CD004 的问题"您和【孩子姓名】不在一起住的时候，您跟【孩子姓名】多长时间通过电话、短信、信件或者电子邮件联系一次"，在本研究中"差不多每天、每周 2~3 次、每周一次、每半个月一次和每月一次"归为经常联系，并设置为参照组；将"每三个月一次、半年一次和每年一次"归为较少联系；将"几乎从来没有和其他"归为几乎不联系。

第六，老年父母收入水平及健在子女数。理论上来讲，成年子女向老年父母提供经济转移的概率随着老人收入的提高而降低。老年父母收入水平是指过去一年被访老年父母的收入水平（不包含成年子女提供的经济供养总额）。健在子女数主要用来考察非正式的家庭养老规模，从理论层面来看，健在子女数越多，老年父母获取经济供养的潜在机会越大、概率越高。

此外，为了体现东部、中部、西部的经济发展差异，设置地区虚拟变量来反映区域差异对成年子女经济供养行为的影响。老年父母新农保参与对成年子女经济供养行为的影响相关变量的具体含义及相关说明见表 5 - 2。

表 5 - 2　　　老年父母新农保参与对成年子女经济供养行为
影响的变量定义及说明

变量类型	变量名	变量定义及说明
因变量	经济供养状况	是否给老年父母提供经济供养（1 = 是，0 = 否）
	经济供养数额	成年子女经济供养总额（元）
	经济供养形式	实物类供养占经济供养总额的比例（%）
关键自变量	老年父母参加新农保状况	老年父母是否至少有一方参加新农保（1 = 是，0 = 否）
	老年父母领取新农保养老金	老年父母是否至少有一方领取养老金（1 = 是，0 = 否）
	老年父母领取新农保养老金数额	老年父母领取养老金额度（千元）
控制变量	老年父母平均年龄	老年父母平均年龄（岁）
	是否照顾孙辈	是否照顾16周岁以下孙辈（1 = 是，0 = 否）
	是否患有严重慢性疾病	老年父母至少有一方患有严重慢性疾病（1 = 是，0 = 否）
	是否患有 ADL_IADL 功能障碍	老年父母至少有一方患有 ADL_IADL 功能障碍（1 = 是，0 = 否）
	老年父母收入状况	老年父母收入（千元）
	老年父母婚姻状况	老年父母婚姻状况（1 = 已婚且与配偶同住，0 = 其他）
	老年父母受教育程度	老年父母平均受教育年数（年）
	老年父母健在子女数	健在子女数（人）

变量类型	变量名	变量定义及说明
控制变量	是否与子女同住	老年父母是否与成年子女同住（1 = 是，0 = 否）
	性别	成年子女性别（1 = 女儿，0 = 儿子）
	教育程度	成年子女受教育年数①（年）
	是否长子	是否长子（1 = 是，0 = 否）
	年龄	成年子女年龄（岁）
	收入水平	成年子女及配偶的收入评分
	16 周岁以下孩子数量	成年子女 16 周岁以下孩子数（人）
	婚姻状况	成年子女婚姻状况（1 = 已婚且与配偶同住，0 = 其他）
	与老年父母较少联系（以经常联系为参照组）	成年子女与老年父母较少联系（1 = 较少联系，0 = 其他）
	与老年父母几乎不联系（以经常联系为参照组）	成年子女与老年父母几乎不联系（1 = 几乎不联系，0 = 其他）
	中部（以西部为参照组）	中部（1 = 中部，0 = 其他）
	东部（以西部为参照组）	东部（1 = 东部，0 = 其他）

5.3.3 基于中介变量的新农保参与对成年子女经济供养的影响

（1）因变量。根据研究问题，此部分主要探讨老年父母新农保参与行为对成年子女经济供养决策行为影响的作用机理，因此，该部分的主要因变量界定跟前一部分相同，即成年子女是否提供经济供养、经济供养的程度（经济供养的总额）以及经济供养形式（即实物类供养占经济供养总额的比例）。

（2）自变量。根据研究问题，此部分关键自变量与前一部分相同，老年父母新农保参与行为，主要分为：老年父母是否参保、是否领取养老金

---

① 本研究中，成年子女及老年父母教育年数根据问卷答案分为 11 个等级，分别赋值："未受过教育"赋值为 0，"未读完小学，但能够读写"赋值为 3，"私塾"赋值为 6，"小学毕业"赋值为 6，"初中毕业"赋值为 9，"高中毕业"赋值为 12，"中专等毕业"赋值为 12，"大专毕业"赋值为 15，"本科毕业"赋值为 16，"硕士毕业"赋值为 18，"博士毕业"赋值为 21。

以及养老金收入金额三个层面。

（3）中介变量。在此部分，本研究将通过验证中介变量——成年子女劳动力迁移的中介作用，揭示老年父母新农保参与行为对成年子女经济供养决策行为的作用机理。因此，本研究将中介变量界定为"成年子女劳动力迁移"，主要指过去一年成年子女劳动力迁移情况，分为"成年子女劳动力是否发生迁移"以及"成年子女劳动力迁移的距离"。

（4）控制变量。根据研究问题，本部分的控制变量与前文研究新农保参与对成年子女经济供养决策行为的影响部分相同，这里就不再次陈述。基于中介变量的老年父母新农保参与对成年子女经济供养行为影响的机理分析相关变量的具体含义及相关说明见表 5 - 3。

表 5 - 3　　　基于中介变量的新农保参与对成年子女经济供养
影响的变量定义及说明

变量类型	变量名	变量定义及说明
因变量	经济供养状况	是否给老年父母提供经济供养（1 = 是，0 = 否）
	经济供养数额	成年子女经济供养总额（元）
	经济供养形式	实物类供养占经济供养总额的比例（%）
自变量	老年父母参加新农保状况	老年父母是否至少有一方参加新农保（1 = 是，0 = 否）
	老年父母领取新农保养老金	老年父母是否至少有一方领取养老金（1 = 是，0 = 否）
	老年父母领取新农保养老金数额	老年父母领取养老金额度（千元）
中介变量	迁移状况	成年子女是否发生劳动力迁移（1 = 是，0 = 否）
	迁移距离	成年子女迁移距离（1 = 县外，0 = 县内）
控制变量	老年父母平均年龄	老年父母平均年龄（岁）
	是否照顾孙辈	是否照顾 16 周岁以下孙辈（1 = 是，0 = 否）
	是否患有严重慢性疾病	老年父母至少有一方患有严重慢性疾病（1 = 是，0 = 否）
	是否患有 ADL_IADL 功能障碍	老年父母至少有一方患有 ADL_IADL 功能障碍（1 = 是，0 = 否）
	老年父母收入状况	老年父母收入（千元）

变量类型	变量名	变量定义及说明
控制变量	老年父母婚姻状况	老年父母婚姻状况（1＝已婚且与配偶同住，0＝其他）
	老年父母教育程度	老年父母平均受教育年数（年）
	老年父母健在子女数	健在子女数（人）
	是否与子女同住	老年父母是否与成年子女同住（1＝是，0＝否）
	性别	成年子女性别（1＝女儿，0＝儿子）
	教育程度	成年子女受教育年数①（年）
	是否长子	是否长子（1＝是，0＝否）
	年龄	成年子女年龄（岁）
	收入水平	成年子女及配偶的收入评分
	16 周岁以下孩子数量	成年子女 16 周岁以下孩子数（人）
	婚姻状况	成年子女婚姻状况（1＝已婚且与配偶同住，0＝其他）
	与老年父母较少联系（以经常联系为参照组）	成年子女与老年父母较少联系（1＝较少联系，0＝其他）
	与老年父母几乎不联系（以经常联系为参照组）	成年子女与老年父母几乎不联系（1＝几乎不联系，0＝其他）
	中部（以西部为参照组）	中部（1＝中部，0＝其他）
	东部（以西部为参照组）	东部（1＝东部，0＝其他）

---

① 本研究中，成年子女及老年父母教育年数根据问卷答案分为 11 个等级，分别赋值："未受过教育"赋值为 0，"未读完小学，但能够读写"赋值为 3，"私塾"赋值为 6，"小学毕业"赋值为 6，"初中毕业"赋值为 9，"高中毕业"赋值为 12，"中专等毕业"赋值为 12，"大专毕业"赋值为 15，"本科毕业"赋值为 16，"硕士毕业"赋值为 18，"博士毕业"赋值为 21。

第6章 新农保参与对成年子女劳动力迁移决策行为影响的实证研究

本章的结构安排如下：首先是对本研究所涉及的样本进行描述性统计分析；其次，针对新农保参与对成年子女劳动力迁移决策行为的影响进行实证估计和分析。

6.1 样本描述性统计分析

根据研究需要，对 CHARLS 2011 年、2013 年两年的调查数据进行整理，在本章的分析中，总样本数共计 10 348 个，其中，2011 年、2013 年各 5 174 个。

6.1.1 成年子女劳动力迁移情况

表 6 - 1 汇报了成年子女劳动力迁移情况。在成年子女"是否发生劳动力迁移"方面，总体样本中，成年子女有 7 897 人次发生了迁移，占总样本量的 76.31%；有 2 451 人次成年子女未发生劳动力迁移，占比 23.69%（见表 6 - 1）。

表 6 - 1　　　　　成年子女劳动力迁移基本概况

劳动力迁移情况	2011 年		2013 年		2011/2013 年	
	频次（人次）	比重（%）	频次（人次）	比重（%）	频次（人次）	比重（%）
发生迁移	3 428	66.25	4 469	86.37	7 897	76.31
未发生迁移	1 746	33.75	705	13.63	2 451	23.69
合计	5 174	100	5 174	100	10 348	100

资料来源：根据 CHARLS 2011 年、2013 年计算整理。

在成年子女迁移距离方面。根据表6-2统计结果显示，总样本中，有4 891人次劳动力向县外迁移，有5 457人次劳动力向县内迁移，但相比于2011年，2013年成年子女迁往县外的人数，出现大幅度上涨，由1 644人次上升为3 247人次，增长了近两倍。

表6-2 成年子女劳动力迁移距离

劳动力迁移距离	2011年		2013年		2011/2013年	
	频次（人次）	比重（%）	频次（人次）	比重（%）	频次（人次）	比重（%）
县外	1 644	31.77	3 247	62.76	4 891	47.27
县内	3 530	68.23	1 927	37.24	5 457	52.73
合计	5 174	100	5 174	100	10 348	100

资料来源：根据CHARLS 2011年、2013年计算整理。

6.1.2　老年父母新农保参与情况

作为本章的关键解释变量，老年父母新农保参与情况主要从"老年父母是否参加新农保""老年父母是否领取新农保的养老金"以及"养老金领取金额"三个方面来衡量。

由表6-3统计结果显示，所有样本中老年父母至少有一方参加新农保的样本量有5 847个，占比56.50%；同时，随着中国新农保制度2012年实现全区域覆盖，相比于2011年，2013年参保人数出现显著增长。

表6-3 老年父母新农保参加情况

是否参加新农保	2011年		2013年		2011/2013年	
	频次（人次）	比重（%）	频次（人次）	比重（%）	频次（人次）	比重（%）
是	1 622	31.35	4 225	81.66	5 847	56.50
否	3 552	68.65	949	18.34	4 501	43.50
合计	5 174	100	5 174	100	10 348	100

资料来源：根据CHARLS 2011年、2013年计算整理。

在"是否领取新农保养老金"方面，因为参保和领取养老金有一定的时间差，因此相比于参保老人人数，领取养老金人数明显减少。据表6-4所示，总样本中，老年父母任一方领取养老金的样本量为3 315个，占总样本的32.04%，随着新农保政策的推行，领取新农保养老金的人数也在不断增加，影响效应也应逐步显现。

表6-4 老年父母是否领取养老金

是否领取养老金	2011 年		2013 年		2011/2013 年	
	频次（人次）	比重（%）	频次（人次）	比重（%）	频次（人次）	比重（%）
是	630	12.18	2 685	51.89	3 315	32.04
否	4 544	87.82	2 489	48.11	7 033	67.96
合计	5 174	100	5 174	100	10 348	100

资料来源：根据 CHARLS 2011 年、2013 年计算整理。

6.1.3 成年子女特征分析

（1）成年子女的年龄及婚姻情况。总体来看，成年子女的年龄主要分布在24~45周岁，约占成年子女总体样本的81.16%（见表6-5）。此外，从表6-6可知，成年子女已婚且与配偶同住的比例为85.30%。

表6-5 成年子女年龄分布情况

成年子女年龄	频次（人次）	比重（%）
16~23 周岁	507	4.90
24~35 周岁	4 714	45.55
36~45 周岁	3 685	35.61
46~59 周岁	1 353	13.08
60 周岁及以上	89	0.86
合计	10 348	100

资料来源：根据 CHARLS 2011 年、2013 年计算整理。

表6-6 成年子女婚姻状况

婚姻状况	2011 年		2013 年		2011/2013 年	
	频次（人次）	比重（%）	频次（人次）	比重（%）	频次（人次）	比重（%）
已婚且与配偶同住	4 348	84.04	4 479	86.57	8 827	85.30
其他	826	15.96	695	13.43	1 521	14.70
合计	5 174	100	5 174	100	10 348	100

资料来源：根据 CHARLS 2011 年、2013 年计算整理。

（2）成年子女教育程度。根据本研究的样本选择原则，剔除了非全日制脱产学生。因此，所涉及的成年子女样本其教育程度在两年内发生变化的可能性不大，故本研究从总体样本的角度来审查成年子女教育程度。从总体来看，成年子女小学和初中文化程度所占比重较大，两者所占比重之和为64.14%，而高中及以上文化程度的成年子女所占比重相对较小，仅占成年子女总体样本的18.74%。调查结果显示，成年子女教育程度普遍偏低，虽有部分成年子女有高中甚至更高的文化程度，但仍然有17.13%的成年子女处于小学以下文化水平（见表6-7）。

表6-7　　　　　　　　　成年子女教育程度情况

教育程度	受教育年数（年）	频次（人次）	比重（%）
文盲	0	583	5.63
未读完小学但能读写	3	1 190	11.50
小学	6	2 810	27.16
初中	9	3 827	36.98
高中	12	1 142	11.04
大专	15	388	3.75
大学本科	16	363	3.51
硕士	18	37	0.36
博士	21	8	0.07
合计		10 348	100

资料来源：根据CHARLS 2011年、2013年计算整理。

（3）成年子女的孩子数。成年子女16周岁以下孩子的数量既反映了成年子女的家庭负担情况，也反映了成年子女劳动力迁移的受约束情况。从表6-8的数据结果可以发现：总体上来看，还有大概62.13%的成年子女尚有抚育小孩的负担。

表6-8　　　　　　　　　成年子女的孩子数（16周岁以下）

未成年的小孩数	2011年		2013年		2011/2013年	
	频次（人次）	比重（%）	频次（人次）	比重（%）	频次（人次）	比重（%）
0个	1 908	36.88	2 011	38.87	3 919	37.87

续表

未成年的小孩数	2011 年		2013 年		2011/2013 年	
	频次 （人次）	比重 （％）	频次 （人次）	比重 （％）	频次 （人次）	比重 （％）
1 个	2 093	40.45	1 954	37.77	4 047	39.11
2 个	1 055	20.39	1 080	20.87	2 135	20.63
3 个及以上	118	2.28	129	2.49	247	2.39
合计	5 174	100	5 174	100	10 348	100

资料来源：根据 CHARLS 2011 年、2013 年计算整理。

（4）成年子女收入情况。由于 CHARLS 没有提供直接测度成年子女收入水平的相关调查数据，因此采用老年父母对未同住成年子女收入水平的一个主观判断来替代。根据表 6 - 9 的结果显示：从总体样本来看，有66.39％的成年子女收入水平处于 1 万 ~ 2 万元和 2 万 ~ 5 万元两个等级。此外，有 21.77％成年子女收入低于 1 万元，只有 3.25％的成年子女收入高于 10 万元。随着我国经济的发展，农村居民的收入状况得到明显改善，相比较 2011 年，2013 年高收入等级的人数及比例明显提高，如 2 万 ~ 5 万元收入等级的成年子女从 2011 的占比 32.35％提高到 2013 年的 39.49％；5 万 ~ 10 万元收入等级的成年子女数增加了一倍多。此外，相比较 2011年，2013 年低收入等级的人数及比例均出现明显降低（见表 6 - 9）。

表 6 - 9　　　　　　　　　　成年子女收入情况

成年子女收入	2011 年		2013 年		2011/2013 年	
	频次 （人次）	比重 （％）	频次 （人次）	比重 （％）	频次 （人次）	比重 （％）
没有收入	177	3.42	170	3.29	347	3.35
少于 2 千元	96	1.86	70	1.35	166	1.60
2 千 ~ 5 千元	291	5.62	220	4.25	511	4.94
5 千 ~ 1 万元	711	13.74	518	10.01	1 229	11.88
1 万 ~ 2 万元	1 842	35.60	1 311	25.34	3 153	30.47
2 万 ~ 5 万元	1 674	32.35	2 043	39.49	3 717	35.92
5 万 ~ 10 万元	279	5.39	609	11.77	888	8.58
10 万 ~ 15 万元	71	1.37	166	3.21	237	2.29

成年子女收入	2011 年		2013 年		2011/2013 年	
	频次（人次）	比重（%）	频次（人次）	比重（%）	频次（人次）	比重（%）
15 万~20 万元	16	0.31	29	0.56	45	0.43
20 万~30 万元	11	0.21	23	0.44	34	0.33
30 万元以上	6	0.12	15	0.29	21	0.20
合计	5 174	100	5 174	100	10 348	100

资料来源：根据 CHARLS 2011 年、2013 年计算整理。

6.1.4　老年父母特征分析

由于本章关注的是老年父母参加新农保后成年子女劳动力迁移决策行为将会如何变化，研究对象为成年子女。而老年父母作为同一家庭成员，在很多方面信息是无法完全分离的，故本研究以取平均的结果来描述老年父母的一般概况，更具代表性和客观性。

（1）老年父母教育程度。由于老年父母年龄较大，继续受教育的可能性不大，且在两年内发生变化的概率也不大，故本研究从总体样本的角度来审视老年父母的平均受教育程度。老年父母平均文盲率为 17.58%，文盲样本数为 1 819 个；未读完小学但能读写的老人样本有 3 365 个，小学文化的有 3 282 个，初中文化的有 1 509 人，高中及以上的仅有 113 个。其中，平均教育程度在小学文化程度及以下所占的比重较大，约占 81.82%，而平均受教育程度在高中及以上水平的老年父母样本所占比重相对较小，仅占总体样本的 3.6%（见表 6 - 10）。调查结果显示，农村老年人教育程度普遍偏低，仅有 18.18% 的样本平均教育程度在初中及以上水平。

表 6 - 10　　　　　　　　老年父母平均教育程度情况

教育程度	受教育年数①	频次（人次）	比重（%）
文盲	0	1 819	17.58
	1.5	1 227	11.86

---

①　因为该表格中教育年数取平均值，为了与受教育程度相对应，作如下对应设置：平均受教育年数 0 视为"文盲"；平均受教育年数 1.5、3 视为"未读完小学但能读写"；平均受教育年数 4.5、6 视为"小学"；平均受教育年数 7.5、8、9 视为"初中"；平均受教育年数 10.5、12、13.5 视为"高中及以上"。

续表

教育程度	受教育年数	频次（人次）	比重（%）
未读完小学但能读写	3	2 138	20.66
	4.5	1 487	14.37
小学	6	1 795	17.35
	7.5	797	7.70
	8	8	0.08
初中	9	704	6.80
	10.5	260	2.51
高中及以上	12	107	1.03
	13.5	6	0.06
合计		10 348	100

资料来源：根据 CHARLS 2011 年、2013 年计算整理。

（2）老年父母年龄状况。根据 CHARLS 调查数据结果，将 2011 年和 2013 年所有样本老年父母年龄取平均值，可以发现：总体来看，老年父母的平均年龄主要分布在 42～69 周岁之间，约占总体样本的 79.71%（见表 6-11）。

表 6-11　　　　　　　老年父母平均年龄分布情况

成年子女年龄	频次（人次）	比重（%）
42～59 周岁	4 122	39.83
60～69 周岁	4 127	39.88
70～79 周岁	1 747	16.88
80 周岁及以上	352	3.41
合计	10 348	100

资料来源：根据 CHARLS 2011 年、2013 年计算整理。

（3）老年父母健康状况。针对老年父母健康状况，根据表 6-12 统计结果显示，老年父母中至少有一方患有严重慢性疾病的比例为 40.06%。此外，由表 6-13 描述性统计结果表明，农村老年人患有 ADL_IADL 功能障碍的占总样本的 42.96%，相比较 2011 年和 2013 年农村老年人患有 ADL_ IADL 功能障碍比例有明显提高，成年子女是否会因为老年父母健康原因制约其劳动力迁移，需要通过模型分析结论进行验证。

表 6 – 12 老年父母患有严重慢性疾病状况

是否患有严重慢性疾病	2011 年		2013 年		2011/2013 年	
	频次（人次）	比重（%）	频次（人次）	比重（%）	频次（人次）	比重（%）
父母至少有一方患有	2 118	40.94	2 027	39.18	4 145	40.06
未患有	3 056	59.06	3 147	60.82	6 203	59.94
合计	5 174	100	5 174	100	10 348	100

资料来源：根据 CHARLS 2011 年、2013 年计算整理。

表 6 – 13 老年父母患有 ADL_IADL 功能障碍状况

是否患有 ADL_IADL 功能障碍	2011 年		2013 年		2011/2013 年	
	频次（人次）	比重（%）	频次（人次）	比重（%）	频次（人次）	比重（%）
父母至少有一方患有	2 149	41.53	2 296	44.38	4 445	42.96
未患有	3 025	58.47	2 878	55.62	5 903	57.04
合计	5 174	100	5 174	100	10 348	100

资料来源：根据 CHARLS 2011 年、2013 年计算整理。

6.1.5 家庭所在区域情况

农村社区所在区域情况。根据表 6 – 14 统计结果显示，样本分布较为均匀，东部、中部、西部比例适当，代表性较好。

表 6 – 14 调查样本所在区域情况

所在区域	2011 ~ 2013 年	
	频次（人次）	比重（%）
东部	3 374	32.60
中部	3 516	33.98
西部	3 458	33.42
合计	10 348	100

资料来源：根据 CHARLS 2011 年、2013 年计算整理。

6.1.6 变量的基本描述性统计

变量的基本描述性统计如表 6 – 15 所示。

表6-15 变量的基本描述性统计

变量名	2011年调研样本						2013年调研样本					
	所有样本（量=5 174）		参保组（量=1 622）		未参保组（量=3 552）		所有样本（量=5 174）		参保组（量=4 225）		未参保组（量=949）	
	均值	标准差	均值	标准差	均值	标准差	均值	标准差	均值	标准差	均值	标准差
迁移状况	0.662	0.472	0.681	0.466	0.653	0.475	0.863	0.343	0.871	0.334	0.830	0.375
迁移距离	0.317	0.465	0.305	0.460	0.323	0.467	0.627	0.483	0.642	0.479	0.562	0.496
参加新农保状况	0.313	0.463	1	0	0	0	0.816	0.387	1	0	0	0
领取养老金	0.121	0.327	0.388	0.487	0	0	0.518	0.499	0.635	0.481	0	0
领取养老金老金数额	0.168	0.575	0.537	0.926	0	0	0.665	1.091	0.815	1.156	0	0
年龄	35.055	8.616	34.219	8.239	35.437	8.758	36.954	8.546	36.818	8.317	37.560	9.480
性别	0.535	0.498	0.541	0.498	0.533	0.498	0.535	0.498	0.532	0.499	0.537	0.498
教育程度	7.793	3.785	8.128	3.825	7.640	3.757	7.869	3.763	7.831	3.784	8.036	3.665
是否长子	0.272	0.445	0.274	0.446	0.271	0.444	0.272	0.445	0.271	0.444	0.283	0.450
婚姻状况	0.840	0.366	0.838	0.368	0.841	0.365	0.865	0.341	0.870	0.335	0.842	0.363
收入水平	5.060	1.371	5.109	1.375	5.037	1.368	5.431	1.480	5.440	1.452	5.390	1.597
16周岁以下孩子数量	0.884	0.819	0.874	0.783	0.889	0.835	0.874	0.839	0.884	0.838	0.829	0.840
老年父母平均年龄	61.498	8.713	60.579	8.454	61.918	8.799	63.440	8.681	63.325	8.424	63.953	9.730
老年父母教育程度	4.088	2.966	4.302	2.972	3.991	2.959	4.065	3.005	4.062	2.963	4.076	3.186
老年父母心理健康状况	9.383	5.784	8.818	5.723	9.641	5.794	8.634	5.471	8.686	5.504	8.401	5.319
是否患有严重慢性疾病	0.409	0.491	0.399	0.489	0.413	0.492	0.391	0.488	0.390	0.487	0.398	0.489
是否患有 ADL_IADL 功能障碍	0.415	0.492	0.347	0.476	0.446	0.497	0.443	0.496	0.454	0.497	0.396	0.489
中部	0.340	0.473	0.391	0.488	0.316	0.465	0.340	0.473	0.369	0.482	0.212	0.408
东部	0.326	0.468	0.355	0.478	0.313	0.463	0.326	0.468	0.304	0.460	0.423	0.494

资料来源：根据 CHARLS 2011 年、2013 年计算整理。

6.2 实证结果估计与分析

6.2.1 老年父母新农保参与对成年子女劳动力迁移决策的影响

（1）基本结果。通过表6–16、表6–17可以发现，无论是固定效应模型还是工具变量法，老年父母参保行为对成年子女劳动力迁移的影响方向为正，且回归系数显著，充分说明老年父母新农保参与行为有利于促进成年子女发生劳动力迁移，回归结果具有稳定性。比较表6–16、表6–17两个模型回归结果，运用固定效应模型回归和工具变量法回归得到的结论基本一致，回归系数值也较为接近。但由于使用固定效应模型时，因变量组间数据未发生变化的样本较多，因此使用固定效应模型回归时，样本剔除量较大；此外，固定效应模型尽管通过控制个人、家庭及社区层面的固定效应能够控制不随时间变化的不可观测特征（本研究在短期内不随时间变化的变量，诸如成年子女性别、成年子女教育程度、子女出生顺序、老年父母教育程度以及分析对象所在地区等），但无法完全控制随时间变化的不可观测的因素，从而无法充分处理由此产生的内生性问题。在影响效应的具体大小方面，因为工具变量法较好地处理了遗漏变量问题以及反向因果关系产生的内生性问题，工具变量法回归的结果更为可靠。所以笔者主要以工具变量法得到老年父母参保行为对成年子女劳动力迁移的影响效应为主进行分析。

表6–16　　　　　新农保参与对成年子女迁移决策影响的模型
估计结果 I （FE-xtlogit）

	（1） 迁移状况	（2） 迁移状况	（3） 迁移状况
参加新农保状况	0.718 *** （0.1026）		
领取新农保养老金状况		0.956 *** （0.1215）	

续表

	（1） 迁移状况	（2） 迁移状况	（3） 迁移状况
领取新农保养老金数额			0.466 *** （0.0865）
年龄	0.0900 *** （0.0225）	0.0917 *** （0.2228）	0.0866 *** （0.2222）
婚姻状况	− 0.336 * （0.1736）	− 0.288 * （0.1721）	− 0.305 * （0.1707）
16 周岁以下孩子数量	− 0.0371 （0.0985）	− 0.0169 （0.0999）	− 0.0461 （0.0976）
收入水平	0.179 *** （0.0410）	0.182 *** （0.0407）	0.184 *** （0.0406）
老年父母平均年龄	− 1.069 *** （0.2410）	− 0.591 ** （0.2327）	− 0.698 *** （0.2358）
老年父母心理健康状况	− 0.0173 （0.0120）	− 0.0163 （0.0120）	− 0.0207 * （0.0118）
是否患有严重慢性疾病	− 0.409 （0.4704）	− 0.463 （0.4733）	− 0.591 （0.4707）
是否患有 ADL_IADL 功能障碍	0.419 *** （0.1082）	0.389 *** （0.1081）	0.401 *** （0.1069）
老年父母平均年龄平方项	0.0116 *** （0.0019）	0.00771 *** （0.0018）	0.00909 *** （0.0019）
总样本量	10 348	10 348	10 348
进入模型样本量	3 298	3 298	3 298
Log likelihood	− 779.14208	− 772.21796	− 786.66784
LR chi2 （10）	727.72	741.56	712.66
Prob > chi2	0.0000	0.0000	0.0000

注：*** 、 ** 、 * 分别表示在 1%、5% 和 10% 的显著性水平，括号中数字代表标准误。

表 6−17　　　　新农保参与对成年子女迁移决策影响的模型
估计结果 Ⅱ （IVProbit）

	（1） 迁移状况	（2） 边际效应	（3） 迁移状况	（4） 边际效应	（5） 迁移状况	（6） 边际效应
参加新农保状况	0.419 *** （0.0394）	0.112 *** （0.0105）				

	（1）迁移状况	（2）边际效应	（3）迁移状况	（4）边际效应	（5）迁移状况	（6）边际效应
领取新农保养老金状况			0.750 ***（0.0696）	0.118 ***（0.0188）		
领取新农保养老金数额					0.539 ***（0.0453）	0.0273 **（0.0136）
年龄	−0.00255（0.00323）	−0.000690（0.000876）	−0.00505（0.00324）	−0.00109（0.000879）	−0.00658 **（0.00312）	−0.000886（0.000887）
性别	0.885 ***（0.0386）	0.240 ***（0.00982）	0.895 ***（0.0387）	0.242 ***（0.00984）	0.823 ***（0.0394）	0.239 ***（0.0100）
教育程度	0.0559 ***（0.00463）	0.0152 ***（0.00123）	0.0569 ***（0.00462）	0.0153 ***（0.00123）	0.0512 ***（0.00452）	0.0151 ***（0.00125）
是否长子	0.0433（0.0410）	0.0117（0.0111）	0.0596（0.0410）	0.0138（0.0111）	0.0656 *（0.0397）	0.0115（0.0112）
婚姻状况	−0.107 **（0.0443）	−0.0289 **（0.0120）	−0.0984 **（0.0440）	−0.0260 **（0.0120）	−0.100 **（0.0425）	−0.0257 **（0.0121）
16 周岁以下孩子数量	−0.00525（0.0187）	−0.00142（0.00508）	−0.0144（0.0187）	−0.00270（0.00508）	−0.00765（0.0180）	−0.00132（0.00510）
收入水平	0.111 ***（0.0105）	0.0302 ***（0.00282）	0.111 ***（0.0105）	0.0304 ***（0.00282）	0.101 ***（0.0105）	0.0303 ***（0.00287）
老年父母平均年龄	0.000979（0.00322）	0.000264（0.000873）	−0.0122 ***（0.00349）	−0.00173 *（0.000948）	−0.0108 ***（0.00327）	−0.000376（0.000932）
老年父母教育程度	−4.76e−05（0.00556）	−4.42e−06（0.00151）	−0.000773（0.00553）	8.16e−05（0.00150）	−0.00267（0.00533）	0.000211（0.00152）
老年父母心理健康状况	−0.000591（0.00275）	−0.000159（0.000746）	−0.000449（0.00275）	−9.61e−05（0.000746）	0.00241（0.00267）	3.95e−05（0.000758）
是否患有严重慢性疾病	−0.0392（0.0303）	−0.0107（0.00821）	−0.0528 *（0.0302）	−0.0142 *（0.00821）	−0.0656 **（0.0291）	−0.0154 *（0.00827）
是否患有 ADL_IADL 功能障碍	0.106 ***（0.0318）	0.0287 ***（0.00860）	0.0965 ***（0.0317）	0.0283 ***（0.00861）	0.106 ***（0.0305）	0.0310 ***（0.00865）
中部	0.0761 **（0.0356）	0.0208 **（0.00966）	0.0632 *（0.0357）	0.0228 **（0.00970）	0.0847 **（0.0342）	0.0291 ***（0.00968）

续表

	（1） 迁移状况	（2） 边际效应	（3） 迁移状况	（4） 边际效应	（5） 迁移状况	（6） 边际效应
东部	- 0. 0744 ** （0. 0357）	- 0. 0201 ** （0. 00966）	- 0. 0339 （0. 0357）	- 0. 0122 （0. 00969）	- 0. 0380 （0. 0344）	- 0. 0155 （0. 00974）
常数项	- 0. 828 *** （0. 164）		0. 0625 （0. 180）		0. 0931 （0. 173）	
总样本量	10 348		10 348		10 348	
Log likelihood	- 8 620. 3775		- 9 476. 4033		- 89 307. 29	
Wald chi2 (15)	1 131. 51		1 186. 76		1 412. 76	
Prob > chi2	0. 0000		0. 0000		0. 0000	

注：***、**、*分别表示在1%、5%和10%的显著性水平，括号中数字代表标准误。

因为因变量"成年子女是否发生劳动力迁移"为二元虚拟变量，故此部分工具变量法使用的是 IVProbit 模型。由于 Probit 模型的估计系数不代表自变量对因变量的边际效应，为了进一步分析老年父母新农保参与行为对成年子女劳动力迁移的影响效应，需要对其进行转换。具体结果见表 6 - 17，表 6 - 17 的（2）列展示了老年父母参加新农保对成年子女劳动力迁移决策行为影响的边际效应；（4）列展示了老年父母领取新农保养老金对成年子女劳动力迁移决策行为影响的边际效应；（6）列展示了老年父母领取新农保养老金金额对成年子女劳动力迁移决策行为影响的边际效应。

回归方程（1）、回归方程（2）表明，老年父母参加新农保对成年子女劳动力迁移的影响为正，且在 1% 的统计上显著。边际效应结果显示，在其他因素不变的情况下，相对于老年父母未参加新农保的成年子女，老年父母参加新农保后，成年子女发生劳动力迁移的概率提高 11. 2%。

对于控制变量，可以看到，成年子女的性别对其劳动力迁移决策影响显著为正。边际效应计算结果显示，在其他条件保持不变的前提下，相对于儿子而言，女儿发生劳动力迁移的概率提高 24%。之所以出现上述结果，主要是受到中国养老传统的影响，相对于女儿来说，儿子由于需要照料父母受到限制劳动力迁移的约束更强。

从成年子女教育程度来看，在其他条件不变的前提下，成年子女教育程度越高，其发生劳动力迁移的概率就越高，从边际效应结果来看，在其他因素保持不变的情况下，成年子女受教育年数每增加一年，其发生劳动力迁移的概率就提高1.52%。

在成年子女的婚姻状况方面，相对于未婚的成年子女而言，已婚的成年子女发生劳动力迁移的概率显著降低，且在5%的统计水平上显著。从边际效应结果来看，假定其他变量保持不变，相对于未婚的成年子女，已婚成年子女发生劳动力迁移的概率降低2.89%，究其原因主要是已婚成年子女的家庭牵绊较多，限制了其劳动力迁移行为的发生。

成年子女及其配偶的收入水平显著影响成年子女劳动力迁移概率，且在1%的统计水平上显著为正，从边际效应结果来看，在其他条件不变时，成年子女及其配偶收入水平每提高一个等级，其发生劳动力迁移的概率就提高3.02%。因为劳动力迁移的就业预期收益较高，但风险和成本较大，成年子女及其配偶收入水平越高，外出务工的风险就越低，放松信贷约束，促进其远距离迁移。

老年父母是否患有ADL_IADL功能障碍与成年子女劳动力是否发生迁移存在显著的正向关系，从边际效应计算结果来看，当其他条件保持不变时，其中任一方患有ADL_IADL功能障碍都会使成年子女发生劳动力迁移的概率显著增加2.87%。至于原因，笔者认为，主要是因为老年父母一旦患有ADL_IADL功能障碍，身边必须有专人照料，且照料时间成本、费用开支都非常高，此时，一般安排患病者的配偶或者子女配偶给予照料，作为成年子女为了赚取照料费用更会选择外出务工，从而提高其发生劳动力迁移的概率。

基于区域差异，相对于西部地区而言，中部地区成年子女发生劳动力迁移的概率显著为正，东部地区成年子女发生劳动力迁移的概率显著为负。从边际效应计算结果来看，相对于西部地区，中部地区成年子女发生劳动力迁移的概率提高2.08%，而东部地区成年子女发生劳动力迁移的概率降低2.01%。归其原因，主要是东区地区经济发展水平较高，家庭可支配收入较高，不需要通过劳动力迁移提高收入水平。而对中部地区和西部地区而言，由于经济条件较差，其劳动力迁移的意愿和需求较为强烈。

对于成年子女出生顺序，回归结果显示，相对于非长子而言，在其他条件保持不变的前提下，长子劳动力迁移的概率大于非长子，但统计上并不显著。主要原因是相比较非长子成年子女，长子承担更多的养老责任，但由于中国新农保保障水平尚比较低，无法充分有效缓解长子的养老负担，促进其劳动力实现有效迁移。

对于其他控制变量，如成年子女未成年小孩数量、老年父母是否患有严重慢性疾病等回归系数为负，说明对于成年子女来说，抚育小孩和照料父母在一定程度上制约了其劳动力迁移行为的发生，但在统计上均不显著。

回归方程（3）、（4）表明，老年父母领取新农保养老金对成年子女劳动力迁移的影响为正，且在 1% 的统计上显著。边际效应结果显示，在其他因素不变的情况下，相对于老年父母未领取新农保养老金的成年子女而言，老年父母领取养老金后，成年子女发生劳动力迁移的概率提高 11.8%。

对于控制变量，多数与老年父母参加新农保方向一致，只是具体的边际效应大小稍有差别，此部分笔者重点分析与前面结果不同的控制变量。

在老年父母的年龄方面，老年父母的平均年龄与成年子女是否发生劳动力迁移存在显著影响，从边际效应结果来看，当其他条件保持不变时，老年父母平均年龄每增加一岁，其成年子女发生劳动力迁移的概率就降低 0.173%。究其原因，主要是按照新农保政策规定，要 60 周岁以上的才可以领取养老金，因此，相对于未领取养老金的父母来说，领取养老金的父母年岁较高，正需要成年子女照料。同时，老年父母是否患有严重慢性疾病将降低成年子女劳动力迁移的概率，老年父母领取养老金后，老年父母中任一方患病，其成年子女迁移的概率就下降 1.42% 左右。之所以出现上述结果，主要因为患有严重慢性疾病的老年父母，身体随时有发生变化的可能，因此，成年子女一般会选择就近就业，方便照顾父母，这也说明，照料老年父母对成年子女来说是制约其迁移的重要因素。以上两个控制变量的回归结果也进一步说明了照料老年父母是制约成年子女劳动力迁移的重要因素。

回归方程（5）、（6）表明，老年父母领取新农保养老金金额对成年子女劳动力迁移的影响显著为正。边际效应结果显示，在其他因素不变的情况下，老年父母领取新农保养老金金额每增加一千元，成年子女发生劳动力迁移的概率就提高 2.73%。对于控制变量，与老年父母领取新农保方向一致，只是具体的边际效应大小稍有差别。综上所述，农村老年父母新农保参与行为，会显著提高成年子女发生迁移行为的概率，促进成年子女进行城乡劳动力的迁移。从而本研究假说 H1 得到了验证。

（2）样本异质性分析。针对不同特征的成年子女、不同特征的老年父母与成年子女劳动力迁移行为关系的分析将有助于细化分析，识别不同群体的差异性，进一步探讨具体不同特征的成年子女是否发生劳动力迁移决策受老年父母新农保参与行为的影响，也有助于未来相关社会保障政策制定的目标选择。

第一，成年子女性别的异质性效应分析。

从表 6-18 可以看出，儿子样本的回归结果更加显著，估计系数更大，说明老年父母新农保参与对儿子发生劳动力迁移决策的影响大于对女儿发生劳动力迁移决策的影响。之所以出现上述结果，主要是受到中国养老传统的影响，相对于女儿来说，儿子由于需要照料父母受到限制劳动力迁移的约束更强。相应地，当老年父母参加新农保，有一定的养老保障时，就放松了儿子的照料约束，必然有利于促进儿子作出劳动力迁移决策，对其劳动力迁移决策行为的影响就会更为显著。从而本研究分假说 H1a 得到了部分验证。

表 6-18　　　　　　　　　基于成年子女性别的异质性效应分析

	女儿			儿子		
	（1）迁移状况	（2）迁移状况	（3）迁移状况	（4）迁移状况	（5）迁移状况	（6）迁移状况
参加新农保状况	0.0949 *** (0.00894)			0.130 *** (0.0128)		
领取新农保养老金状况		0.118 *** (0.0116)			0.162 *** (0.0149)	
领取新农保养老金数额			0.0423 *** (0.0072)			0.0458 *** (0.0085)
控制变量	Yes	Yes	Yes	Yes	Yes	Yes
样本量	5 531	5 531	5 531	4 817	4 817	4 817
Log likelihood	-2 056.0459	-2 057.8131	-2 092.3802	-2 883.4203	-2 875.7834	-2 917.6752
LR chi2 (13)	252.34	248.81	179.67	497.52	512.79	429.01
Prob > chi2	0.0000	0.0000	0.0000	0.0000	0.0000	0.0000
Pseudo R^2	0.0578	0.0570	0.0412	0.0794	0.0819	0.0685

注：*** 表示在 1% 的显著性水平，括号中数字代表标准误。为了控制篇幅，故未列出控制变量回归结果，表中系数均为 probit 模型边际效应。

第二，成年子女有无未成年孩子的异质性效应分析。

从表 6 - 19 回归结果可知，老年父母参加新农保后，提高了成年子女劳动力迁移的概率，相对于有 16 周岁以下孩子的成年子女，没有孩子的成年子女发生劳动力迁移的概率更高。但当老年父母领取一定养老金后，有 16 周岁以下孩子的成年子女发生劳动力迁移的概率大于没有孩子的成年子女。这说明，对于有 16 周岁以下孩子的成年子女，老年父母领取养老金对成年子女劳动力迁移的影响更大。

表 6 - 19　　　　　　基于成年子女有无孩子的异质性效应分析

	没有未成年孩子			有未成年孩子		
	（1）迁移状况	（2）迁移状况	（3）迁移状况	（4）迁移状况	（5）迁移状况	（6）迁移状况
参加新农保状况	0. 120 ***（0. 0128）			0. 107 ***（0. 00957）		
领取新农保养老金状况		0. 165 ***（0. 0141）			0. 114 ***（0. 0124）	
领取新农保养老金数额			0. 0386 ***（0. 0077）			0. 0463 ***（0. 00796）
控制变量	Yes	Yes	Yes	Yes	Yes	Yes
样本量	3 919	3 919	3 919	6 429	6 429	6 429
Log likelihood	- 1 972. 1949	- 1 948. 6657	- 2 001. 0585	- 3 006. 8086	- 3 024. 9489	- 3 048. 8338
LR chi2 （14）	498. 54	545. 60	440. 81	862. 70	826. 42	778. 65
Prob > chi2	0. 0000	0. 0000	0. 0000	0. 0000	0. 0000	0. 0000
Pseudo R^2	0. 1122	0. 1228	0. 0992	0. 1255	0. 1202	0. 1132

注：*** 表示在 1% 的显著性水平，括号中数字代表标准误。为了控制篇幅，故未列出控制变量回归结果，表中系数均为 probit 模型边际效应。

出现上述结果的原因，笔者认为，主要是成年子女劳动力迁移受照料未成年子女的约束较强，但当老年父母领取一定养老金，保证其收入来源后，其将减少劳动供给、增加休闲时间，有精力和时间更好地帮忙成年子女照料未成年孩子。因此，由于受到子女照料约束的成年子女，其发生劳动力迁移的概率就会显著提升。从而本研究分假说 H1b 得到了验证。

第三，成年子女教育程度的异质性效应分析。

根据样本总体情况，本研究将成年子女教育程度在初中及以上水平的定为教育程度较高，成年子女教育程度在小学及以下水平的定为教育程度较低。表6-20回归结果显示，相较于教育程度较高的成年子女，受教育程度较低的成年子女，其老年父母新农保参与行为对其劳动力迁移决策的影响更明显，回归系数更大，由此可见，老年父母新农保参与主要显著影响教育程度较低子女的劳动力迁移决策，老年父母可能更多由教育程度较低的成年子女照顾，其受到的照料约束更强。从而本研究分假说H1c得到了验证。

表6-20　　　　　　基于成年子女教育程度的异质性效应分析

	成年子女教育程度较高			成年子女教育程度较低		
	（1）迁移状况	（2）迁移状况	（3）迁移状况	（4）迁移状况	（5）迁移状况	（6）迁移状况
参加新农保状况	0.0878 *** (0.0102)			0.145 *** (0.0117)		
领取新农保养老金状况		0.105 *** (0.0131)			0.173 *** (0.0132)	
领取新农保养老金数额			0.0281 *** (0.0072)			0.0619 *** (0.0083)
控制变量	Yes	Yes	Yes	Yes	Yes	Yes
样本量	5 765	5 765	5 765	4 583	4 583	4 583
Log likelihood	-2 697.1708	-2 701.613	-2 725.2221	-2 328.6621	-2 318.8189	-2 371.6634
LR chi2 （14）	600.68	591.80	544.58	641.65	661.34	555.65
Prob > chi2	0.0000	0.0000	0.0000	0.0000	0.0000	0.0000
Pseudo R^2	0.1002	0.0987	0.0908	0.1211	0.1248	0.1049

注：*** 表示在1%的显著性水平，括号中数字代表标准误。为了控制篇幅，故未列出控制变量回归结果，表中系数均为probit模型边际效应。

第四，成年子女收入水平的异质性效应分析。

本研究按照成年子女收入等级，对超过均值的样本划为收入水平较高，而低于均值的样本就划为收入水平较低。表6-21回归结果显示，相较于收入水平较高的成年子女，收入水平较低的成年子女，其老年父母新农保参与行为对其劳动力迁移决策的影响更明显，回归系数更大，由此可见，老年父母新农保参与主要显著影响收入较低成年子女的劳动力迁移决策。从而本研究分假说H1c得到了验证。

表 6 – 21 　　　　　　　基于成年子女收入水平的异质性效应分析

	成年子女收入水平较高			成年子女收入水平较低		
	（1）迁移状况	（2）迁移状况	（3）迁移状况	（4）迁移状况	（5）迁移状况	（6）迁移状况
参加新农保状况	0.0806 ***（0.0103）			0.135 ***（0.0112）		
领取新农保养老金状况		0.0945 ***（0.0119）			0.174 ***（0.0139）	
领取新农保养老金数额			0.0333 ***（0.0071）			0.0484 ***（0.0081）
样本量	4 942	4 942	4 942	5 406	5 406	5 406
控制变量	Yes	Yes	Yes	Yes	Yes	Yes
Log likelihood	－2 061.0875	－2 059.4948	－2 078.4959	－2 902.8435	－2 895.7365	－2 952.4837
LR chi2（14）	461.76	464.95	426.95	737.18	751.39	637.90
Prob > chi2	0.0000	0.0000	0.0000	0.0000	0.0000	0.0000
Pseudo R^2	0.1007	0.1014	0.0931	0.1127	0.1148	0.0975

注：*** 表示在 1% 的显著性水平，括号中数字代表标准误。为了控制篇幅，故未列出控制变量回归结果，表中系数均为 probit 模型边际效应。

第五，老年父母教育程度的异质性效应分析。

表 6 – 22 回归结果显示，老年父母教育程度较低时，其新农保参与行为对成年子女劳动力迁移决策的影响更显著，回归系数更大，说明教育程度不同的老年父母新农保参与对成子女劳动力迁移产生的影响机理和效应存在显著差异。这应该主要是教育程度较低的老年父母，一般收入来源较少，更多来自成年子女的经济供养和照料，其对成年子女的依赖更大，牵制其劳动力迁移的阻力也越大，当老年父母参加新农保，领取一定养老金后，必然放松了对成年子女的依赖，有利于促进成年子女发生劳动力迁移。

表 6 – 22 　　　　　　　基于老年父母教育程度的异质性效应分析

	老年父母教育程度高			老年父母教育程度低		
	（1）迁移状况	（2）迁移状况	（3）迁移状况	（4）迁移状况	（5）迁移状况	（6）迁移状况
参加新农保状况	0.0872 ***（0.0126）			0.126 ***（0.00957）		

续表

	老年父母教育程度高			老年父母教育程度低		
	(1) 迁移状况	(2) 迁移状况	(3) 迁移状况	(4) 迁移状况	(5) 迁移状况	(6) 迁移状况
领取新农保养老金状况		0.104 *** (0.0180)			0.153 *** (0.0109)	
领取新农保养老金数额			0.0372 *** (0.0110)			0.0471 *** (0.00644)
控制变量	Yes	Yes	Yes	Yes	Yes	Yes
样本量	3 447	3 447	3 447	6 901	6 901	6 901
Log likelihood	− 1 489.4143	− 1 495.7747	− 1 506.5011	− 3 480.2428	− 3 466.8382	− 3 533.5522
LR chi2 (14)	422.15	409.43	387.98	916.75	943.56	810.13
Prob > chi2	0.0000	0.0000	0.0000	0.0000	0.0000	0.0000
Pseudo R^2	0.1241	0.1204	0.1141	0.1164	0.1198	0.1028

注：*** 表示在 1% 的显著性水平，括号中数字代表标准误。为了控制篇幅，故未列出控制变量回归结果，表中系数均为 probit 模型边际效应。

第六，老年父母身体状况的异质性效应分析。

本研究主要对老年父母是否患有 ADL_IADL 功能障碍进行分类。从表 6 - 23 回归结果可知，相对于未患有功能障碍的老年父母，患有功能障碍老年父母参保行为对成年子女劳动力迁移的影响更为显著，边际系数更大，身体健康较差的老年人新农保参与带来的影响更为明显。这充分说明，老年父母新农保参与行为放松了成年子女赡养父母约束。从而本研究分假说 H1d 得到了验证。

表 6 - 23　　　　基于老年父母身体状况的异质性效应分析

	老年父母患有功能障碍			老年父母未患有功能障碍		
	(1) 迁移状况	(2) 迁移状况	(3) 迁移状况	(4) 迁移状况	(5) 迁移状况	(6) 迁移状况
参加新农保状况	0.123 *** (0.0117)			0.105 *** (0.0101)		
领取新农保养老金状况		0.156 *** (0.0132)			0.122 *** (0.0129)	
领取新农保养老金数额			0.0829 *** (0.0095)			0.0229 *** (0.0065)

续表

	老年父母患有功能障碍			老年父母未患有功能障碍		
	（1） 迁移状况	（2） 迁移状况	（3） 迁移状况	（4） 迁移状况	（5） 迁移状况	（6） 迁移状况
控制变量	Yes	Yes	Yes	Yes	Yes	Yes
样本量	4 445	4 445	4 445	5 903	5 903	5 903
Log likelihood	− 2 165. 007	− 2 150. 9383	− 2 177. 1783	− 2 818. 8797	− 2 826. 259	− 2 864. 1692
LR chi2 （14）	555. 67	583. 81	531. 33	806. 03	791. 27	715. 45
Prob > chi2	0. 0000	0. 0000	0. 0000	0. 0000	0. 0000	0. 0000
Pseudo R^2	0. 1137	0. 1195	0. 1088	0. 1251	0. 1228	0. 1110

注：*** 表示在1%的显著性水平，括号中数字代表标准误。为了控制篇幅，故未列出控制变量回归结果，表中系数均为 probit 模型边际效应。

第七，老年父母心理健康状况的异质性效应分析。

本研究按照老年父母抑郁指数，对超过均值的样本划为抑郁程度较高，而低于均值的样本划为抑郁程度较低。表 6 - 24 回归结果显示，相较于抑郁程度较低的老年父母，抑郁程度较高的老年父母新农保参与行为对成年子女劳动力迁移的影响更为显著，回归系数更大，这充分证明了前面的研究假说，老年父母参加新农保，领取一定的养老金后，增加了其心理安全感，减少了对成年子女的过度依赖，提高了成年子女劳动力迁移的概率，且抑郁程度越高，影响效应越显著。从而本研究分假说 H1d 得到了验证。

表 6 - 24　　　　基于老年父母心理健康状况的异质性效应分析

	老年父母抑郁程度较高			老年父母抑郁程度较低		
	（1） 迁移状况	（2） 迁移状况	（3） 迁移状况	（4） 迁移状况	（5） 迁移状况	（6） 迁移状况
参加新农保状况	0. 121 *** （0. 0115）			0. 106 *** （0. 0103）		
领取新农保养老 金状况		0. 157 *** （0. 0136）			0. 119 *** （0. 0127）	
领取新农保养老 金数额			0. 0711 *** （0. 00977）			0. 0287 *** （0. 00633）
控制变量	Yes	Yes	Yes	Yes	Yes	Yes
样本量	4 775	4 775	4 775	5 573	5 573	5 573

	老年父母抑郁程度较高			老年父母抑郁程度较低		
	（1） 迁移状况	（2） 迁移状况	（3） 迁移状况	（4） 迁移状况	（5） 迁移状况	（6） 迁移状况
Log likelihood	−2 385.7168	−2 374.1506	−2 411.9292	−2 599.5456	−2 606.5918	−2 639.0559
LR chi2 (14)	623.44	646.58	571.02	723.89	709.79	644.87
Prob > chi2	0.0000	0.0000	0.0000	0.0000	0.0000	0.0000
Pseudo R^2	0.1156	0.1199	0.1058	0.1222	0.1198	0.1089

注：***表示在1%的显著性水平，括号中数字代表标准误。为了控制篇幅，故未列出控制变量回归结果，表中系数均为probit模型边际效应。

第八，基于区域差异的异质性效应分析。

表6-25回归结果显示，相较于中部地区和西部地区，东部地区老年父母参加新农保以及领取养老金对成年子女劳动力迁移的影响更为显著，回归系数更大。但在老年父母养老金金额对成年子女劳动力迁移决策影响上，东部地区并不显著，反而中部地区和西部地区的成年子女受到的影响更大，更为显著。归其原因，主要是东部地区经济发展水平较高，家庭可支配收入较高，成年子女劳动力迁移受家庭经济约束较小。而中部地区和西部地区由于经济条件较差，其劳动力迁移受家庭经济约束较大，老年父母拥有养老金，保证有一定的稳定收入后，可以明显放宽对成年子女劳动力迁移的经济约束，促进成年子女劳动力迁移，但相对于西部而言，由于养老金收入总体规模较低，且迁移成本较高，因此老年父母领取养老金额度对其劳动力迁移概率的影响相对较低。

此外，相较于西部地区而言，老年父母新农保参与对中部地区成年子女劳动力迁移的影响更为显著，回归系数更大。从而本研究分假说H1e得到了验证。

6.2.2 老年父母新农保参与对成年子女劳动力迁移距离的影响

（1）基本结果。通过表6-26、表6-27可以发现，无论是固定效应模型还是工具变量法，老年父母参保行为对成年子女劳动力迁移的影响方向为正，且回归系数显著，充分说明老年父母新农保参与行为有利于促进成年子女劳动力远距离迁移决策，回归结果具有稳定性。比较表6-26、

表6-25　　基于区域差异的异质性效应分析

	中部地区			东部地区			西部地区		
	(1) 迁移状况	(2) 迁移状况	(3) 迁移状况	(4) 迁移状况	(5) 迁移状况	(6) 迁移状况	(7) 迁移状况	(8) 迁移状况	(9) 迁移状况
参加新农保状况	0.102*** (0.0128)			0.104*** (0.0136)			0.131*** (0.0134)		
领取新农保养老金状况		0.0962*** (0.0147)			0.191*** (0.0172)			0.139*** (0.0164)	
领取新农保养老金数额			0.0487*** (0.0106)			0.0473*** (0.0093)			0.0377*** (0.0090)
控制变量	Yes	Yes	Yes	Yes	Yes	Yes	Yes	Yes	Yes
样本量	3 516	3 516	3 516	3 374	3 374	3 374	3 458	3 458	3 458
Log likelihood	-1 584.5392	-1 594.1269	-1 604.3552	-1 658.5369	-1 627.0968	-1 672.5224	-1 727.0825	-1 736.6848	-1 762.7343
LR chi2 (13)	430.81	411.64	391.18	524.08	586.96	496.11	409.47	390.27	338.17
Prob > chi2	0.0000	0.0000	0.0000	0.0000	0.0000	0.0000	0.0000	0.0000	0.0000
Pseudo R^2	0.1197	0.1143	0.1087	0.1364	0.1528	0.1292	0.1060	0.1010	0.0875

注：***表示在1%的显著性水平，括号中数字代表标准误。为了控制篇幅，故未列出控制变量回归结果，表中系数均为probit模型边际效应。

表 6 – 27 两个模型回归结果，运用固定效应模型回归与工具变量法回归得到的结论基本一致，回归系数值也较为接近。但由于使用固定效应模型时，因变量组间数据未发生变化的样本较多，因此使用固定效应模型回归时，样本剔除量较大；此外，固定效应模型尽管通过控制个人、家庭及社区层面的固定效应能够控制不随时间变化的不可观测特征（本研究在短期内不随时间变化的变量，诸如成年子女性别、成年子女教育程度、子女出生顺序、老年父母教育程度以及分析对象所在地区等），但无法完全控制随时间变化的不可观测的因素，从而无法充分处理由此产生的内生性问题。在影响效应的具体大小方面，因为工具变量法较好地处理了遗漏变量问题以及反向因果关系产生的内生性问题，工具变量法回归的结果更为可靠。所以笔者主要以工具变量法得到老年父母参保行为对成年子女劳动力迁移距离的影响效应为主进行分析。

表 6 – 26　　　　　新农保参与对成年子女迁移距离影响的模型
估计结果 I　（FE-xtlogit）

	(1) 迁移距离	(2) 迁移距离	(3) 迁移距离
参加新农保状况	0.494 *** (0.0903)		
领取新农保养老金状况		0.632 *** (0.1089)	
领取新农保养老金数额			0.341 *** (0.0746)
年龄	0.0361 * (0.0201)	0.0346 * (0.0202)	0.0330 * (0.0199)
婚姻状况	− 0.519 *** (0.1601)	− 0.482 *** (0.1595)	− 0.512 *** (0.1585)
16 周岁以下孩子数量	− 0.0214 (0.0856)	− 0.00925 (0.0857)	− 0.0138 (0.0853)
收入水平	0.184 *** (0.3616)	0.187 *** (0.0360)	0.186 *** (0.0360)
老年父母平均年龄	0.347 * (0.2096)	0.668 *** (0.2060)	0.577 *** (0.2068)

续表

	（1） 迁移距离	（2） 迁移距离	（3） 迁移距离
老年父母心理健康状况	0.00432 （0.0103）	0.00695 （0.0102）	0.00313 （0.0101）
是否患有严重慢性疾病	− 1.540 *** （0.5410）	− 1.721 *** （0.5422）	− 1.846 *** （0.5460）
是否患有 ADL_IADL 功能障碍	0.243 ** （0.0968）	0.229 ** （0.0962）	0.225 ** （0.0960）
老年父母平均年龄平方项	0.00224 （0.0017）	− 0.000331 （0.0017）	0.000677 （0.0017）
总样本量	10 348	10 348	10 348
进入模型样本量	4 634	4 634	4 634
Log likelihood	− 1 022.7924	− 1 020.8267	− 1 025.2974
LR chi2 （10）	1 166.46	1 170.39	1 161.45
Prob > chi2	0.0000	0.0000	0.0000

注：*** 、** 、* 分别表示在1%、5%和10%的显著性水平，括号中数字代表标准误。

表6 – 27　　　　　新农保参与对成年子女迁移距离影响的模型
估计结果 II （IVProbit）

	（1） 迁移距离	（2） 边际效应	（3） 迁移距离	（4） 边际效应	（5） 迁移距离	（6） 边际效应
参加新农保状况	0.439 *** （0.0366）	0.160 *** （0.0126）				
领取新农保养老 金状况			0.795 *** （0.0632）	0.125 *** （0.0227）		
领取新农保养老 金数额					0.571 *** （0.0404）	0.0282 * （0.0162）
年龄	− 0.0139 *** （0.00293）	− 0.00502 *** （0.00105）	− 0.0165 *** （0.00292）	− 0.00549 *** （0.00106）	− 0.0171 *** （0.00282）	− 0.00523 *** （0.00106）
性别	0.385 *** （0.0357）	0.139 *** （0.0127）	0.394 *** （0.0355）	0.140 *** （0.0127）	0.355 *** （0.0347）	0.138 *** （0.0129）
受教育程度	0.0480 *** （0.00401）	0.0173 *** （0.00142）	0.0487 *** （0.00398）	0.0175 *** （0.00142）	0.0427 *** （0.00392）	0.0171 *** （0.00146）
是否长子	0.0631 （0.0403）	0.0228 （0.0145）	0.0803 ** （0.0401）	0.0248 * （0.0146）	0.0861 ** （0.0387）	0.0225 （0.0147）

续表

	（1）迁移距离	（2）边际效应	（3）迁移距离	（4）边际效应	（5）迁移距离	（6）边际效应
婚姻状况	-0.440 *** （0.0400）	-0.159 *** （0.0142）	-0.423 *** （0.0397）	-0.154 *** （0.0142）	-0.398 *** （0.0388）	-0.154 *** （0.0145）
16 周岁以下孩子数量	-0.00582 （0.0168）	-0.00210 （0.00606）	-0.0151 （0.0167）	-0.00317 （0.00608）	-0.00824 （0.0161）	-0.00187 （0.00610）
收入水平	0.159 *** （0.00964）	0.0574 *** （0.00336）	0.156 *** （0.00965）	0.0573 *** （0.00341）	0.141 *** （0.00983）	0.0572 *** （0.00361）
老年父母平均年龄	0.00483 * （0.00289）	0.00174 * （0.00104）	-0.0104 *** （0.00313）	-0.000706 （0.00114）	-0.00824 *** （0.00294）	0.000967 （0.00112）
老年父母受教育程度	0.00143 （0.00493）	0.000510 （0.00178）	0.000498 （0.00490）	0.000754 （0.00178）	-0.00128 （0.00474）	0.00101 （0.00179）
老年父母心理健康状况	0.00652 *** （0.00247）	0.00235 *** （0.000888）	0.00642 *** （0.00245）	0.00241 *** （0.000890）	0.00899 *** （0.00238）	0.00258 *** （0.000899）
是否患有严重慢性疾病	0.000708 （0.0271）	0.000302 （0.00977）	-0.0130 （0.0269）	-0.00438 （0.00980）	-0.0276 （0.0261）	-0.00514 （0.00985）
是否患有 ADL_IADL 功能障碍	0.0676 ** （0.0284）	0.0243 ** （0.0102）	0.0568 ** （0.0282）	0.0249 ** （0.0103）	0.0706 *** （0.0273）	0.0279 *** （0.0103）
中部	0.00734 （0.0315）	0.00250 （0.0114）	-0.00663 （0.0314）	0.00843 （0.0114）	0.0232 （0.0302）	0.0156 （0.0114）
东部	-0.215 *** （0.0323）	-0.0777 *** （0.0116）	-0.172 *** （0.0323）	-0.0689 *** （0.0117）	-0.163 *** （0.0314）	-0.0719 *** （0.0118）
常数项	-1.203 *** （0.147）		-0.165 （0.162）		-0.165 （0.157）	
样本量	10 348		10 348		10 348	
Log likelihood	-10 161.958		-11 050.675		-90 870.151	
Wald chi2 （15）	1 031.55		1 115.10		1 370.18	
Prob > chi2	0.0000		0.0000		0.0000	

注：*** 、** 、* 分别表示在1%、5%和10%的显著性水平，括号中数字代表标准误。

因为因变量"成年子女劳动力迁移距离"为"县外、县内"二元变量，因此，此部分工具变量法使用的是 IVProbit 模型。由于 Probit 模型的估计系数不代表自变量对因变量的边际效应，为了进一步分析老年父母新农保参与行为对成年子女劳动力迁移距离的影响效应，需要对其进行转换。表 6 - 27 的（2）列展示了老年父母参加新农保对成年子女劳动力迁移距离决策行为影响的边际效应；（4）列展示了老年父母领取新农保养老金对成年子女劳动力迁移距离决策行为影响的边际效应；（6）列展示了老年父母领取新农保养老金金额对成年子女劳动力迁移距离决策行为影响的边际效应。

回归方程（1）、回归方程（2）表明，老年父母参加新农保对成年子女劳动力迁移距离的影响为正，且在 1% 的统计上显著。边际效应计算结果显示，在其他条件不变的情况下，相对于老年父母未参加新农保的成年子女，老年父母参加新农保后，成年子女向县外迁移的概率增加了 16%。

从回归方程（1）、回归方程（2）中控制变量的回归结果，我们可以看出，成年子女的年龄与成年子女迁移距离的选择存在显著的负相关关系，因为随着成年子女年龄的增加，其迁往县外的概率就降低。从边际效应结果来看，在其他条件保持不变的情况下，成年子女每增加一岁，其迁往县外概率就降低 0.502%。究其原因，主要是随着年龄的增加家庭牵绊就越多，例如照料未成年子女、赡养老年父母等，因此选择到县外务工的概率就会越低。

成年子女性别对其劳动力迁移距离决策具有显著影响，且在 1% 的水平上显著为正。边际效应计算结果显示，在其他因素保持不变的条件下，相对于儿子而言，女儿向县外迁移的概率提高 13.9%。说明相对于女儿来说，儿子承担更多的养老责任。之所以出现上述结果，主要是受到中国养老传统的影响，相对于女儿来说，儿子由于需要照料父母受到限制劳动力迁移的约束更强。

成年子女的教育程度对其劳动力迁移距离决策具有正向影响，且在 1% 的统计水平上显著。边际效应计算结果显示，假定其他因素保持不变，成年子女受教育年数每增加一年，其向县外迁移的概率就增加 1.73%。究其原因，笔者认为，主要是成年子女受教育程度越高，其获取就业信息的机会就越多，收入就越高，越能承担劳动力迁移的成本和风险。

成年子女的婚姻状况与其劳动力迁移距离决策存在显著的负相关关系。相对于未婚的成年子女，已婚的成年子女选择县外就业的概率显著降低。根据边际效应结果，在其他条件不变时，相对于未婚的成年子女，已婚成年子女选择县外迁移的概率降低 15.9%。因为相对于已婚的成年子女更多的家庭牵绊外，未婚的成年子女受到的牵绊更少，选择县外务工的可能性更大。

成年子女及其配偶的收入水平显著影响成年子女劳动力迁移距离，随着成年子女及其配偶收入水平的提高，其选择县外迁移的概率就越大。从边际效应来看，当其他条件保持不变时，成年子女及其配偶的收入水平每提高一个等级，其选择县外迁移的概率就提高 5.74%。因为远距离就业预期收益较高，但风险和成本较大，成年子女及其配偶收入水平越高，越能降低外出务工的风险，放松信贷约束，促进其远距离迁移。

老年父母的年龄与成年子女劳动力迁移距离存在显著正向影响。从边际效应计算结果来看，假定其他条件保持不变时，老年父母平均年龄每增加一岁，其成年子女选择县外迁移的概率就提高 0.174%。究其原因，笔者认为，主要是随着老年父母年龄的增加，成年子女的年龄也越来越大，家庭的经济压力也会越来越大，相对于就近就业而言，选择县外，尤其是大城市就业的收入会越来越高，而老年父母主要由留守在家的配偶来照料，由于经济压力的增加，"父母在，不远游"的传统也在不断变化。

老年父母的心理健康情况与成年子女劳动力迁移距离决策行为具有正向影响，且在 1% 的统计水平上显著。从边际效应结果来看，在其他条件保持不变时，老年父母抑郁指数每增加一个单位，成年子女向县外迁移的概率就提高 0.235%。之所以出现上述结果，笔者认为，主要是老年父母抑郁程度越高，其患病的概率就越高，照料所需的成本就越高，为了赚取更好的经济收入填补可能增加的照料开支，成年子女就会选择向县外迁移。

老年父母是否患有 ADL_IADL 功能障碍与成年子女迁移距离存在显著的正向关系，从边际效应结果来看，其中任一方患有 ADL_IADL 功能障碍都会使成年子女向县外迁移的概率显著增加 2.43%。至于原因，笔者认为，主要是因为老年父母一旦患有 ADL_IADL 功能障碍，身边必须有专人照料，且照料时间成本、费用开支都非常高，作为成年子女为了赚取照料费用更会选择更远距离外出务工。

成年子女劳动力迁移距离存在区域性差异。从边际效应结果来看，相比较于西部地区而言，东部地区成年子女选择县外迁移的概率显著降低

7.77%，而中部地区成年子女选择县外迁移的概率提高0.25%，但统计上并不显著。究其原因，主要是东部地区经济发展水平较高，选择远距离迁移的子女较少。而中部地区和西部地区由于经济条件较差，通过劳动力迁移是其增加收入的主要渠道，因此，其多选择前往东部等发达地区务工，必然增加成年子女迁往县外的概率。

对于成年子女出生顺序，回归结果显示，相对于非长子而言，长子的选择向外迁移的概率大于非长子，但统计上并不显著。主要原因是相比较非长子，主要是长子承担更多的养老责任，但由于中国新农保保障水平尚比较低，无法充分有效缓解长子的养老负担。

对于其他控制变量，如成年子女未成年小孩数量等回归系数为负，说明对于成年子女来说，抚育小孩在一定程度上制约了其选择向县外迁移的概率，但在统计上均不显著。

回归方程（3）、（4）表明，老年父母领取新农保养老金对成年子女选择县外迁移的概率影响为正，且在1%的统计上显著。边际效应计算结果显示，在其他因素不变的情况下，相对于老年父母未领取新农保养老金的成年子女而言，老年父母领取养老金后，成年子女选择县外迁移的概率提高12.5%。

对于控制变量，多数与老年父母参加新农保方向一致，只是具体的边际效应大小稍有差别（见表6-27），此部分笔者重点分析与前面结果不同的且影响显著的控制变量。

从成年子女出生顺序来看，长子向县外迁移的概率大于非长子，从边际效应结果来看，在其他条件不变时，相对于非长子，长子向县外迁移的概率增加2.48%。主要原因是相较非长子成年子女，主要是长子承担更多的养老责任。

回归方程（5）、回归方程（6）表明，老年父母领取新农保养老金金额对成年子女劳动力迁移距离的影响显著为正。边际效应结果显示，在其他因素不变的情况下，老年父母领取新农保养老金金额每增加一千元，成年子女选择县外迁移的概率提高2.82%。对于控制变量，与老年父母领取新农保方向一致，只是具体的边际效应大小稍有差别（见表6-27）。

综上所述，农村老年父母新农保参与行为，会显著提高成年子女选择县外迁移的概率，促进成年子女进行城乡劳动力的迁移，供养主体和供养客体间的空间距离在逐步加大，从而本研究假说 H1 得到了验证。

（2）样本异质性分析。针对不同特征的成年子女、不同特征的老年父母与成年子女劳动力迁移距离行为关系的分析将有助于细化分析，识别不同群体的差异性，进一步探讨具体不同特征的成年子女劳动力迁移距离决策受老年父母新农保参与行为的影响，也有助于未来相关社会保障政策制定的目标选择。

第一，成年子女性别的异质性效应分析。

从表 6-28 可以看出，相比于儿子，女儿的回归结果更加显著，说明老年父母新农保参与对女儿劳动力迁移距离的影响大于对儿子劳动力迁移距离的影响，当老年父母参加新农保，有一定的养老保障时，女儿迁往县外的概率更高。说明相对于女儿来说，儿子还是承担更多的养老责任，虽然老年父母参加新农保有一笔稳定的收入，但毕竟收入有限，一定程度上对儿子的劳动力远距离迁移的约束还是存在的。从而本研究分假说 H1a 得到了部分验证。

表 6-28　　　　　　　　　基于成年子女性别的异质性效应分析

	女儿			儿子		
	（1）迁移距离	（2）迁移距离	（3）迁移距离	（4）迁移距离	（5）迁移距离	（6）迁移距离
参加新农保状况	0.243 *** （0.0116）			0.0600 *** （0.0133）		
领取新农保养老金状况		0.248 *** （0.0145）			0.0652 *** （0.0154）	
领取新农保养老金数额			0.0870 *** （0.0088）			0.0099 （0.0086）
控制变量	Yes	Yes	Yes	Yes	Yes	Yes
样本量	5 531	5 531	5 531	4 817	4 817	4 817
Log likelihood	-3 516.5111	-3 569.4747	-3 646.1226	-2 893.3634	-2 894.5964	-2 902.7907
LR chi2 (13)	628.52	522.59	369.29	774.12	771.65	755.26
Prob > chi2	0.0000	0.0000	0.0000	0.0000	0.0000	0.0000
Pseudo R^2	0.0820	0.0682	0.0482	0.1180	0.1176	0.1151

注：*** 表示在 1% 的显著性水平，括号中数字代表标准误。为了控制篇幅，故未列出控制变量回归结果，表中系数均为 probit 模型边际效应。

第二，成年子女有无未成年孩子的异质性效应分析。

从表 6 - 29 回归结果来看，相对于没有 16 周岁以下孩子的成年子女，有 16 周岁以下孩子的成年子女，老年父母新农保参与行为促进其向县外迁移的概率更高，边际效应更显著。这充分论证了前面的研究假说，老年父母参加新农保，领取一定养老金后，可以通过帮忙照料未成年孙辈，放松子女的照料约束，促进其劳动力迁移。从而本研究分假说 H1b 得到了验证。

表 6 - 29　　　　　　基于成年子女有无孩子的异质性效应分析

	没有未成年孩子			有未成年孩子		
	(1) 迁移距离	(2) 迁移距离	(3) 迁移距离	(4) 迁移距离	(5) 迁移距离	(6) 迁移距离
参加新农保状况	0.136 *** (0.0145)			0.172 *** (0.0115)		
领取新农保养老金状况		0.157 *** (0.0160)			0.156 *** (0.0147)	
领取新农保养老金数额			0.0378 *** (0.0080)			0.0529 *** (0.0086)
控制变量	Yes	Yes	Yes	Yes	Yes	Yes
样本量	3 919	3 919	3 919	6 429	6 429	6 429
Log likelihood	- 2 386.4617	- 2 383.0153	- 2 417.6285	- 4 120.4205	- 4 168.6979	- 4 202.2866
LR chi2 (14)	644.64	651.53	582.30	655.61	559.06	491.88
Prob > chi2	0.0000	0.0000	0.0000	0.0000	0.0000	0.0000
Pseudo R^2	0.1190	0.1203	0.1075	0.0737	0.0628	0.0553

注： *** 表示在 1% 的显著性水平，括号中数字代表标准误。为了控制篇幅，故未列出控制变量回归结果，表中系数均为 probit 模型边际效应。

第三，成年子女教育程度的异质性效应分析。

根据样本总体情况，本研究将成年子女教育程度在初中及以上水平的定为教育程度较高，成年子女教育程度在小学及以下水平下的定为教育程度较低。表 6 - 30 回归结果显示，相较于教育程度较高的成年子女，受教育程度较低的成年子女，老年父母新农保参与行为显著增加了其迁往县外的概率，主要原因可能是老年父母多由教育程度较低的成年子女照顾，其受到的照料约束更强。由此可见，老年父母新农保参与对教育程度不同的成年子女劳动力迁移距离的影响机理存在显著差异。从而本研究分假说

H1c 得到了验证。

表 6 – 30　　　　　基于成年子女教育程度的异质性效应分析

	成年子女教育程度高			成年子女教育程度低		
	（1） 迁移距离	（2） 迁移距离	（3） 迁移距离	（4） 迁移距离	（5） 迁移距离	（6） 迁移距离
参加新农保状况	0. 156 *** （0. 0121）			0. 164 *** （0. 0136）		
领取新农保养老金状况		0. 148 *** （0. 0157）			0. 173 *** （0. 0149）	
领取新农保养老金数额			0. 0399 *** （0. 0080）			0. 0594 *** （0. 0087）
控制变量	Yes	Yes	Yes	Yes	Yes	Yes
样本量	5 765	5 765	5 765	4 583	4 583	4 583
Log likelihood	– 3 650. 4414	– 3 683. 9082	– 3 713. 9316	– 2 921. 1772	– 2 925. 0528	– 2 964. 9209
LR chi2 （14）	684. 51	617. 57	557. 53	384. 08	376. 33	296. 60
Prob > chi2	0. 0000	0. 0000	0. 0000	0. 0000	0. 0000	0. 0000
Pseudo R^2	0. 0857	0. 0773	0. 0698	0. 0617	0. 0604	0. 0476

注：*** 表示在 1% 的显著性水平，括号中数字代表标准误。为了控制篇幅，故未列出控制变量回归结果，表中系数均为 probit 模型边际效应。

第四，成年子女收入水平的异质性效应分析。

本研究按照成年子女收入等级，对超过均值的样本划为收入水平较高，而低于均值的样本划为收入水平较低。表 6 – 31 回归结果显示，相较于收入水平较高的成年子女，收入水平较低的成年子女，其老年父母新农保参与行为对其劳动力迁移距离决策的影响更明显，回归系数更大。由此可见，老年父母新农保参与主要显著影响收入较低成年子女的劳动力迁移距离决策。从而本研究分假说 H1c 得到了验证。

表 6 – 31　　　　　基于成年子女收入水平的异质性效应分析

	成年子女收入水平较高			成年子女收入水平较低		
	（1） 迁移距离	（2） 迁移距离	（3） 迁移距离	（4） 迁移距离	（5） 迁移距离	（6） 迁移距离
参加新农保状况	0. 145 *** （0. 0134）			0. 163 *** （0. 0122）		

续表

	成年子女收入水平较高			成年子女收入水平较低		
	(1) 迁移距离	(2) 迁移距离	(3) 迁移距离	(4) 迁移距离	(5) 迁移距离	(6) 迁移距离
领取新农保养老金状况		0.144*** (0.0154)			0.169*** (0.0151)	
领取新农保养老金数额			0.0463*** (0.0082)			0.0453*** (0.0084)
控制变量	Yes	Yes	Yes	Yes	Yes	Yes
样本量	4 942	4 942	4 942	5 406	5 406	5 406
Log likelihood	−3 141.1061	−3 154.0866	−3 178.4522	−3 374.2009	−3 396.8469	−3 441.8254
LR chi2 (14)	478.29	452.32	403.59	461.73	416.44	326.48
Prob > chi2	0.0000	0.0000	0.0000	0.0000	0.0000	0.0000
Pseudo R^2	0.0707	0.0669	0.0597	0.0640	0.0578	0.0453

注：***表示在1%的显著性水平，括号中数字代表标准误。为了控制篇幅，故未列出控制变量回归结果，表中系数均为probit模型边际效应。

第五，老年父母教育程度的异质性效应分析。

表6-32回归结果显示，老年父母教育程度较高时，老年父母新农保参与对其成年子女劳动力迁移距离决策的影响更显著，回归系数更大。至于原因，主要是教育程度较高的老年父母，一般收入来源更为广泛，其对新农保政策的作用了解更多，参保积极性及等级也较高，养老金收入金额也越大，因此，收入效应更明显。因此，新农保政策会因为农村老年人教育程度的差别，对成年子女迁移距离产生显著性差异影响。

表6-32　　　　　基于老年父母教育程度的异质性效应分析

	老年父母教育程度高			老年父母教育程度低		
	(1) 迁移距离	(2) 迁移距离	(3) 迁移距离	(4) 迁移距离	(5) 迁移距离	(6) 迁移距离
参加新农保状况	0.187*** (0.0154)			0.147*** (0.0111)		
领取新农保养老金状况		0.170*** (0.0226)			0.159*** (0.0122)	
领取新农保养老金数额			0.0487*** (0.0127)			0.0481*** (0.0067)

续表

	老年父母教育程度高			老年父母教育程度低		
	（1） 迁移距离	（2） 迁移距离	（3） 迁移距离	（4） 迁移距离	（5） 迁移距离	（6） 迁移距离
样本量	3 447	3 447	3 447	6 901	6 901	6 901
控制变量	Yes	Yes	Yes	Yes	Yes	Yes
Log likelihood	−2 149.0666	−2 187.5081	−2 207.1959	−4 371.1277	−4 374.02	−4 426.3943
LR chi2（14）	465.99	389.10	349.73	734.16	728.37	623.62
Prob > chi2	0.0000	0.0000	0.0000	0.0000	0.0000	0.0000
Pseudo R^2	0.0978	0.0817	0.0734	0.0775	0.0769	0.0658

注：*** 表示在1%的显著性水平，括号中数字代表标准误。为了控制篇幅，故未列出控制变量回归结果，表中系数均为 probit 模型边际效应。

第六，老年父母身体状况的异质性效应分析。

从表6-33回归结果可知，相对于未患有功能障碍的老年父母，患有功能障碍老年父母参保行为对成年子女劳动力迁移距离的影响更为显著，边际系数更大，身体健康较差的老年人新农保参与带来的影响更为明显。这充分说明，老年父母新农保参与行为有效放松了成年子女赡养父母的约束。从而本研究分假说 H1d 得到了验证。

表6-33   基于老年父母身体状况的异质性效应分析

	老年父母患有功能障碍			老年父母未患有功能障碍		
	（1） 迁移距离	（2） 迁移距离	（3） 迁移距离	（4） 迁移距离	（5） 迁移距离	（6） 迁移距离
参加新农保状况	0.163 *** (0.0138)			0.156 *** (0.0119)		
领取新农保养老金状况		0.171 *** (0.0153)			0.153 *** (0.0151)	
领取新农保养老金数额			0.0752 *** (0.0098)			0.0334 *** (0.0072)
控制变量	Yes	Yes	Yes	Yes	Yes	Yes
样本量	4 445	4 445	4 445	5 903	5 903	5 903
Log likelihood	−2 823.1289	−2 829.1912	−2 858.6391	−3 696.4279	−3 726.6085	−3 764.2493
LR chi2（14）	494.32	482.20	423.30	779.25	718.89	643.60
Prob > chi2	0.0000	0.0000	0.0000	0.0000	0.0000	0.0000
Pseudo R^2	0.0805	0.0785	0.0689	0.0954	0.0880	0.0788

注：*** 表示在1%的显著性水平，括号中数字代表标准误。为了控制篇幅，故未列出控制变量回归结果，表中系数均为 probit 模型边际效应。

第七，老年父母心理健康状况的异质性效应分析。

本研究按照老年父母抑郁指数，对超过均值的样本划为抑郁程度较高，而低于均值的样本划为抑郁程度较低。表6-34回归结果显示，相对于抑郁程度较低的老年父母，抑郁程度较高的老年父母新农保参与行为对成年子女劳动力迁移距离的影响更为显著，回归系数更大，这充分证明了前面的研究假说，老年父母参加新农保，领取一定的养老金后，增加了其心理安全感，减少了对成年子女的过度依赖，提高了成年子女劳动力迁往县外的概率，且抑郁程度越高，影响效应越显著。从而本研究分假说H1d得到了验证。

表6-34　　　　　基于老年父母心理健康状况的异质性效应分析

	老年父母抑郁程度较高			老年父母抑郁程度较低		
	(1) 迁移距离	(2) 迁移距离	(3) 迁移距离	(4) 迁移距离	(5) 迁移距离	(6) 迁移距离
参加新农保状况	0.131 *** (0.0134)			0.183 *** (0.0121)		
领取新农保养老金状况		0.126 *** (0.0157)			0.191 *** (0.0148)	
领取新农保养老金数额			0.0494 *** (0.0109)			0.0467 *** (0.0070)
控制变量	Yes	Yes	Yes	Yes	Yes	Yes
样本量	4 775	4 775	4 775	5 573	5 573	5 573
Log likelihood	-3 046.898	-3 061.0983	-3 081.9719	-3 472.8101	-3 498.8126	-3 553.2888
LR chi2 (14)	509.45	481.05	439.30	765.41	713.41	604.45
Prob > chi2	0.0000	0.0000	0.0000	0.0000	0.0000	0.0000
Pseudo R^2	0.0772	0.0729	0.0665	0.0993	0.0925	0.0784

注：*** 表示在1%的显著性水平，括号中数字代表标准误。为了控制篇幅，故未列出控制变量回归结果，表中系数均为probit模型边际效应。

第八，基于区域差异的异质性效应分析。

表6-35回归结果显示，相较于中部地区和西部地区，东部地区老年父母参加新农保对成年子女劳动力迁移距离的影响较为显著，回归系数更大。但在老年父母领取一定养老金后，对成年子女劳动力迁移距离决策影响上，中部地区成年子女受到的影响更大，亦更为显著。究其原因，主要

表 6 – 35　基于区域差异的异质性效应分析

	中部地区			东部地区			西部地区		
	(1) 迁移距离	(2) 迁移距离	(3) 迁移距离	(4) 迁移距离	(5) 迁移距离	(6) 迁移距离	(7) 迁移距离	(8) 迁移距离	(9) 迁移距离
参加新农保状况	0.155*** (0.0158)			0.162*** (0.0155)			0.159*** (0.0155)		
领取新农保养老金状况		0.123*** (0.0184)			0.211*** (0.0188)			0.155*** (0.0188)	
领取新农保养老金数额			0.0572*** (0.0130)			0.0557*** (0.0092)			0.0349*** (0.0096)
控制变量	Yes	Yes	Yes	Yes	Yes	Yes	Yes	Yes	Yes
样本量	3 516	3 516	3 516	3 374	3 374	3 374	3 458	3 458	3 458
Log likelihood	-2 209.7759	-2 232.5833	-2 244.7372	-2 092.7595	-2 085.5093	-2 123.5581	-2 201.0001	-2 217.3928	-2 243.3002
LR chi2 (13)	452.75	407.13	382.82	419.84	434.34	358.24	384.77	351.98	300.17
Prob > chi2	0.0000	0.0000	0.0000	0.0000	0.0000	0.0000	0.0000	0.0000	0.0000
Pseudo R^2	0.0929	0.0836	0.0786	0.0912	0.0943	0.0778	0.0804	0.0735	0.0627

注：*** 表示在 1% 的显著性水平。括号中数字代表标准误。为了控制篇幅，故未列出控制变量回归结果，表中系数均为 probit 模型边际效应。

是东部地区经济发展水平较高，选择远距离迁移的子女较少。而中部地区由于经济条件较差，其劳动力迁移受家庭经济约束较强，当老年父母有一定养老保障后，为了增加收入，多选择前往东部等发达地区务工，因此，老年父母新农保参与明显放松了对成年子女劳动力迁移距离的约束。但西部地区由于养老金收入总体规模较低，且其迁移成本较高，因此老年父母领取养老金额度对其劳动力县外迁移概率的影响相对有限。从而本研究分假说 H1e 得到了验证。

第7章　新农保参与对成年子女经济供养决策行为影响的实证研究

本章的结构安排如下：首先对本研究所涉及的样本进行描述性统计分析；其次，针对新农保参与对成年子女经济供养决策行为的影响进行实证估计与分析。

7.1　样本描述性统计分析

根据研究需要，对 CHARLS 2011 年、2013 年两年的调查数据进行整理，在本章的分析中，总样本数共计 7 422 个，其中，2011 年、2013 年各 3 711 个。

7.1.1　成年子女的经济供养情况

（1）成年子女提供经济供养基本情况。表 7-1 汇报了成年子女向农村老年父母提供经济供养的基本情况。成年子女经济供养情况，主要包括提供经济供养比例、经济供养总额以及经济供养形式。

表 7-1　　　　　　　　　成年子女提供经济供养情况

变量名	2011 年调研样本		2013 年调研样本		2011/2013 年调研样本	
	所有样本（量 =3 711）		所有样本（量 =3 711）		所有样本（量 =7 422）	
	均值	标准差	均值	标准差	均值	标准差
经济供养状况	0.561	0.496	0.781	0.413	0.671	0.469
经济供养数额	719.91	2 441.48	1 635.05	5 254.80	1 177.48	4 122.38
经济供养形式	0.109	0.280	0.332	0.396	0.220	0.360

资料来源：根据 CHARLS 2011 年、2013 年计算整理。

从提供经济供养概率来看，所有样本中，成年子女提供经济供养的概率为67%，其中2011年，成年子女提供经济供养的比例达56%，2013年，经济供养比例增长到78%。从经济供养总额来看，2011年，成年子女提供经济供养的总额为719.91元，2013年增长到1 635.05元，所有样本平均供养额为1 177.48元。从经济供养形式来看，2011年实物占总供给价值的比值为0.109，2013年增长到0.332，说明成子女实物供养的比重在逐步提升，至于这一结果是否显著，有待后面进一步验证。

（2）成年子女提供经济供养的地区差异。成年子女提供经济供养概率的地区差异。根据调查结果显示，2011年中部与东部成年子女提供经济供养的概率基本持平，均高于西部地区。但到了2013年，中部地区成年子女提供经济供养的概率最高，西部次之，东部最低。

由表7-2的统计结果显示，在成年子女提供经济供养的总额方面存在明显的地区差异，无论是2011年，还是2013年，中部地区成年子女提供经济供养的总额都是最高的，2011年为849元，2013年达到1 938元，均多于东部地区的经济供养总额，西部地区成年子女提供经济供养的总额最低。这反映了中部地区的劳动力大量外出务工的现状。

根据调查结果可以发现，从2011年到2013年，实物占总供给价值的比值在逐步提高，说明实物供养所占比重在逐步提升。其中，东部地区实物供养的比重最大，中部次之，西部最小，相对于西部地区而言，东部地区成年子女选择外出的比例较低，多陪在老年父母身边，因此多以提供实物，如提供日常用品等方式来赡养老年父母。

（3）成年子女提供经济供养的情感亲近度差异。根据调查结果（见表7-3）可以发现，与老年父母经常联系的成年子女提供经济供养的比例为68.5%，经济供养总额为1 390元，实物与现金价值的比例为0.228；与老年父母较少联系的成年子女提供经济供养的比例为64%，经济供养总额为509元，实物类供养占经济供养总额比例为0.177；与老年父母几乎不联系的成年子女提供经济供养的比重为60%，经济供养总额为433元，实物占总供给价值的比例为20.7%。总体上来看，成年子女与老年父母的情感亲近度与其提供经济供养情况呈现正相关关系，这说明成年子女与老年父母联系越频繁、感情越亲密，其提供经济供养的比例和金额越多。至于这一结论是否显著，还需后面的模型结果进行验证。

表 7 - 2 不同区域的成年子女经济供养情况

变量名	2011 年调研样本				2013 年调研样本			
	所有样本 （量 = 3 711）	东部 （量 = 1 052）	中部 （量 = 1 355）	西部 （量 = 1 304）	所有样本 （量 = 3 711）	东部 （量 = 1 052）	中部 （量 = 1 355）	西部 （量 = 1 304）
经济供养状况	0.561	0.553	0.583	0.544	0.781	0.735	0.824	0.773
经济供养数额	719.91	711.88	849.75	591.47	1 635.05	1 514.91	1 938.85	1 416.30
经济供养形式	0.109	0.133	0.101	0.098	0.332	0.356	0.325	0.318

资料来源：根据 CHARLS 2011 年、2013 年计算整理。

表7-3　　　　　　　不同情感亲近度的成年子女经济供养情况

变量名	所有样本 （量=7 422）	经常联系的 成年子女 （量=5 710）	较少联系的 成年子女 （量=751）	几乎不联系的 成年子女 （量=961）
经济供养状况	0.671	0.685	0.640	0.608
经济供养数额	1 177.48	1 390.64	509.47	433.01
经济供养形式	0.220	0.228	0.177	0.207

资料来源：根据 CHARLS 2011 年、2013 年计算整理。

7.1.2　老年父母新农保参与情况

作为本章的关键解释变量，对于老年父母新农保参与情况，主要从"老年父母是否参加新农保""老年父母是否领取新农保的养老金"以及"养老金领取金额"三个方面来衡量。

由表7-4统计结果显示，所有样本中老年父母至少有一方参加新农保的样本量有4 291个，占比57.81%；而未参保占比42.19%，共有3 131个样本。

表7-4　　　　　　　　老年父母是否参加新农保

是否参加新农保	2011 年		2013 年		2011/2013 年	
	频次 （人次）	比重 （%）	频次 （人次）	比重 （%）	频次 （人次）	比重 （%）
是	1 155	31.12	3 136	84.51	4 291	57.81
否	2 556	68.88	575	15.49	3 131	42.19
合计	3 711	100	3 711	100	7 422	100

资料来源：根据 CHARLS 2011 年、2013 年计算整理。

在"是否领取新农保养老金"方面，由于参保和领取养老金有一定的时间差，因此相比于参保老人人数，领取养老金人数明显较少。据表7-5所示，老年父母任一方领取养老金的样本量为2 432个，占总样本的32.77%。

表7-5　　　　　　　　老年父母是否领取养老金

是否领取养老金	2011 年		2013 年		2011/2013 年	
	频次 （人次）	比重 （%）	频次 （人次）	比重 （%）	频次 （人次）	比重 （%）
是	452	12.18	1 980	53.35	2 432	32.77

续表

是否领取养老金	2011 年		2013 年		2011/2013 年	
	频次 （人次）	比重 （%）	频次 （人次）	比重 （%）	频次 （人次）	比重 （%）
否	3 259	87.82	1 731	46.65	4 990	67.23
合计	3 711	100	3 711	100	7 422	100

资料来源：根据 CHARLS 2011 年、2013 年计算整理。

表 7-6 描述了老年父母新农保参与相关变量的描述性统计情况，并根据成年子女是否提供经济供养和调查年份对其基本特征进行了分类比较。由表 7-6 的描述性统计结果可见，2011 年，成年子女提供经济供养的老年父母参保比例小于成年子女未提供经济供养的老年父母参保比例。随着 2012 年底新农保政策实现了区域全覆盖，2013 年老年父母参保比例明显提高，且成年子女提供经济供养的老年父母参保比例大于成年子女未提供经济供养的老年父母参保比例，成年子女是否会因为老年父母参保而影响其经济供养行为尚未明确，有待进一步检验。

表 7-6 老年父母新农保参与相关变量的描述性统计结果显示，无论是 2011 年，还是 2013 年，成年子女提供经济供养的老年父母领取养老金的比例均高于成年子女未提供经济供养的老年父母领取养老金比例，这一结果是否说明老年父母领取养老金不仅不会挤出成年子女的经济供养，反而挤入了成年子女的经济供养，仅靠描述性统计尚无法确认，有待后文模型回归结果进行验证。

统计结果显示，2011 年，老年父母养老金年收入均值为 162 元，且成年子女提供经济供养的老年父母养老金年收入金额均值为 173 元，高于成年子女未提供经济供养的老年父母养老金年收入金额均值为 147 元。2013 年，老年父母养老金收入均值为 655 元，其中，成年子女提供经济供养的老年父母养老金收入金额为 694 元，也高于成年子女未提供经济供养的老年父母养老金收入的 518 元。上述统计结果是否说明，成年子女经济供养行为与老年父母养老金收入呈正向关系，随着老年父母养老金收入的增加，成年子女提供经济供养的概率也越高。至于上述结果是否显著，有待模型的统计结果进行验证。

7.1.3 成年子女特征分析

（1）成年子女的年龄及婚姻情况。成年子女的年龄分布情况。总体来看，

表 7 - 6　老年父母新农保参与相关变量的描述性统计

变量名	2011 年调研样本						2013 年调研样本					
	所有样本 （量 = 3 711）		供养组 （量 = 2 082 ）		未供养组 （量 = 1 629）		所有样本 （量 = 3 711）		供养组 （量 = 2 900）		未供养组 （量 = 811）	
	均值	标准差	均值	标准差	均值	标准差	均值	标准差	均值	标准差	均值	标准差
参加新农保状况	0.311	0.463	0.308	0.461	0.314	0.464	0.845	0.361	0.854	0.353	0.812	0.390
领取养老金	0.121	0.327	0.136	0.343	0.102	0.303	0.533	0.498	0.563	0.496	0.427	0.495
领取养老金金额	162.08	556.61	173.36	555.01	147.68	558.48	655.83	1 047.43	694.27	1 011.65	518.35	1 156.70

资料来源：根据 CHARLS 2011 年、2013 年计算整理。

成年子女的年龄主要分布在24~45周岁之间，约占成年子女总样本的80.29%（见表7-7、表7-8）。

表7-7 成年子女年龄分布情况

成年子女年龄	频次（人次）	比重（%）
16~23周岁	386	5.20
24~35周岁	3 411	45.96
36~45周岁	2 548	34.33
46~59周岁	994	13.39
60周岁及以上	83	1.12
合计	7 422	100

资料来源：根据CHARLS 2011年、2013年计算整理。

表7-8 成年子女婚姻状况

婚姻状况	2011年		2013年		2011/2013年	
	频次（人次）	比重（%）	频次（人次）	比重（%）	频次（人次）	比重（%）
已婚且与配偶同住	3 068	82.67	3 169	85.39	6 237	84.03
其他	643	17.33	542	14.61	1 185	15.97
合计	3 711	100	3 711	100	7 422	100

资料来源：根据CHARLS 2011年、2013年计算整理。

（2）成年子女教育程度。小学和初中文化程度所占的比重较大，两者所占比重之和高达61.28%，而高中及以上文化程度的成年子女所占比重相对较小，仅占成年子女总体样本的20.22%。根据表7-9统计结果显示，成年子女教育程度普遍偏低，虽有部分成年子女有高中及以上的文化程度，但仍然有18.49%的成年子女处于小学以下文化水平。

表7-9 成年子女教育程度情况

教育程度	受教育年数	频次（人次）	比重（%）
文盲	0	482	6.49
未读完小学但能读写	3	891	12.01
小学	6	1 948	26.25
初中	9	2 600	35.03
高中	12	820	11.05
大专	15	322	4.34
大学本科	16	318	4.28
硕士	18	35	0.47
博士	21	6	0.08
合计		7 422	100

资料来源：根据CHARLS 2011年、2013年计算整理。

（3）成年子女的未成年小孩数量。成年子女的未成年小孩数量反映了成年子女的家庭负担情况。总体上来看，所有样本中约 60% 的成年子女尚有抚育孩子的负担（见表 7 - 10）。

表 7 - 10　　　　　　　成年子女的孩子数量（16 周岁以下）

未成年的小孩数量	2011 年		2013 年		2011/2013 年	
	频次（人次）	比重（%）	频次（人次）	比重（%）	频次（人次）	比重（%）
0 个	1 439	38. 78	1 515	40. 82	2 954	39. 80
1 个	1 497	40. 34	1 376	37. 08	2 873	38. 71
2 个	685	18. 46	722	19. 46	1 407	18. 96
3 个及以上	90	2. 42	98	2. 64	188	2. 53
合计	3 711	100	3 711	100	7 422	100

资料来源：根据 CHARLS 2011 年、2013 年计算整理。

（4）成年子女收入情况。由于 CHARLS 没有提供直接测度成年子女收入水平的相关调查数据，因此采用老年父母对未同住成年子女收入水平的一个主观判断来替代。根据表 7 - 11 调查结果，可以发现：从总体样本来看，有 66. 64% 的成年子女收入水平处于 1 万 ~ 2 万元和 2 万 ~ 5 万元两个等级。此外，有 20. 64% 成年子女收入低于 1 万元，只有 3. 64% 的成年子女收入高于 10 万元。相比较 2011 年，2013 年高收入等级的人数及比例明显提高，如 2 万 ~ 5 万元收入等级的从 2011 的占比 35. 50% 提高到 2013 年的 40. 12%；5 万 ~ 10 万元收入等级的成年子女数由原来的 219 人，增长到 455 人。随着成年子女收入水平的提高，增加其向老年父母提供经济供养的可能和数量。

表 7 - 11　　　　　　　　　成年子女收入情况

成年子女收入	2011 年		2013 年		2011/2013 年	
	频次（人次）	比重（%）	频次（人次）	比重（%）	频次（人次）	比重（%）
没有收入	120	3. 23	100	2. 69	220	2. 96
少于 2 千元	54	1. 46	52	1. 40	106	1. 43
2 千 ~ 5 千元	198	5. 34	141	3. 80	339	4. 57
5 千 ~ 1 万元	496	13. 37	371	10. 00	867	11. 68

成年子女收入	2011 年		2013 年		2011/2013 年	
	频次（人次）	比重（%）	频次（人次）	比重（%）	频次（人次）	比重（%）
1 万~2 万元	1 296	34.92	918	24.74	2 214	29.83
2 万~5 万元	1 243	33.50	1 489	40.12	2 732	36.81
5 万~10 万元	219	5.90	455	12.26	674	9.08
10 万~15 万元	62	1.67	131	3.53	193	2.60
15 万~20 万元	8	0.22	23	0.62	31	0.42
20 万~30 万元	10	0.22	18	0.49	28	0.38
30 万元以上	5	0.13	13	0.35	18	0.24
合计	3 711	100.01	3 711	100	7 422	100

资料来源：根据 CHARLS 2011 年、2013 年计算整理。

7.1.4　老年父母特征分析

由于本章关注的是老年父母参加新农保后成年子女对其经济供养行为将会如何变化，研究对象为成年子女。而成年子女提供的经济转移情况在 CHARLS 问卷中以父母为整体来调查的，故本研究以取平均的结果来描述老年父母的一般概况，更具代表性和客观性。

（1）老年父母年龄和婚姻状况。老年父母的年龄分布情况。根据表 7 - 12 统计结果显示：总体来看，老年父母的平均年龄主要分布在 42 ~ 70 周岁之间，占总体样本的 78.20%。此外，根据表 7 - 13 可知，老年父母已婚且跟配偶同住的比例达 74.58%。

表 7 - 12　　　　　　　　老年父母平均年龄分布情况

成年子女年龄	频次（人次）	比重（%）
42 ~ 60 周岁	2 954	39.80
60 ~ 70 周岁	2 850	38.40
70 ~ 80 周岁	1 274	17.17
80 周岁及以上	344	4.63
合计	7 422	100

资料来源：根据 CHARLS 2011 年、2013 年计算整理。

表 7 – 13　　　　　　　　　老年父母婚姻状况

婚姻状况	2011 年		2013 年		2011/2013 年	
	频次（人次）	比重（%）	频次（人次）	比重（%）	频次（人次）	比重（%）
已婚且与配偶同住	2 809	75. 69	985	26. 54	5 535	74. 58
其他	902	24. 31	2 726	73. 46	1 887	25. 42
合计	3 711	100	3 711	100	7 422	100

资料来源：根据 CHARLS 2011 年、2013 年计算整理。

（2）老年父母教育程度。根据数据整理结果，平均教育程度在小学文化程度及以下所占的比重较大，约占 82.94%；而平均受教育程度在高中及以上水平的老年父母样本所占比重相对较小，仅占总体样本的 3.38%。总体来看，农村老年人的教育程度普遍偏低（见表 7 – 14）。

表 7 – 14　　　　　　　　老年父母平均教育程度情况

教育程度	受教育年数①	频次（人次）	比重（%）
文盲	0	1 495	20. 14
	1. 5	877	11. 82
未读完小学但能读写	3	1 506	20. 29
	4. 5	1 022	13. 77
小学	6	1 256	16. 92
	7. 5	532	7. 17
	8	6	0. 08
初中	9	477	6. 43
	10. 5	176	2. 37
高中及以上	12	71	0. 96
	13. 5	4	0. 05
合计		7 422	100

资料来源：根据 CHARLS 2011 年、2013 年计算整理。

（3）老年父母健康状况。针对老年父母健康状况，2011 ~ 2013 年的 CHARLS 数据显示，老年父母中至少有一方患有严重慢性疾病的比例为 39.85%（见表 7 – 15），农村老年人患有 ADL_IADL 功能障碍的占总样本

---

① 因为该表格中教育年数取平均值，为了与受教育程度相对应，作如下对应设置：平均受教育年数 0 视为"文盲"；平均受教育年数 1.5、3 视为"未读完小学但能读写"；平均受教育年数 4.5、6 视为"小学"；平均受教育年数 7.5、8、9 视为"初中"；平均受教育年数 10.5、12、13.5 视为"高中及以上"。

的 44.96%（见表 7 – 16）；且相比较 2011 年，2013 年农村老年人患有 ADL_IADL 功能障碍比例明显提高，成年子女是否会因为老年父母健康原因而影响其经济供养行为，需要通过模型分析结论进行验证。

表 7 – 15   老年父母患有严重慢性疾病状况

是否患有严重慢性疾病	2011 年		2013 年		2011/2013 年	
	频次（人次）	比重（%）	频次（人次）	比重（%）	频次（人次）	比重（%）
父母至少有一方患有	1 510	40.69	1 448	39.02	2 958	39.85
未患有	2 201	59.31	2 263	60.98	4 464	60.15
合计	3 711	100	3 711	100	7 422	100

资料来源：根据 CHARLS 2011 年、2013 年计算整理。

表 7 – 16   老年父母患有 ADL_IADL 功能障碍状况

是否患有 ADL_IADL 功能障碍	2011 年		2013 年		2011/2013 年	
	频次（人次）	比重（%）	频次（人次）	比重（%）	频次（人次）	比重（%）
父母至少有一方患有	1 609	43.36	1 728	46.56	3 337	44.96
未患有	2 102	56.64	1 983	53.44	4 085	55.04
合计	3 711	100	3 711	100	7 422	100

资料来源：根据 CHARLS 2011 年、2013 年计算整理。

7.1.5   家庭所在区域情况

根据表 7 – 17 统计结果显示，农村社区所在区域样本分布较为均匀，东部、中部、西部比例适当，代表性较好。

表 7 – 17   调查样本所在区域情况

所在区域	2011 ~ 2013 年	
	频次（人次）	比重（%）
东部	2 104	28.35
中部	2 710	36.51
西部	2 608	35.14
合计	7 422	100

资料来源：根据 CHARLS 2011 年、2013 年计算整理。

7.1.6   变量的基本描述性统计

变量的基本描述性统计如表 7 – 18 所示。

表 7 - 18　变量的基本描述性统计

| 变量名 | 2011 年调研样本 | | | | | | 2013 年调研样本 | | | | | |
| | 所有样本（量 = 3 711） | | 参保组（量 = 1 155） | | 未参保组（量 = 2 556） | | 所有样本（量 = 3 711） | | 参保组（量 = 3 136） | | 未参保组（量 = 575） | |
	均值	标准差	均值	标准差	均值	标准差	均值	标准差	均值	标准差	均值	标准差
经济供养状况	0.561	0.496	0.555	0.497	0.563	0.496	0.781	0.413	0.789	0.407	0.735	0.441
经济供养数额	719.91	2 441.48	944.41	3 320.55	618.46	1 908.48	1 635.05	5 254.80	1 630.69	5 213.59	1 658.85	5 478.74
经济供养形式	0.109	0.280	0.123	0.291	0.103	0.275	0.332	0.396	0.335	0.395	0.315	0.400
参加新农保状况	0.311	0.463	1	0	0	0	0.845	0.361	1	0	0	0
领取养老金	0.121	0.327	0.391	0.488	0	0	0.533	0.498	0.631	0.482	0	0
领取养老金数额	0.162	0.556	0.520	0.899	0	0	0.655	1.047	0.776	1.097	0	0
年龄	35.031	8.874	33.819	8.414	35.579	9.022	36.931	8.806	36.877	8.758	37.226	9.064
性别	0.599	0.489	0.605	0.489	0.597	0.490	0.599	0.489	0.595	0.490	0.605	0.489
受教育程度	7.810	3.991	8.322	4.037	7.579	3.948	7.892	3.954	7.856	4.005	8.086	3.661
是否长子	0.231	0.421	0.240	0.427	0.227	0.419	0.231	0.421	0.227	0.419	0.243	0.429
婚姻状况	0.826	0.378	0.811	0.391	0.833	0.372	0.853	0.353	0.855	0.351	0.843	0.363
收入水平	5.119	1.361	5.191	1.344	5.087	1.367	5.496	1.455	5.495	1.447	5.502	1.498
16 周岁以下小孩数量	0.849	0.816	0.845	0.792	0.850	0.826	0.843	0.840	0.848	0.841	0.817	0.834

续表

变量名	2011 年调研样本						2013 年调研样本					
	所有样本（量=3 711）		参保组（量=1 155）		未参保组（量=2 556）		所有样本（量=3 711）		参保组（量=3 136）		未参保组（量=575）	
	均值	标准差	均值	标准差	均值	标准差	均值	标准差	均值	标准差	均值	标准差
与父母较少联系	0.106	0.308	0.078	0.269	0.118	0.323	0.096	0.294	0.099	0.298	0.080	0.271
与父母几乎不联系	0.144	0.351	0.126	0.332	0.152	0.359	0.114	0.318	0.108	0.310	0.147	0.355
老年父母平均年龄	61.718	9.129	60.421	8.691	62.304	9.263	63.671	9.109	63.643	9.040	63.824	9.483
老年父母婚姻状况	0.756	0.428	0.778	0.415	0.747	0.434	0.734	0.441	0.737	0.439	0.716	0.451
老年父母教育程度	3.926	2.985	4.175	3.034	3.814	2.956	3.902	3.024	3.857	2.989	4.145	3.204
健在子女数	3.081	1.530	2.924	1.443	3.152	1.563	3.567	1.462	3.583	1.474	3.478	1.392
是否照顾孙辈	0.120	0.325	0.122	0.327	0.119	0.324	0.143	0.350	0.143	0.350	0.146	0.353
是否患有严重慢性病	0.406	0.491	0.395	0.489	0.411	0.492	0.390	0.487	0.386	0.486	0.412	0.492
是否患有 ADL_IADL 功能障碍	0.433	0.495	0.368	0.482	0.462	0.498	0.465	0.498	0.471	0.499	0.434	0.496
老年父母收入	2.225	6.801	2.985	7.896	1.882	6.214	0.969	4.373	0.994	4.368	0.831	4.402
是否与子女同住	0.392	0.488	0.411	0.492	0.384	0.486	0.393	0.488	0.386	0.487	0.431	0.495
中部	0.365	0.481	0.433	0.495	0.334	0.471	0.365	0.481	0.388	0.487	0.242	0.428
东部	0.284	0.450	0.305	0.460	0.274	0.446	0.284	0.450	0.267	0.442	0.374	0.484

资料来源：根据 CHARLS 2011 年、2013 年计算整理。

7.2　实证结果估计与分析

7.2.1　老年父母新农保参与对成年子女经济供养决策的影响

（1）基本结果。通过表 7 - 19、表 7 - 20 可以发现，无论是固定效应模型还是工具变量法，老年父母参保行为对成年子女经济供养的影响方向为正，且回归系数显著，充分说明老年父母新农保参与行为提高了成年子女提供经济供养的概率和水平，回归结果具有稳定性。比较表 7 - 19、表 7 - 20 两个模型回归结果，运用固定效应模型回归和工具变量法回归得到的结论基本一致，回归系数值也较为接近，区别仅在于回归系数的大小。但由于使用固定效应模型时，因变量组间数据未发生变化的样本较多，因此使用固定效应模型回归时，样本剔除量较大。此外，固定效应模型尽管通过控制个人、家庭及社区层面的固定效应能够控制不随时间变化的不可观测特征（本研究在短期内不随时间变化的变量，诸如成年子女性别、成年子女教育程度、子女出生顺序、老年父母教育程度以及分析对象所在地区等），但无法完全控制随时间变化的不可观测的因素，从而无法充分处理由此产生的内生性问题。在影响效应的具体大小方面，因为工具变量法较好地处理了遗漏变量问题以及反向因果关系产生的内生性问题，工具变量法回归的结果更为可靠，相对于固定效应模型更具优势，因此下面的讨论将主要以使用工具变量法得到老年父母参保行为对成年子女经济供养行为的影响效应为主进行分析。

表 7 - 19　　　　　新农保参与对成年子女经济供养决策影响模型
　　　　　　　　　　估计结果 I　（FE-xtlogit）

	（1） 经济供养状况	（2） 经济供养状况	（3） 经济供养状况
参加新农保状况	0.566 *** (0.1026)		
领取新农保养老金状况		0.442 *** (0.1220)	

续表

	（1） 经济供养状况	（2） 经济供养状况	（3） 经济供养状况
领取新农保养老金数额			0.219 *** (0.0810)
年龄	0.0360 * (0.0214)	0.0359 * (0.0217)	0.0384 * (0.0217)
婚姻状况	− 0.453 ** (0.2025)	− 0.410 ** (0.2025)	− 0.411 ** (0.2025)
收入水平	0.243 *** (0.0423)	0.246 *** (0.0421)	0.242 *** (0.1420)
16 周岁以下孩子数量	− 0.0871 (0.1043)	− 0.0836 (0.1042)	− 0.0806 (0.1037)
与父母较少联系	− 0.0941 (0.1646)	− 0.126 (0.1635)	− 0.151 (0.1630)
与父母几乎不联系	− 0.388 ** (0.1660)	− 0.366 ** (0.1647)	− 0.400 ** (0.1637)
老年父母平均年龄	1.297 *** (0.2284)	1.572 *** (0.2348)	1.451 *** (0.2300)
老年父母健在子女数	0.182 ** (0.0798)	0.192 ** (0.0802)	0.204 ** (0.0797)
是否照顾孙辈	− 0.0579 (0.1921)	− 0.0109 (0.1906)	− 0.0101 (0.1900)
是否患有严重慢性疾病	0.0525 (0.5178)	0.161 (0.5195)	0.0904 (0.5200)
是否患有 ADL_IADL 功能障碍	0.273 ** (0.1084)	0.236 ** (0.1073)	0.244 ** (0.1072)
老年父母收入水平	0.00412 (0.0091)	0.00285 (0.0093)	0.00396 (0.0092)
是否与子女同住	− 0.108 (0.1376)	− 0.101 (0.1371)	− 0.0946 (0.1370)
老年父母婚姻状况	0.0329 (0.2120)	0.0449 (0.2089)	0.0435 (0.2096)
老年父母平均年龄平方项	− 0.00793 *** (0.0018)	− 0.00973 *** (0.0019)	− 0.00857 *** (0.0018)

续表

	（1） 经济供养状况	（2） 经济供养状况	（3） 经济供养状况
总样本量	7 422	7 422	7 422
进入模型样本量	2 920	2 920	2 920
Log likelihood	− 749. 47407	− 758. 01637	− 760. 66826
LR chi2 （16）	525. 04	507. 96	502. 65
Prob > chi2	0.0000	0.0000	0.0000

注：***、**、*分别表示在1%、5%和10%的显著性水平，括号中数字代表标准误。

表 7 - 20　　**新农保参与对成年子女经济供养决策影响模型**
估计结果 Ⅱ （IVProbit）

	（1） 经济供养 状况	（2） 边际效应	（3） 经济供养 状况	（4） 边际效应	（5） 经济供养 状况	（6） 边际效应
参加新农保状况	0. 390 *** （0. 0506）	0. 0800 *** （0. 0163）				
领取新农保养老 金状况			0. 617 *** （0. 0777）	0. 0519 ** （0. 0257）		
领取新农保养老 金数额					0. 0883 *** （0. 0111）	0. 0883 ***① （0. 0111）
年龄	0. 0104 *** （0. 00355）	0. 00337 *** （0. 00116）	0. 00797 ** （0. 00355）	0. 00316 *** （0. 00117）	0. 00778 ** （0. 00355）	0. 00314 *** （0. 00117）
性别	0. 170 *** （0. 0461）	0. 0557 *** （0. 0150）	0. 193 *** （0. 0458）	0. 0582 *** （0. 0150）	0. 195 *** （0. 0458）	0. 0584 *** （0. 0150）
受教育程度	0. 00153 （0. 00483）	0. 000485 （0. 00157）	0. 00309 （0. 00479）	0. 000589 （0. 00157）	0. 00304 （0. 00479）	0. 000585 （0. 00157）
是否长子	0. 00807 （0. 0523）	0. 00283 （0. 0171）	0. 0243 （0. 0520）	0. 00449 （0. 0171）	0. 0275 （0. 0520）	0. 00474 （0. 0171）
婚姻状况	− 0. 195 *** （0. 0478）	− 0. 0627 *** （0. 0155）	− 0. 192 *** （0. 0475）	− 0. 0618 *** （0. 0156）	− 0. 194 *** （0. 0475）	− 0. 0619 *** （0. 0156）

---

① 此时因为老年父母新农保养老金收入金额取对数，其回归系数即表示在其他控制变量不变的情况下，老年父母新农保养老金收入金额每增加1%，成年子女提供经济供养的概率变动0. 01 × 0. 0883 个单位，即为边际弹性，也视为其边际效应。

续表

	（1）经济供养状况	（2）边际效应	（3）经济供养状况	（4）边际效应	（5）经济供养状况	（6）边际效应
收入水平	0.160 *** （0.0121）	0.0523 *** （0.00383）	0.160 *** （0.0121）	0.0528 *** （0.00384）	0.160 *** （0.0121）	0.0528 *** （0.00384）
16 周岁以下孩子数量	0.00302 （0.0214）	0.000984 （0.00698）	− 0.00935 （0.0213）	3.58e − 05 （0.00702）	− 0.00882 （0.0213）	7.85e − 05 （0.00701）
与父母较少联系	− 0.270 *** （0.0535）	− 0.0896 *** （0.0174）	− 0.262 *** （0.0533）	− 0.0910 *** （0.0174）	− 0.263 *** （0.0533）	− 0.0911 *** （0.0174）
与父母几乎不联系	− 0.375 *** （0.0502）	− 0.125 *** （0.0162）	− 0.352 *** （0.0503）	− 0.126 *** （0.0164）	− 0.351 *** （0.0503）	− 0.126 *** （0.0164）
老年父母平均年龄	0.0196 *** （0.00373）	0.00629 *** （0.00121）	0.00708 * （0.00400）	0.00516 *** （0.00131）	0.00723 * （0.00399）	0.00518 *** （0.00131）
老年父母婚姻状况	− 0.0596 （0.0391）	− 0.0199 （0.0128）	− 0.0955 ** （0.0391）	− 0.0235 * （0.0129）	− 0.108 *** （0.0393）	− 0.0244 * （0.0129）
老年父母受教育程度	− 0.0164 *** （0.00612）	− 0.00526 *** （0.00199）	− 0.0156 ** （0.00609）	− 0.00507 ** （0.00200）	− 0.0158 ** （0.00608）	− 0.00509 ** （0.00200）
老年父母健在子女数	0.0596 *** （0.0138）	0.0205 *** （0.00448）	0.0589 *** （0.0137）	0.0216 *** （0.00449）	0.0584 *** （0.0137）	0.0216 *** （0.00449）
是否照顾孙辈	0.133 *** （0.0505）	0.0441 *** （0.0164）	0.145 *** （0.0502）	0.0459 *** （0.0165）	0.145 *** （0.0502）	0.0460 *** （0.0165）
是否患有严重慢性疾病	− 0.0358 （0.0334）	− 0.0128 （0.0109）	− 0.0419 （0.0331）	− 0.0146 （0.0109）	− 0.0427 （0.0331）	− 0.0146 （0.0109）
是否患有 ADL_IADL 功能障碍	0.0769 ** （0.0338）	0.0256 ** （0.0110）	0.0769 ** （0.0336）	0.0266 ** （0.0110）	0.0779 ** （0.0336）	0.0267 ** （0.0110）
老年父母收入水平	− 0.00741 *** （0.0028）	− 0.00247 *** （0.0009）	− 0.0079 *** （0.00274）	− 0.00258 *** （0.0009）	− 0.00799 *** （0.00274）	− 0.00259 *** （0.0009）
是否与子女同住	− 0.129 *** （0.0336）	− 0.0413 *** （0.0109）	− 0.132 *** （0.0334）	− 0.0409 *** （0.0109）	− 0.132 *** （0.0334）	− 0.0409 *** （0.0109）
中部	0.0838 ** （0.0381）	0.0314 ** （0.0124）	0.0817 ** （0.0379）	0.0353 *** （0.0124）	0.0836 ** （0.0379）	0.0355 *** （0.0124）
东部	− 0.0652 （0.0405）	− 0.0175 （0.0132）	− 0.0329 （0.0403）	− 0.0108 （0.0132）	− 0.0330 （0.0403）	− 0.0108 （0.0132）

续表

	（1） 经济供养 状况	（2） 边际效应	（3） 经济供养 状况	（4） 边际效应	（5） 经济供养 状况	（6） 边际效应
常数项	-2.143*** （0.188）		-1.261*** （0.211）		-1.250*** （0.211）	
样本量	7 422		7 422		7 422	
Log likelihood	-7 648.4278		-7 458.709		-21 918.403	
Wald chi2（21）	784.72		819.81		820.20	
Prob > chi2	0.0000		0.0000		0.0000	

注：***、**、*分别表示在1%、5%和10%的显著性水平，括号中数字代表标准误。

因为因变量"成年子女是否提供经济供养"为二元虚拟变量，因此，此部分工具变量法使用的是 IVProbit 模型。由于 Probit 模型的估计系数不代表自变量对因变量的边际效应，为了进一步分析老年父母新农保参与与行为对成年子女劳动力迁移的影响效应，需要对其进行转换，表 7 - 20 的（2）列展示了老年父母参加新农保对成年子女提供经济供养概率影响的边际效应；（4）列展示了老年父母领取新农保养老金对成年子女提供经济供养概率影响的边际效应；（6）列展示了老年父母领取新农保养老金金额对成年子女提供经济供养影响的边际弹性。

回归方程（1）、（2）表明，老年父母参加新农保对成年子女提供经济供养概率的影响为正，且在 1% 的统计水平上显著。边际效应计算结果显示，在其他条件不变的前提下，相对于老年父母未参加新农保的成年子女，老年父母参加新农保后，成年子女提供经济供养的概率提高8%。之所以出现上述结果，一方面是当父母被纳入国家社会养老保障计划时，会强化成年子女对父母年龄、生活等状况的认知，进一步增强其认识到向父母提供经济供养的重要性，因此，新农保的实施具有一定的教育效应，必然会增加成年子女向父母提供经济供养的概率；另一方面，由于新农保实施时采取的是"捆绑式"方案，即父母基础养老金领取资格的确认与其成年子女是否参保直接挂钩，而能为老年父母领取资格而参保的成年子女多数属于家庭经济条件相对较好、具有较强的利他动机，老年父母参加新农保领取养老金后，并不会降低其经济供养概率。

对于控制变量，我们可以看出，成年子女的年龄与成年子女提供经济供养存在显著的正相关关系，随着成年子女年龄的增加，其提供经济供养的概率逐步提高。从边际效应结果来看，在其他条件保持不变的情况下，成年子女每增加一岁，其提供经济供养的概率就增加0.337%。究其原因，主要是随着年龄的增加，老年父母的年龄也在增加，其通过自我获取收入的能力逐步降低，更有赖于成年子女的赡养，因此随着成年子女年龄的增加，其提供经济供养的概率也在提高。

成年子女性别对其提供经济供养状况具有显著影响，且在1%的水平上显著为正。边际效应计算结果显示，在其他因素保持不变的情况下，相对于儿子而言，女儿提供经济供养概率提高5.57%。之所以出现上述结果，主要是受到中国养老传统的影响，相对于儿子，老年父母参加新农保后，女儿提供经济供养的概率并没有降低，反而出现上升，这也充分说明，女儿在老年父母养老保障中逐渐发挥作用，在一定程度上改变了"养儿防老"的养老模式。

在成年子女的婚姻状况方面，相对于未婚的成年子女而言，已婚的成年子女提供经济供养的概率显著降低，且在1%的统计水平上显著。从边际效应结果来看，假定其他因素保持不变，相对于未婚的成年子女，已婚成年子女提供经济供养的概率降低6.27%，究其原因主要是已婚成年子女的家庭负担增加，限制了其向老年父母提供经济供养的可能性和程度。

成年子女及其配偶的收入水平显著影响成年子女提供经济供养的概率，且在1%的统计水平上显著为正，从边际效应结果来看，在其他条件不变时，成年子女及其配偶收入水平每提高一个等级，其发生劳动力迁移的概率就提高5.23%。因为成年子女收入在很大程度上决定了其为老年父母提供经济供养的可能性，随着成年子女收入的增加，其可自由支配的金额就高，因此，向老年父母提供经济转移的可能性就高。

成年子女与其老年父母的感情亲近度对其提供经济供养的概率有显著的影响，且在1%的统计水平上显著为负，相对于经常与老年父母联系的成年子女而言，较少联系、几乎不联系的成年子女提供经济供养的概率显著减少。从边际效应计算结果来看，在其他因素保持不变的条件下，相对于经常与老年父母联系的成年子女，较少联系的成年子女其提供经济供养的概率降低8.96%，几乎不联系的成年子女提供经济供养的概率降低12.5%。

老年父母的年龄与成年子女是否提供经济供养存在正向显著影响，且在 1% 的统计水平上显著。根据边际效应来看，当其他条件保持不变时，老年父母平均年龄每增加一岁，成年子女提供经济供养的概率就提高 0.629%，即随着老年父母年事已高，成年子女提供经济供养的概率与老年父母的年龄成正比。之所以出现上述结果，笔者认为主要是在老年父母年龄相对不高时，成年子女年龄也相对较小，其家庭负担也不大，但随着成年子女年龄的增长，其家庭负担也在增加，其提供经济供养的概率就越低。但当老年父母年事渐长时，自身已无力挣钱，子女提供经济供养已经成为其养老收入的重要或者唯一途径，此时，成年子女提供经济供养的概率也就随之上升。

老年父母的教育程度对成年子女提供经济供养的影响为负，且在统计上显著。从边际效应结果来看，在其他条件保持不变的情况下，老年父母平均受教育年数每增加一年，成年子女提供经济供养的概率就显著降低 0.526%。至于原因，主要是教育程度较高的老年父母，一般收入来源更为广泛，新农保收入所占比重不高，并不会显著影响成年子女经济供养行为。老年父母的健在子女数量对成年子女是否提供经济供养在 1% 的统计水平上具有显著影响。边际效应计算结果显示，当其他变量保持不变时，当老年父母参加新农保后，健在子女数量每增加一个，成年子女提供经济供养的概率就增加 2.05%。

老年父母是否帮助成年子女照料其未成年孩子与成年子女提供经济供养存在显著的正向关系，且在 1% 的统计水平上显著，从边际效应计算结果来看，在控制了其他变量的情况下，相对于未帮助照料未成年子女孙辈，帮助照料孙辈的老年父母其成年子女提供经济供养的概率提高 4.41%。此外，老年父母是否与子女同住也显著影响其他成年子女的经济供养决策，且在 1% 的统计水平上显著为负。边际效应计算结果显示，相对于未与子女同住的老年父母，同住的老年父母，成年子女提供经济供养的概率降低 4.13%。究其原因，老人通过与子女同住实现了家庭生产和消费的规模经济效应，并从同住子女处获得了隐性经济支援，例如食物分享、非正式照料等，其他非同住子女提供的经济转移就会相应减少。

老年父母的身体状况，尤其是患有 ADL_IADL 功能障碍对于成年子女提供经济供养有显著的影响，且在 5% 的统计水平上显著为正，老年父母任一方患有 ADL_IADL 功能障碍，成年子女提供经济供养的概率就显著增加。边际效应结果显示，假定其他因素保持不变，在老年父母参加新农保后，其中任一方患有 ADL_IADL 功能障碍都会使成年子女提供经济供养的概率显著增加 2.56%。至于原因，笔者认为，主要是因为老年父母一旦患有 ADL_IADL 功能障碍，身边必须有专人照料，且照料时间成本、费用开支都非常高，因此，成年子女提供经济支持的概率就会越高。此外老年父母的收入水平也显著影响成年子女经济供养的概率，边际效应计算结果显示，老年父母收入每增加一万元，成年子女提供经济供养的概率就降低 2.47%。

从区域来看，相对于西部地区而言，中部地区成年子女提供经济供养的概率显著增加，且在 5% 的统计水平上显著，而东部地区成年子女提供经济供养概率降低，但在统计上并不显著。之所以出现上述结果，归其原因，主要是中西部地区由于经济条件较差，收入普遍较低，老年父母的福利水平偏低，养老资源多源自成年子女，成年子女提供经济供养也多出于照料老年父母基本生活等利他动机，虽然父母参加新农保后，有一定的稳定收入，但由于新农保收入偏低，因此随着西部地区成年子女外出收入的增加，提高了其提供经济供养的概率。

对于其他控制变量，如成年子女受教育程度、成年子女出生顺序等也影响成年子女经济供养决策，但在统计上均不显著。

回归方程（3）、（4）表明，老年父母领取新农保养老金对成年子女提供经济供养概率的影响显著为正。边际效应计算结果显示，在其他因素不变的情况下，相对于老年父母未领取新农保养老金的成年子女而言，老年父母领取养老金后，成年子女提供经济供养概率提高 5.19%。

对于控制变量，多数与老年父母参加新农保方向一致，只是具体的边际效应大小稍有差别，此部分笔者重点分析与前面结果不同的，且影响显著的控制变量。

老年父母的婚姻状况与成年子女提供经济供养的决策存在显著的负相关关系。相对于其他婚姻情况下的老年父母，老年父母在已婚且与配偶同住的情况下，成年子女提供经济供养的概率显著降低。根据边际效应结果，在其他条件保持不变的情况下，相对于其他婚姻情况下的老年父母，老年父母在已婚且与配偶同住的情况下，成年子女提供经济供养概率降低

2.35%。之所以出现上述情况，笔者认为主要是老年父母双方健在的情况下，父母可以相互照料，对成年子女的赡养需求相对较少，因此，成年子女提供经济供养的概率就较低。

回归方程（5）、（6）表明，老年父母领取新农保养老金金额对成年子女提供经济供养概率的影响显著为正。边际效应结果显示，在其他因素不变的情况下，老年父母领取新农保养老金金额每增加1%，平均来说成年子女提供经济供养的概率提高0.0883%。这是因为老年父母获得稳定的养老金收入来源，释放了老年人的收入约束，老年人减少或放弃劳动参与，闲暇时间增加，使得老年人有时间和经济能力给孙辈提供经济支持和时间照料，为成年子女提供更多帮助，缓解了成年子女抚养孩子的压力；出于家庭成员间的交换性动机，成年子女增加对老年人的经济支持作为补偿。但是，由于新农保养老金收入有限，老年人仍无法完全实现经济独立，无论是否领取养老金，依靠子女的家庭养老方式仍是农村家庭的主要养老模式。对于控制变量，与老年父母领取新农保方向一致，只是具体的边际效应大小稍有差别。

综上所述，农村老年父母新农保参与行为，会显著提高成年子女提供经济供养的概率。因此，农村老年人因为参加新农保，其获取提升福利水平的概率得到了增加，生活福利得到了双重保障。从而本研究假说 H2 得到了验证。

（2）样本异质性分析。针对不同特征的成年子女及其老年父母与成年子女是否提供经济供养行为关系的分析将有助于细化分析，识别不同群体的差异性，进一步探讨具体不同特征的成年子女是否提供经济供养行为受老年父母新农保参与行为的影响，也有助于未来相关社会保障政策制定的目标选择。

第一，成年子女性别的异质性效应分析。

从表7-21可以看出，在老年父母参加新农保后，成年子女无论是女儿，还是儿子都会增加其提供经济供养的概率。相对于儿子，老年父母参保行为对女儿提供经济供养的概率更为显著，边际效应也更大。之所以出现这种情况，原因是女性地位提高和自主意识增强，她们更强调自己作为女儿的角色，参与自己父母养老过程中并发挥重要作用（张翠娥和杨政怡，2015）。但在老年父母领取养老金后，随着老年父母养老金收入的增加，对儿子提供经济供养概率的影响更为显著，边际系数更大，说明老年父母新农保参与对儿子是否提供经济供养的影响大于对女儿提供经济供养决策的影响。之所以出现上述结果，还是受到传统社会养老方式的影响，儿子在赡养父母中承担更多的义务，女儿主要协助丈夫赡养公婆，因此，虽然老年父母参加新农保，获取养老金，但由于保障水平偏低，并不会降低儿子提供经济供养的概率，反而因为老年父母身体及成年子女收入的提高而有所增加。从而本研究分假说 H2a 得到了验证。

表7－21 基于成年子女性别差异的异质性效应分析

	女儿			儿子		
	(1) 经济供养 状况	(2) 经济供养 状况	(3) 经济供养 状况	(4) 经济供养 状况	(5) 经济供养 状况	(6) 经济供养 状况
参加新农保状况	0.122 *** (0.0130)			0.0628 *** (0.0165)		
领取新农保养老金 状况		0.0962 *** (0.0163)			0.0665 *** (0.0201)	
领取新农保养老金 数额			0.0184 ** (0.0075)			0.0468 *** (0.0141)
控制变量	Yes	Yes	Yes	Yes	Yes	Yes
样本量	4 440	4 440	4 440	2 982	2 982	2 982
Log likelihood	－2 510.7343	－2 535.1432	－2 549.4036	－1 733.4405	－1 735.1341	－1 734.7963
LR chi2 (19)/(20)	517.97	469.15	440.63	386.13	382.74	383.42
Prob > chi2	0.0000	0.0000	0.0000	0.0000	0.0000	0.0000
Pseudo R^2	0.0935	0.0847	0.0795	0.1002	0.0993	0.0995

注： *** 、** 分别表示在1%、5%的显著性水平，括号中数字代表标准误。为了控制篇幅，故未列出控制变量回归结果，表中系数为 Probit 模型边际效应。

第二，成年子女收入水平的异质性效应分析。

本研究按照成年子女收入等级，对超过均值的样本划为收入水平较高，而低于均值的样本就划为收入水平较低。表7－22回归结果显示，相较于收入水平较高的成年子女，收入水平较低的成年子女，其老年父母新农保参与行为对其提供经济供养决策的影响更明显，回归系数更大。由此可见，老年父母新农保参与主要影响收入较低子女提供经济供养的决策。究其原因，笔者认为对于收入水平较高的成年子女，其向老年父母提供经济供养多出于对养老责任承担利他动机，而非基于交换动机，加上老年父母参加新农保及其收入相对有限，基本上不会影响其提供经济供养的决策；但对于收入水平较低的成年子女，其向老年父母提供经济供养多出于交换动机，如换取家务帮助等，在老年父母参保并获取一定收入后，其可掌握的议价资源就会增加，因此成年子女一般会增加对老年父母提供经济供养概率。从而本研究分假说 H2b 得到了验证。

表 7 - 22　　　　　　　**基于成年子女收入水平的异质性效应分析**

	成年子女收入水平高		成年子女收入水平低			
	（1）经济供养状况	（2）经济供养状况	（3）经济供养状况	（4）经济供养状况	（5）经济供养状况	（6）经济供养状况
参加新农保状况	0.0955 *** (0.0141)			0.0978 *** (0.0151)		
领取新农保养老金状况		0.0603 *** (0.0172)			0.0970 *** (0.0189)	
领取新农保养老金数额			0.0135 * (0.0073)			0.0454 *** (0.0130)
控制变量	Yes	Yes	Yes	Yes	Yes	Yes
样本量	3 676	3 676	3 676	3 746	3 746	3 746
Log likelihood	- 1 958.4948	- 1 974.5685	- 1 978.9688	- 2 329.0152	- 2 336.2055	- 2 342.9005
LR chi2 （20）	304.97	272.82	264.02	368.87	354.49	341.10
Prob > chi2	0.0000	0.0000	0.0000	0.0000	0.0000	0.0000
Pseudo R^2	0.0722	0.0646	0.0625	0.0734	0.0705	0.0679

注： *** 、* 分别表示在1%、10%的显著性水平，括号中数字代表标准误。为了控制篇幅，故未列出控制变量回归结果，表中系数为 Probit 模型边际效应。

第三，老年父母教育程度的异质性效应分析。

本研究将老年父母接受初中及以上水平教育的定为教育程度较高，而将接受小学及以下水平下教育定为教育程度较低。表 7 - 23 回归结果显示，相比于老年父母教育程度高，老年父母教育程度较低时，新农保参与对成年子女提供经济供养决策的影响更显著，回归系数更大；但当老年父母教育程度较高时，新农保参与成年子女提供经济供养的影响均不显著。至于原因，主要是教育程度较高的老年父母，一般收入来源更为广泛，新农保收入所占比重不高，并不会显著影响成年子女经济供养行为。这充分说明，新农保政策提高了教育程度低的农村老年父母获取经济支持的概率。

表7-23　　　　　　　基于老年父母教育程度的异质性效应分析

	老年父母教育程度高			老年父母教育程度低		
	（1）经济供养状况	（2）经济供养状况	（3）经济供养状况	（4）经济供养状况	（5）经济供养状况	（6）经济供养状况
参加新农保状况	0.102 *** （0.0187）			0.0961 *** （0.0122）		
领取新农保养老金状况		0.107 *** （0.0281）			0.0780 *** （0.0140）	
领取新农保养老金数额			0.0075 （0.0110）			0.0393 *** （0.0091）
控制变量	Yes	Yes	Yes	Yes	Yes	Yes
样本量	2 388	2 388	2 388	5 034	5 034	5 034
Log likelihood	-1 412.687	-1 419.8857	-1 426.8357	-2 819.1803	-2 833.8089	-2 838.9655
LR chi2 （20）	374.46	360.07	346.17	497.86	468.60	458.29
Prob > chi2	0.0000	0.0000	0.0000	0.0000	0.0000	0.0000
Pseudo R^2	0.1170	0.1125	0.1082	0.0811	0.0764	0.0747

注：*** 表示在1%的显著性水平，括号中数字代表标准误。为了控制篇幅，故未列出控制变量回归结果，表中系数为 Probit 模型边际效应。

第四，老年父母身体健康状况的异质性效应分析。

表7-24回归结果显示，在老年父母参保的情况下，相对于患有功能障碍的老年父母，没有患有功能障碍的老年父母，成年子女提供经济供养的边际效应更大，影响更显著。但当老年父母领取一定养老金后，成年子女向患有功能障碍的老年父母提供经济供养的概率依然显著为正，而成年子女向没有患有功能障碍的老年父母提供经济供养的影响效应明显减小。之所以出现上述结果，主要是因为当老年父母患有功能障碍时，其就没有通过提供家庭服务换取成年子女提供的经济供养，但养老金金额并不高，无法充分满足老年父母的养老需求，子女对老年父母，尤其是患有功能障碍的老年父母并不会影响成年子女经济供养行为。这充分说明，新农保政策有效保障了身体健康欠佳老年父母的福利水平。从而本研究分假说 H2c

得到了验证。

表 7 – 24　　　　　基于老年父母身体健康状况的异质性效应分析

	老年父母有功能障碍			老年父母没有功能障碍		
	（1）经济供养状况	（2）经济供养状况	（3）经济供养状况	（4）经济供养状况	（5）经济供养状况	（6）经济供养状况
参加新农保状况	0.0706 *** (0.0150)			0.121 *** (0.0140)		
领取新农保养老金状况		0.0730 *** (0.0171)			0.0959 *** (0.0186)	
领取新农保养老金数额			0.0362 *** (0.0115)			0.0192 ** (0.0083)
控制变量	Yes	Yes	Yes	Yes	Yes	Yes
样本量	3 337	3 337	3 337	4 085	4 085	4 085
Log likelihood	– 1 844.9111	– 1 846.765	– 1 850.4964	– 2 400.4018	– 2 422.9785	– 2 433.5297
LR chi2 （20）	348.94	345.23	337.76	526.48	481.32	460.22
Prob > chi2	0.0000	0.0000	0.0000	0.0000	0.0000	0.0000
Pseudo R^2	0.0864	0.0855	0.0836	0.0988	0.0904	0.0864

注：*** 、** 分别表示在1%、5%的显著性水平，括号中数字代表标准误。为了控制篇幅，故未列出控制变量回归结果，表中系数为 Probit 模型边际效应。

第五，老年父母年龄的异质性效应分析。

本研究按照老年父母年龄，对超过均值的样本划为年龄较大，而低于均值的样本就划为年龄较小。表 7 – 25 回归结果显示，在老年父母参保的情况下，相对于年龄较大的老年父母，年龄较小的老年父母，成年子女提供经济供养的边际效应更大，影响更显著。但当老年父母领取一定养老金后，成年子女向年龄较大的老年父母提供经济供养的概率依然显著为正，而成年子女向年龄较小的老年父母提供经济供养的影响并不显著。出现上述结果，主要是因为当老年父母年龄较大时，其就没有通过提供家庭服务换取成年子女提供的经济供养，但养老金金额并不高，无法充分满足老年父母的养老需求，并不会影响成年子女对老年父母经济供养行为。这充分说明，新农保政策有效保障了年龄较大老年父母的福利水平。从而本研究分假说 H2c 得到了验证。

表 7 - 25　　　　　　　　　基于老年父母年龄的异质性效应分析

	老年父母年龄较大			老年父母年龄较小		
	（1）经济供养状况	（2）经济供养状况	（3）经济供养状况	（4）经济供养状况	（5）经济供养状况	（6）经济供养状况
参加新农保状况	0.0820 *** (0.0141)			0.111 *** (0.0147)		
领取新农保养老金状况		0.0881 *** (0.0140)			0.0813 *** (0.0241)	
领取新农保养老金数额			0.0405 *** (0.0092)			0.0120 (0.0098)
控制变量	Yes	Yes	Yes	Yes	Yes	Yes
样本量	3 429	3 429	3 429	3 993	3 993	3 993
Log likelihood	- 1 767.6238	- 1 764.8711	- 1 773.8749	- 2 473.7087	- 2 495.5772	- 2 500.5638
LR chi2 （20）	280.63	286.13	268.12	430.32	386.58	376.61
Prob > chi2	0.0000	0.0000	0.0000	0.0000	0.0000	0.0000
Pseudo R^2	0.0735	0.0750	0.0703	0.0800	0.0719	0.0700

注：*** 表示在 1% 的显著性水平，括号中数字代表标准误。为了控制篇幅，故未列出控制变量回归结果，表中系数为 Probit 模型边际效应。

第六，基于区域差异的异质性效应分析。

表 7 - 26 回归结果显示，相比于东部、西部地区而言，中部地区老年父母参加新农保对成年子女提供经济供养的概率影响更为显著，回归系数更大。当老年父母领取一定养老金后，相对于东部地区而言，中部地区、西部地区老年父母领取养老金金额对成年子女提供经济供养的概率影响更显著，回归系数更大。但东部地区成年子女提供经济供养的概率受到老年父母领取养老金金额的影响并不显著。总体上来看，在老年父母养老金金额对成年子女提供经济供养决策影响上，东部地区并不显著，反而中部地区和西部地区的成年子女受到的影响更大，更为显著。之所以出现上述结果，归其原因，对于东部地区而言，由于经济发展水平较高，成年子女的收入状况较好，其提供经济供养多出于交换动机，而老年父母参与新农保领取一定的养老金后，会显著增加老年父母养老问题的议价能力，为了换取照料未成年子女等家务帮助，会增加对老年父母经济供养的概率。而对于西部地区而言，由于经济条件较差，收入普遍较低，老年父母的福利水

表7-26　基于区域差异的异质性效应分析

	中部地区			东部地区			西部地区		
	(1) 经济供养状况	(2) 经济供养状况	(3) 经济供养状况	(4) 经济供养状况	(5) 经济供养状况	(6) 经济供养状况	(7) 经济供养状况	(8) 经济供养状况	(9) 经济供养状况
参加新农保状况	0.115*** (0.0164)			0.0933*** (0.0197)			0.0884*** (0.0177)		
领取新农保养老金状况		0.0634*** (0.0199)			0.0974*** (0.0253)			0.107*** (0.0216)	
领取新农保养老金数额			0.0405*** (0.0150)			0.0132 (0.0094)			0.0383*** (0.0126)
控制变量	Yes	Yes	Yes	Yes	Yes	Yes	Yes	Yes	Yes
样本量	2 710	2 710	2 710	2 104	2 104	2 104	2 608	2 608	2 608
Log likelihood	-1 462.2899	-1 480.5999	-1 481.8969	-1 220.9753	-1 224.4709	-1 230.8398	-1 544.3378	-1 544.3752	-1 551.5856
LR chi2 (19)	369.18	332.56	329.97	296.59	289.59	276.86	257.98	257.91	243.49
Prob > chi2	0.0000	0.0000	0.0000	0.0000	0.0000	0.0000	0.0000	0.0000	0.0000
Pseudo R^2	0.1121	0.1010	0.1002	0.1083	0.1057	0.1011	0.0771	0.0771	0.0728

注：***表示在1%的显著性水平，括号中数字代表标准误。为了控制篇幅，故未列出控制变量回归结果，表中系数为 Probit 模型边际效应。

平偏低，养老资源多源自成年子女，成年子女提供经济供养也多出于照料老年父母基本生活等利他动机，虽然父母参加新农保，有一定稳定收入，但由于新农保收入偏低，因此随着西部成年子女外出收入的增加，提高了其提供经济供养的概率。从而本研究分假说 H2d 得到了验证。

7.2.2 老年父母新农保参与对成年子女经济供养程度的影响

（1）基本结果。通过表 7 – 27、表 7 – 28 可以发现，无论是固定效应模型还是工具变量法，老年父母参保行为对成年子女经济供养的影响方向为正，且回归系数在 1% 的统计上显著，充分说明老年父母新农保参与行为有利于提高成年子女经济供养水平，回归结果具有稳定性。比较表 7 – 27、表 7 – 28 两个模型回归结果，运用固定效应模型回归和工具变量法回归得到的结论基本一致，回归系数值也较为接近，区别仅在于回归系数的大小。但固定效应模型尽管通过控制个人、家庭及社区层面的固定效应能够控制不随时间变化的不可观测特征，但无法完全控制随时间变化的不可观测的因素，从而无法充分处理由此产生的内生性问题。在影响效应的具体大小方面，因为工具变量法较好地处理了遗漏变量问题以及反向因果关系产生的内生性问题，工具变量法回归的结果更为可靠。所以笔者主要以工具变量法得到老年父母参保行为对成年子女经济供养行为的影响效应为主进行分析。

表 7 –27　　　　新农保参与对成年子女经济供养程度影响模型
估计结果 I （FE-xttobit）

	（1）经济供养数额	（2）经济供养数额	（3）经济供养数额
参加新农保状况	1559.0 *** (130.47)		
领取新农保养老金状况		1231.7 *** (150.86)	
领取新农保养老金数额			384.5 *** (76.16)
年龄	48.09 *** (15.71)	44.26 *** (15.68)	45.07 *** (15.67)

续表

	（1） 经济供养数额	（2） 经济供养数额	（3） 经济供养数额
性别	24.56 （211.80）	77.45 （210.95）	56.18 （210.73）
受教育程度	114.1*** （21.40）	118.3*** （21.33）	117.8*** （21.33）
是否长子	140.9 （241.99）	175.8 （241.06）	188.8 （240.99）
婚姻状况	-851.7*** （205.98）	-835.8*** （206.10）	-850.5*** （206.23）
收入水平	855.6*** （52.50）	889.7*** （52.47）	893.3*** （52.53）
16周岁以下孩子数量	60.59 （96.24）	53.31 （96.14）	61.88 （96.15）
与父母较少联系	-1 050.3*** （230.39）	-1 119.7*** （230.90）	-1 169.5*** （230.95）
与父母几乎不联系	-1 275.5*** （221.08）	-1 321.3*** （221.32）	-1 372.9*** （221.25）
老年父母平均年龄	-68.20 （93.55）	-197.4** （94.61）	-121.8 （93.84）
老年父母婚姻状况	106.2 （173.61）	76.84 （173.42）	35.34 （174.32）
老年父母受教育程度	-29.87 （28.24）	-28.96 （28.14）	-27.79 （28.12）
老年父母健在子女数	138.0** （60.13）	166.8*** （59.92）	183.1*** （59.87）
是否照顾孙辈	855.5*** （216.07）	902.8*** （216.17）	886.1*** （216.36）
是否患有严重慢性疾病	-15.96 （153.38）	-64.79 （152.61）	-79.01 （152.46）
是否患有 ADL_ IADL 功能障碍	213.5 （141.18）	181.5 （141.42）	193.4 （141.54）
老年父母收入水平	-33.5*** （12.57）	-38.6*** （12.61）	-37.4*** （12.63）

续表

	（1） 经济供养数额	（2） 经济供养数额	（3） 经济供养数额
是否与子女同住	−27.04 （146.91）	−22.39 （146.95）	12.79 （146.93）
中部	330.7* （175.23）	405.8** （174.10）	470.8*** （173.71）
东部	−334.9* （190.68）	−253.2 （189.67）	−281.6 （189.46）
老年父母平均年龄平方项	0.531 （0.7052）	1.328* （0.7097）	0.882 （0.7060）
常数项	−6 199.7** （3 002.22）	−991.5 （3 050.43）	−3 759.0 （3 020.54）
sigma_u	2 705.8*** （96.74）	2 623.0*** （99.44）	2 602.7*** （100.43）
sigma_e	4 473.3*** （64.64）	4 529.1*** （65.64）	4 547.0*** （66.07）
样本量	7 422	7 422	7 422
Log likelihood	−48 012.548	−48 050.645	−48 071.414
Wald chi2（22）	717.62	648.75	610.47
Prob > chi2	0.0000	0.0000	0.0000
Prob > = chibar2	0.000	0.000	0.000

注：***、**、*分别表示在1%、5%和10%的显著性水平，括号中数字代表标准误。

表7−28　　　　新农保参与对成年子女经济供养程度影响模型
估计结果Ⅱ（IVTobit）

	（1） 经济供养数额	（2） 经济供养数额	（3） 经济供养数额（log）
参加新农保状况	2 167*** （226.5）		
领取新农保养老金状况		3 451*** （366.4）	
领取新农保养老金数额			0.590*** （0.0554）
年龄	45.34*** （14.78）	32.39** （15.06）	0.0240* （0.0131）

续表

	（1） 经济供养数额	（2） 经济供养数额	（3） 经济供养数额（log）
性别	3.556 (195.3)	144.7 (198.6)	0.682*** (0.1733)
受教育程度	109.7*** (20.10)	118.9*** (20.39)	0.0619*** (0.0178)
是否长子	105.0 (224.1)	194.4 (227.6)	0.294 (0.1987)
婚姻状况	-935.7*** (203.4)	-929.7*** (206.4)	-0.601*** (0.1801)
收入水平	880.2*** (52.64)	892.1*** (53.24)	0.783*** (0.0459)
16 周岁以下孩子数量	18.91 (91.19)	-54.94 (92.84)	-0.00960 (0.0809)
与父母较少联系	-1 215*** (234.1)	-1 189*** (237.7)	-1.395*** (0.2056)
与父母几乎不联系	-1 257*** (222.3)	-1 150*** (226.5)	-1.603*** (0.1956)
老年父母平均年龄	2.463 (15.50)	-66.15*** (17.27)	-0.0229 (0.0150)
老年父母婚姻状况	49.8 (164.5) 5	-151.4 (168.6)	-0.388*** (0.1480)
老年父母受教育程度	-46.05* (26.20)	-44.45* (26.60)	-0.0389* (0.0231)
老年父母健在子女数	81.11 (56.88)	80.48 (57.75)	0.122** (0.0504)
是否照顾孙辈	918.5*** (213.9)	983.9*** (217.1)	0.941*** (0.1901)
是否患有严重慢性疾病	13.38 (141.3)	-24.88 (143.2)	-0.145 (0.1250)
是否患有 ADL_IADL 功能障碍	158.7 (143.3)	154.1 (145.4)	0.211* (0.1268)

续表

	（1） 经济供养数额	（2） 经济供养数额	（3） 经济供养数额（log）
老年父母收入水平	− 28.9 ** （12.7）	− 32.4 ** （12.9）	− 0.0448 *** （0.0000）
是否与子女同住	− 78.10 （143.8）	− 99.23 （146.1）	− 0.299 ** （0.1273）
中部	279.4 * （161.2）	277.9 * （163.7）	0.381 *** （0.1426）
东部	− 379.6 ** （174.7）	− 208.9 （177.4）	− 0.0251 （0.1544）
常数项	− 8 398 *** （804.8）	− 3 580 *** （916.2）	− 2.091 *** （0.7985）
样本量	7 422	7 422	7 422
Log likelihood	− 51 502.184	− 51 310.513	− 33 839.1
Wald chi2（21）	721.36	699.67	1 009.02
Prob > chi2	0.0000	0.0000	0.0000

注：***、**、*分别表示在1%、5%和10%的显著性水平，括号中数字代表标准误。

表7-28回归方程（1）表明，老年父母参加新农保对成年子女提供经济供养程度的影响为正，且在1%的统计水平上显著，在其他条件不变的前提下，相对于老年父母未参加新农保的成年子女，老年父母参加新农保后，成年子女提供经济供养的金额提高2 167元。回归方程（2）表明，老年父母领取新农保养老金对成年子女提供经济供养程度的影响为正，且在1%的统计水平上显著，在其他条件不变的前提下，相对于老年父母未领取养老金的成年子女，老年父母领取养老金后，成年子女提供经济供养的金额提高3 451元。这是因为现阶段中国新农保养老金收入有限，不足以支撑老年父母独立生活，所以在老人获得养老金后，成年子女并没有减少对父母的经济支持。但老年父母参保领取养老金后，在一定程度上缓解了老年人的经济压力，可以减少老年父母的劳动参与，增加了其闲暇的时间。由于"隔代亲"等情感因素的存在，当老年父母收入增加后，也有能力给孙辈提供一定的零花钱和教育投入，同时也有更多时间帮助成年子女照料未成年孩子，尤其是未同住子女多选择外出就业，毕竟减少了对父母

的日常照料，出于家庭成员交换动机，成年子女会相应增加对留守在家为自己照顾子女的老人经济支持作为补偿。因此，老年父母新农保参与"挤入"了成年子女对老年父母的经济供养。

成年子女提供经济供养程度模型中控制变量的相关系数也报告在表 7 - 28 中。对于控制变量，我们可以看出，成年子女的年龄、教育程度对成年子女提供经济供养总额在 1% 的水平上产生显著为正的影响。随着成年子女年龄的增加，其提供经济供养的金额也在逐步提高。原因在于随着成年子女年龄的增长，一方面，对"养儿防老"的观念越有同感，特别是结婚生子后，也会越来越意识到父母的恩情；另一方面，老年父母的年龄也在增长，来源于子女的供养越来越成为其主要收入来源。此外，在其他条件不变时，成年子女教育程度的增加，成年子女提供经济供养的总额显著增加，可以认为是教育程度高，其获得的收入相对也会高，相应能提供的经济供养程度就越高，其实也可认为是成年子女对老年父母给自己提供教育投资的一种回报。

从成年子女社会经济特征来看，成年子女的收入评分对成年子女提供经济供养总额具有显著的正向影响。回归结果显示，假定其他因素保持不变，随着老年父母对成年子女收入评分越高，成年子女提供经济供养总额越多，这一结果充分解释了成年子女的经济状况是影响其提供经济供养程度的重要因素。而成年子女的婚姻状况对向老年父母提供经济供养总额在 1% 统计水平上产生显著的负向作用。相对于未婚、离婚和丧偶的成年子女来说，已婚且与配偶同住的成年子女给老父母提供经济供养总额减少。在其他条件不变的情况下，已婚且与配偶同住的成年子女相比于其他未婚、离婚和丧偶的成年子女给老年父母提供经济供养总额显著减少。究其原因，主要是已婚的成年子女有自己的核心家庭需要维系，且夫妻之间存在议价能力问题，不能只由成年子女一人决定提供给其老年父母多少经济供养。

此外，成年子女与老年父母的感情也显著影响其提供经济供养的总额，且方向为正。相比与老年父母经常联系的成年子女，与老年父母较少联系的以及几乎不联系的成年子女提供经济供养的总额显著减少。当其他条件保持不变的情况下，老年父母领取养老金后，相比于经常联系的成年子女而言，较少联系的成年子女提供经济供养总额减少 1 215 元，几乎不联系的成年子女提供经济供养总额减少 1 257 元，且在 1% 的统计水平上显著。上述结果充分表明，成年子女与老年父母的情感亲近度对其提供经济供养程度具有显著影响。

从老年父母角度来看，老年父母是否帮助成年子女照顾其未成年孩子对成年子女提供经济供养总额在 1% 的统计水平产生显著的正向影响。回归结果显示，在其他因素保持不变的情况下，老年父母帮助照料子女未成年孩子，成年子女提供经济供养规模就显著增加。当老年父母参加新农保领取一定养老金后，相对于老年父母未帮助照料孩子的成年子女，获得老年父母照料孩子的成年子女提供经济供养总额增长 918.5 元，也在一定程度上表明成年子女与老年父母之间存在一定的交换行为，成年子女可能会因为老年父母帮助照顾小孩、料理家务而给予老年父母经济上的支持。此外，老年父母受教育程度与成年子女经济供养程度呈现显著的负向关系，在其他因素不变的情况下，老年父母平均受教育年数每增加一年，成年子女提供经济供养总额就减少 46.05 元。至于原因，主要是教育程度较高的老年父母，一般收入来源更为广泛，新农保收入所占比重不高，并不会显著影响成年子女经济供养行为。此外，老年父母的收入水平也显著负向影响成年子女经济供养金额。

从区域的角度来看，相对于西部地区而言，中部地区的成年子女提供供养的总额显著增加，当老年父母参加新农保后，中部地区的成年子女经济供养增加 279.4 元，且在 10% 的统计水平上显著，可能的解释是中部地区成年子女外出务工比例较高，因为常年在外，日常无法照料父母，通过提供经济支持的方式来替代日常的时间照料，以补偿老年父母在其外出时对家务、照料孩子提供的帮助。但相对于西部地区而言，老年父母新农保参与显著减少了东部地区成年子女的经济供养水平。

为了进一步分析老年父母新农保养老金领取金额对成年子女经济供养程度的边际影响，我们对"老年父母新农保养老金领取额度"取对数作为主要自变量，考察其对因变量"成年子女经济供养总额对数值"的影响，回归系数即代表边际弹性，结果见表 7-28 第（3）列。表 7-28 第（3）列的回归结果显示，在控制了成年子女、老年父母相关个体社会经济特征和区域因素后，参加新农保老年父母领取养老金金额越高时，成年子女提供经济供养的金额就越高，且在 1% 统计水平上显著。从边际弹性系数来看，老年父母过去一年领取养老金金额每增加 1%，成年子女年度提供经济供养的金额就增加 0.59%。根据边际弹性系数数值，我们可以进一步计算出新农保养老金对成年子女边际效应水平。以 2011 年实际领取的养老金均值 162.08 元及成年子女提供经济供养的金额均值 719.91 元为基准换算可得，当老年父母年度领取新农保养老金每增加一元，成年子女同期提供经济供养的金额就增加 2.62 元。换言之，当老年父母参保领取养老金后，成年子女提供经济供养增加对养老金的边际"挤入效应"为 262%，老年父母参保后，其福利水平得到显著提升。

对于控制变量，多数与本部分前面方向一致，只是具体的回归系数大小稍有差别，此部分笔者重点分析与前面结果不同的且影响显著的控制变量。老年父母的健在子女数也显著影响成年子女提供的经济供养总额，且在 5% 的统计水平显著为正。回归结果表明，在其他条件保持不变的情况下，随着老年父母健在子女数的增加，成年子女提供经济供养的总额也在增长，可能的解释是成年子女之间存在一定养老分工和攀比心理，随着其中一个成年子女提供经济供养的总额在增长，其他子女一般也会增加经济供养规模。此外，老年父母的健康状况对成年子女提供经济供养总额产生显著的影响。当老年父母患有 ADL_IADL 功能障碍时，需要由专人照料，且时间、经济成本较高，作为成年子女一般会增加对其患病老年父母的经济供养规模。

综上所述，农村老年父母新农保参与行为，会显著提高成年子女提供经济供养规模，从而本研究假说 H2 得到了验证。

（2）样本异质性分析。针对不同特征的成年子女及其老年父母与成年子女经济供养程度关系的分析将有助于细化分析，识别不同群体的差异性，进一步探讨具体不同特征的成年子女经济供养程度受老年父母新农保参与行为的影响，也有助于未来相关社会保障政策制定的目标选择。

第一，成年子女性别的异质性效应分析。

从表 7 - 29 可以看出，在老年父母新农保参与的情况下，相比于女儿，儿子提供经济供养的金额更大，影响效应更显著。之所以出现上述结果，主要是受到传统社会养老方式的影响，儿子在赡养父母中承担更多的义务，女儿主要协助丈夫赡养公婆。从而本研究分假说 H2a 得到了验证。

表7-29 　　　　　　　　**基于成年子女性别差异的异质性效应分析**

	女儿			儿子		
	（1） 经济供养 数额	（2） 经济供养 数额	（3） 经济供养 数额	（4） 经济供养 数额	（5） 经济供养 数额	（6） 经济供养 数额
参加新农保状况	991.9*** （121.0）			1 734*** （298.8）		
领取新农保养老金 状况		656.2*** （136.7）			1 614*** （340.9）	
领取新农保养老金 数额			137** （61.00）			856*** （211.0）
控制变量	Yes	Yes	Yes	Yes	Yes	Yes
样本量	4 440	4 440	4 440	2 982	2 982	2 982
Log likelihood	-28 371.298	-28 393.659	-28 402.71	-19 198.025	-19 203.713	-19 206.718
LR chi2 (19)/(20)	456.03	411.31	393.20	358.30	346.92	340.91
Prob > chi2	0.0000	0.0000	0.0000	0.0000	0.0000	0.0000
Pseudo R^2	0.0080	0.0072	0.0069	0.0092	0.0090	0.0088

　　注： ***、**分别表示在1%、5%的显著性水平，括号中数字代表标准误。系数均为 Tobit 模型回归结果，为了控制篇幅，故未列出控制变量回归结果。

　　第二，成年子女收入水平的异质性效应分析。

　　本研究按照成年子女收入等级，对超过均值的样本划为收入水平较高，而低于均值的样本就划为收入水平较低。表7-30回归结果显示，相较于收入水平较低的成年子女，收入水平较高的成年子女，其老年父母新农保参与行为对其经济供养程度决策的影响更明显，回归系数更大。由此可见，老年父母新农保参与主要影响收入较高子女经济供养程度的决策。究其原因，笔者认为对于收入水平较高的成年子女，其向老年父母提供经济供养多出于对养老责任承担利他动机，加上老年父母参加新农保及其收入相对有限，基本上不会影响其提供经济供养的决策；反而在老年父母参保并获取一定收入后，其可掌握的议价资源就会增加，为了换取相应家庭服务，其就会增加对老年父母的经济供养额度。从而本研究分假说 H2b 得到了验证。

表 7 - 30　　　　　　　基于成年子女收入水平的异质性效应分析

	成年子女收入水平高			成年子女收入水平低		
	（1）经济供养数额	（2）经济供养数额	（3）经济供养数额	（4）经济供养数额	（5）经济供养数额	（6）经济供养数额
参加新农保状况	1 703 ***(247. 5)			814. 1 ***(104. 3)		
领取新农保养老金状况		1 268 ***(272. 6)			602. 8 ***(122. 7)	
领取新农保养老金数额			312 ***(116. 0)			287 ***(77. 6)
控制变量	Yes	Yes	Yes	Yes	Yes	Yes
样本量	3 676	3 676	3 676	3 746	3 746	3 746
Log likelihood	− 27 178. 988	− 27 191. 966	− 27 199. 221	− 20 334. 61	− 20 353. 185	− 20 358. 47
LR chi2 （20）	181. 05	155. 09	140. 58	238. 04	200. 89	190. 32
Prob > chi2	0. 0000	0. 0000	0. 0000	0. 0000	0. 0000	0. 0000
Pseudo R^2	0. 0033	0. 0028	0. 0026	0. 0058	0. 0049	0. 0047

注：*** 表示在 1% 的显著性水平，括号中数字代表标准误。系数均为 Tobit 模型回归结果，为了控制篇幅，故未列出控制变量回归结果。

第三，老年父母教育程度的异质性效应分析。

表 7 - 31 回归结果显示，相比于老年父母教育程度高，老年父母教育程度较低时，新农保参与对成年子女经济供养程度决策的影响更显著，回归系数更大；但当老年父母教育程度较高时，新农保参与对成年子女经济供养程度的影响均不显著。至于原因，主要是教育程度较高的老年父母，一般收入来源更为广泛，新农保收入所占比重不高，并不会显著影响成年子女经济供养行为。但在老年父母教育程度较低时，有别于教育程度较高，许多变量的回归系数及显著性都发生变化，这说明主要提高了教育程度低的农村老年父母获取经济供养的金额。

表 7 - 31　　　　　　　基于老年父母教育程度的异质性效应分析

	老年父母教育程度高			老年父母教育程度低		
	（1）经济供养数额	（2）经济供养数额	（3）经济供养数额	（4）经济供养数额	（5）经济供养数额	（6）经济供养数额
参加新农保状况	1 733 ***(273. 1)			1 226 ***(160. 3)		

续表

	老年父母教育程度高			老年父母教育程度低		
	（1）经济供养数额	（2）经济供养数额	（3）经济供养数额	（4）经济供养数额	（5）经济供养数额	（6）经济供养数额
领取新农保养老金状况		1 209 ***（368.1）			1 046 ***（171.7）	
领取新农保养老金数额			192（154.0）			375 ***（90.5）
控制变量	Yes	Yes	Yes	Yes	Yes	Yes
样本量	2 388	2 388	2 388	5 034	5 034	5 034
Log likelihood	− 14 370.896	− 14 385.785	− 14 390.44	− 33 722.709	− 33 733.594	− 33 743.622
LR chi2 (20)	287.06	257.28	247.97	486.07	464.31	444.25
Prob > chi2	0.0000	0.0000	0.0000	0.0000	0.0000	0.0000
Pseudo R^2	0.0099	0.0089	0.0085	0.0072	0.0068	0.0065

注： *** 表示在1%的显著性水平，括号中数字代表标准误。系数均为 Tobit 模型回归结果，为了控制篇幅，故未列出控制变量回归结果。

第四，老年父母身体健康状况的异质性效应分析。

表 7 - 32 回归结果显示，在老年父母参保的情况下，相对于患有功能障碍的老年父母，没有功能障碍的老年父母对成年子女经济供养程度影响效应更大，更显著。但当老年父母领取一定养老金后，成年子女向患有功能障碍的老年父母提供经济供养的概率依然显著为正，而成年子女向没有患有功能障碍的老年父母提供经济供养的影响效应明显减小。之所以出现上述结果，主要是当老年父母患有功能障碍时，其就没有通过提供家庭服务换取成年子女提供的经济供养，但养老金金额并不高，无法充分满足老年父母的养老需求，子女对老年父母，尤其是患有功能障碍的老年父母并不会影响成年子女经济供养金额。这充分说明，新农保政策有效保障了身体健康欠佳老年父母的福利水平。从而本研究分假说 H2c 得到了验证。

表 7 - 32　　　　基于老年父母身体健康状况的异质性效应分析

	老年父母有功能障碍			老年父母没有功能障碍		
	（1）经济供养数额	（2）经济供养数额	（3）经济供养数额	（4）经济供养数额	（5）经济供养数额	（6）经济供养数额
参加新农保状况	862.7 ***（132.2）			1 820 ***（232.9）		

续表

	老年父母有功能障碍			老年父母没有功能障碍		
	（1）经济供养数额	（2）经济供养数额	（3）经济供养数额	（4）经济供养数额	（5）经济供养数额	（6）经济供养数额
领取新农保养老金状况		843.5 ***（142.1）			1 292 ***（278.7）	
领取新农保养老金数额			436 ***（83.3）			243 **（121.0）
控制变量	Yes	Yes	Yes	Yes	Yes	Yes
样本量	3 337	3 337	3 337	4 085	4 085	4 085
Log likelihood	−21 645.329	−21 649.087	−21 653.087	−26 054.247	−26 074.278	−26 083.035
LR chi2（20）	414.87	407.35	399.35	424.79	384.73	367.21
Prob > chi2	0.0000	0.0000	0.0000	0.0000	0.0000	0.0000
Pseudo R^2	0.0095	0.0093	0.0091	0.0081	0.0073	0.0070

注：*** 、** 分别表示在 1% 、5% 的显著性水平，括号中数字代表标准误。系数均为 Tobit 模型回归结果，为了控制篇幅，故未列出控制变量回归结果。

第五，老年父母年龄的异质性效应分析。

本研究按照老年父母年龄，对超过均值的样本划为年龄较大，而低于均值的样本就划为年龄较小。表 7 - 33 回归结果显示，在老年父母参保的情况下，相对于年龄较大的老年父母，年龄较小的老年父母，成年子女经济供养程度影响效应更大，影响更显著。但当老年父母领取一定养老金后，成年子女向年龄较大的老年父母经济供养金额依然显著为正，而成年子女向年龄较小的老年父母提供经济供养程度的影响并不显著。之所以出现上述结果，主要是当老年父母年龄较大时，其就没有通过提供家庭服务换取成年子女提供的经济供养，但养老金金额并不高，无法充分满足老年父母的养老需求，并不会影响成年子女对老年父母经济供养程度行为。这充分说明，新农保政策有效保障了年龄较大老年父母的福利水平。从而本研究分假说 H2c 得到了验证。

表 7 - 33　　　　　　基于老年父母年龄的异质性效应分析

	老年父母年龄较大			老年父母年龄较小		
	（1）经济供养数额	（2）经济供养数额	（3）经济供养数额	（4）经济供养数额	（5）经济供养数额	（6）经济供养数额
参加新农保状况	1 268 ***（186.6）			1 514 ***（205.4）		

续表

	老年父母年龄较大			老年父母年龄较小		
	(1) 经济供养 数额	(2) 经济供养 数额	(3) 经济供养 数额	(4) 经济供养 数额	(5) 经济供养 数额	(6) 经济供养 数额
领取新农保养老 金状况		1 303 *** (184.6)			781.5 *** (297.7)	
领取新农保养老 金数额			526 *** (104.0)			139 (122.0)
控制变量	Yes	Yes	Yes	Yes	Yes	Yes
样本量	3 429	3 429	3 429	3 993	3 993	3 993
Log likelihood	− 24 449.831	− 24 447.992	− 24 460.274	− 23 622.546	− 23 646.507	− 23 649.314
LR chi2 (20)	310.43	314.11	289.54	479.22	431.29	425.68
Prob > chi2	0.0000	0.0000	0.0000	0.0000	0.0000	0.0000
Pseudo R^2	0.0063	0.0064	0.0059	0.0100	0.0090	0.0089

注：*** 表示在 1% 的显著性水平，括号中数字代表标准误。系数均为 Tobit 模型回归结果，为了控制篇幅，故未列出控制变量回归结果。

第六，基于区域差异的异质性效应分析。

表 7 - 34 回归结果显示，相比于东部、西部地区而言，中部地区老年父母参加新农保对成年子女经济供养的金额影响更为显著。当老年父母领取一定养老金后，相对于东部地区而言，中部、西部地区老年父母领取养老金金额对成年子女提供经济供养金额影响更显著，回归系数更大。但东部地区成年子女提供经济供养的金额受老年父母领取养老金金额的影响并不显著。总体上来看，在老年父母养老金金额对成年子女提供经济供养决策影响上，东部地区并不显著，反而中部地区和西部地区的成年子女受到的影响更大，更为显著。

之所以出现上述结果，可能是由于东部地区经济发展水平较高，成年子女的收入状况较好，其提供经济供养多出于交换动机，而老年父母参与新农保领取一定的养老金后，会显著增加老年父母养老问题的议价能力，为了换取照料未成年子女等家务帮助，会增加对老年父母经济供养的金额。而对于西部地区而言，由于经济条件较差，收入普遍较低，老年父母的福利水平偏低，养老资源多源自成年子女，成年子女提供经济供养也多出于照料老年父母基本生活等利他动机，虽然父母参加新农保，有一定稳

表 7 - 34　　基于区域差异的异质性效应分析

	中部地区			东部地区			西部地区		
	(1) 经济供养数额	(2) 经济供养数额	(3) 经济供养数额	(4) 经济供养数额	(5) 经济供养数额	(6) 经济供养数额	(7) 经济供养数额	(8) 经济供养数额	(9) 经济供养数额
参加新农保状况	1 739*** (284.3)			1 174*** (217.9)			1 179*** (188.5)		
领取新农保养老金状况		1 201*** (312.3)			994.2*** (255.2)			936.0*** (216.6)	
领取新农保养老金数额			806*** (220.0)			147 (93.5)			268** (111.0)
控制变量	Yes	Yes	Yes	Yes	Yes	Yes	Yes	Yes	Yes
样本量	2 710	2 710	2 710	2 104	2 104	2 104	2 608	2 608	2 608
Log likelihood	-18 803.559	-18 815.038	-18 815.734	-12 941.811	-12 948.817	-12 955.202	-16 170.378	-16 180.694	-16 187.173
LR chi2 (19)	328.94	305.98	304.59	262.13	248.12	235.35	207.31	186.68	173.72
Prob > chi2	0.0000	0.0000	0.0000	0.0000	0.0000	0.0000	0.0000	0.0000	0.0000
Pseudo R^2	0.0087	0.0081	0.0080	0.0100	0.0095	0.0090	0.0064	0.0057	0.0053

注：***、**分别表示在 1%、5% 的显著性水平，括号中数字代表标准误。系数均为 Tobit 模型回归结果，为了控制篇幅，故未列出控制变量回归结果。

定收入，但由于新农保收入偏低，因此随着西部成年子女外出收入的增加，提高了其提供经济供养的金额。从而本研究分假说 H2d 得到了验证。

7.2.3　老年父母新农保参与对成年子女经济供养形式的影响

（1）基本结果。通过表 7 - 35、表 7 - 36 可以发现，无论是固定效应模型还是工具变量法，老年父母参保行为对成年子女经济供养形式的影响方向为正，且回归系数在 1% 的统计上显著，充分说明老年父母新农保参与行为有利于提高成年子女经济供养水平，回归结果具有稳定性。比较表 7 - 35、表 7 - 36 两个模型回归结果，运用固定效应模型和工具变量法得到的结论基本一致，回归系数值也较为接近，区别仅在于回归系数的大小。但固定效应模型尽管通过控制个人、家庭及社区层面的固定效应能够控制不随时间变化的不可观测特征，但无法完全控制随时间变化的不可观测的因素，从而无法充分处理由此产生的内生性问题。在影响效应的具体大小方面，因为工具变量法较好地处理了遗漏变量问题以及反向因果关系产生的内生性问题，工具变量法回归的结果更为可靠。所以笔者主要以工具变量法得到老年父母参保行为对成年子女经济供养形式的影响效应为主进行分析。

表 7 - 35　　　　新农保参与对成年子女经济供养形式影响模型
估计结果 I （FE-xttobit）

	（1） 经济供养形式	（2） 经济供养形式	（3） 经济供养形式
参加新农保状况	0.438 *** （0.0234）		
领取新农保养老金状况		0.356 *** （0.0260）	
领取新农保养老金数额			0.105 *** （0.0120）
年龄	0.00874 *** （0.0024）	0.00774 *** （0.0024）	0.00786 *** （0.0024）
性别	0.257 *** （0.0324）	0.270 *** （0.0325）	0.261 *** （0.0326）

	（1） 经济供养形式	（2） 经济供养形式	（3） 经济供养形式
受教育程度	− 0.00201 （0.0032）	− 0.000615 （0.0032）	− 0.000899 （0.0032）
是否长子	0.0523 （0.0373）	0.0620 * （0.0375）	0.0638 * （0.0376）
婚姻状况	0.0925 *** （0.0334）	0.101 *** （0.0336）	0.0966 *** （0.0337）
收入水平	0.0399 *** （0.0082）	0.0468 *** （0.0083）	0.0474 *** （0.0083）
16 周岁以下孩子数量	0.00735 （0.0148）	0.00563 （0.0149）	0.00818 （0.0149）
与父母较少联系	− 0.203 *** （0.0383）	− 0.215 *** （0.0386）	− 0.225 *** （0.0387）
与父母几乎不联系	− 0.132 *** （0.0351）	− 0.146 *** （ − 0.0354）	− 0.160 *** （0.0355）
老年父母平均年龄	− 0.0202 （0.0134）	− 0.0624 *** （0.0140）	− 0.0359 *** （0.0138）
老年父母婚姻状况	0.0577 ** （0.0267）	0.0448 * （0.0269）	0.0319 （0.0271）
老年父母受教育程度	0.000836 （0.0042）	0.000270 （0.0042）	0.000715 （0.0042）
老年父母健在子女数	0.0200 ** （0.0090）	0.0262 *** （0.0090）	0.0295 *** （0.0090）
是否照顾孙辈	− 0.0181 （0.0349）	− 0.00707 （0.0350）	− 0.0122 （0.0352）
是否患有严重慢性疾病	− 0.0441 * （0.0226）	− 0.0543 ** （0.0226）	− 0.0566 ** （0.0227）
是否患有 ADL_IADL 功能障碍	0.0149 （0.0228）	0.0110 （0.0229）	0.0160 （0.0230）
老年父母收入水平	− 0.00250 （0.0020）	− 0.00348 * （0.0020）	− 0.00341 * （0.0020）
是否与子女同住	0.0294 （0.0028）	0.0291 （0.0230）	0.0371 （0.0231）

续表

	（1） 经济供养形式	（2） 经济供养形式	（3） 经济供养形式
中部	− 0. 00320 （0. 0258）	0. 0191 （0. 0258）	0. 0401 （0. 0258）
东部	0. 0732 *** （0. 0277）	0. 0944 *** （0. 0278）	0. 0857 *** （0. 0279）
老年父母平均年龄平方项	0. 000168 * （0. 0001）	0. 000431 *** （0. 0001）	0. 000268 *** （0. 0001）
常数项	− 0. 771 * （0. 4373）	0. 919 ** （0. 4508）	− 0. 0235 （0. 4458）
sigma_u	0. 109 * （0. 0660）	8. 03e − 17 （0. 0847）	1. 26e − 16 （0. 0536）
sigma_e	0. 753 *** （0. 0151）	0. 772 *** （0. 0122）	0. 777 *** （0. 0123）
样本量	7 422	7 422	7 422
Log likelihood	− 5 559. 7101	− 5 652. 8203	− 5 711. 5956
Wald chi2 （22）	630. 08	497. 22	398. 08
Prob > chi2	0. 0000	0. 0000	0. 0000
Prob ≥ chibar2	0. 204	1. 000	1. 000

注： *** 、 ** 、 * 分别表示在1%、5%和10%的显著性水平，括号中数字代表标准误。

表7 - 36　　　　　新农保参与对成年子女经济供养形式影响模型
估计结果Ⅱ（IVTobit）

	（1） 经济供养形式	（2） 经济供养形式	（3） 经济供养形式 （log）
参加新农保状况	0. 633 *** （0. 0383）		
领取新农保养老金状况		1. 014 *** （0. 0639）	
领取新农保养老金数额			0. 105 *** （0. 0065）
年龄	0. 00845 *** （0. 00236）	0. 00471 * （0. 00250）	0. 00316 * （0. 0018）
性别	0. 256 *** （0. 0323）	0. 297 *** （0. 0340）	0. 216 *** （0. 0243）

续表

	（1） 经济供养形式	（2） 经济供养形式	（3） 经济供养形式（log）
受教育程度	- 0.00237 （0.00319）	0.000437 （0.00336）	0.000597 （0.0024）
是否长子	0.0492 （0.0373）	0.0752 * （0.0392）	0.0582 ** （0.0279）
婚姻状况	0.0903 *** （0.0334）	0.0925 *** （0.0351）	0.0620 ** （0.0250）
收入水平	0.0337 *** （0.00823）	0.0372 *** （0.00863）	0.0280 *** （0.0062）
16 周岁以下孩子数量	0.00293 （0.0146）	- 0.0186 （0.0154）	- 0.0124 （0.0110）
与父母较少联系	- 0.192 *** （0.0385）	- 0.184 *** （0.0404）	- 0.137 *** （0.0288）
与父母几乎不联系	- 0.109 *** （0.0353）	- 0.0790 ** （0.0372）	- 0.0605 ** （0.0266）
老年父母平均年龄	0.00182 （0.00247）	- 0.0186 *** （0.00289）	- 0.0130 *** （0.0021）
老年父母婚姻状况	0.0517 * （0.0264）	- 0.00942 （0.0281）	- 0.0259 （0.0202）
老年父母受教育程度	0.000629 （0.00418）	0.00102 （0.00440）	0.000587 （0.0031）
老年父母健在子女数	0.0134 （0.00901）	0.0131 （0.00951）	0.00946 （0.0068）
是否照顾孙辈	- 0.0236 （0.0350）	- 0.000990 （0.0367）	0.000491 （0.0262）
是否患有严重慢性疾病	- 0.0391 * （0.0226）	- 0.0510 ** （0.0238）	- 0.0378 ** （0.0169）
是否患有 ADL_ IADL 功能障碍	0.0160 （0.0229）	0.0162 （0.0241）	0.0127 （0.0172）
老年父母收入水平	- 0.0020 （0.0020）	- 0.0031 （0.0021）	- 0.00242 （ - 0.0015）

续表

	（1） 经济供养形式	（2） 经济供养形式	（3） 经济供养形式（log）
是否与子女同住	0.0273 （0.0228）	0.0214 （0.0240）	0.0163 （0.0171）
中部	−0.0234 （0.0260）	−0.0237 （0.0273）	−0.0147 （0.0194）
东部	0.0674 ** （0.0277）	0.115 *** （0.0292）	0.0801 *** （0.0209）
常数项	−1.511 *** （0.132）	−0.0844 （0.153）	−0.0577 （0.1093）
样本量	7 422	7 422	7 422
Log likelihood	−8 929.6139	−8 770.0549	−22 340.277
Wald chi2（21）	564.48	518.36	535.52
Prob > chi2	0.0000	0.0000	0.0000

注：*** 、** 、* 分别表示在1%、5%和10%的显著性水平，括号中数字代表标准误。

从表7-36的第（1）列模型回归结果来看，老年父母参加新农保对成年子女提供经济供养形式具有显著的影响，且在1%的统计水平上呈正向关系。老年父母任一方参加新农保后，成年子女以实物形式提供经济供养的比例增长63.3%。第（2）列模型回归结果显示，老年父母领取养老金对成年子女提供经济供养形式具有显著的正向影响。老年父母任一方领取养老金，成年子女以实物形式提供经济供养比重增长101.4%。第（3）列模型回归结果表明，老年父母新农保养老金收入金额显著影响成年子女提供经济供养的形式，且在1%的水平显著。老年父母新农保养老金收入每增加1%，成年子女以实物形式提供经济供养比重增加10.5%。因此，老年父母新农保参与行为显著影响了成年子女提供经济供养的形式，大大"挤入"了成年子女实物供养总额和比重。究其原因，主要是由于老年父母参加新农保，其相应的养老金是以现金的形式发放。对于老年父母来说，参加新农保就意味着老年父母有一笔稳定的现金收入。基于此，成年子女多会加大实物供养的比重。从而本研究假说H2得到了验证。

成年子女经济供养形式模型的回归结果表7-36中也报告了控制变量的相关系数及标准误。从成年子女相关特征变量来看，成年子女的年龄、性别对成年子女提供经济供养的形式产生影响，且在 1% 的统计水平上显著为正。回归结果显示，在其他条件保持不变的情况下，随着成年子女年龄的增长，采取实物形式供养的比例在显著增长。当老年父母参加新农保后，成年子女每增加一岁，其以实物形式供养的比重就提高 0.8%。上述结果可能的解释是随着成年子女年龄的增长，父母的年龄也在增长，由于农村距离集市相对偏远，老年人就算有现金也不太方便去购买，因此，成年子女会逐步提高实物供养的比重。相对于儿子而言，女儿以实物形式供养的比重显著提高。当老年父母领取养老金后，相对于儿子，女儿以实物形式供养的比重增长近 30%。这种结果的出现正好也说明传统养老规范在农村仍会产生显著影响，因为在广大农村儿子承担更多的养老负担，相对于儿子，女儿以实物形式供养的比重会较高。

成年子女的婚姻状况也显著正向影响成年子女提供经济供养的形式。从表 7 - 36 第（2）、第（3）列回归结果来看，在其他因素保持不变的情况下，相对于未婚、离异、丧偶等其他婚姻情况的成年子女，已婚且与配偶居住的成年子女以实物形式供养的比重增加 9%。成年子女收入水平对成年子女提供经济供养的形式产生具有显著为正的影响。回归结果表明，假定其他因素保持不变，随着成年子女收入等级的提升，成年子女以实物形式供养的比重也在逐步提升。老年父母领取一定额度的养老金后，成年子女收入每提高一个等级，其以实物形式供养的比重就提高 3%。出现上述结果，可能的解释是，当成年子女收入水平较低时，成年子女受到的经济约束较强，作为不同住的成年子女，在相同的供养水平下，购买、邮寄实物的成本更高，因此，其更愿意选择提供现金的形式赡养老年父母。而当收入水平逐步提高，成年子女受到的经济约束就得到缓解，相对容易负担得起购买、邮寄实物的成本，更有选择的空间决定供养形式，而在老年父母新农保参与行为增加了其现金收入，故成年子女选择实物供养的比重得以提高。

此外，成年子女与父母的联系频次也相应影响成年子女提供经济供养的形式，且在 1% 的统计水平上显著为负。从回归结果来看，相对于与老年父母经常联系的成年子女，较少以及几乎不与老年父母联系的成年子女以实物形式供养的比重在显著减少。在其他条件保持不变时，当老年父母参加新农保后，相对于与老年父母经常联系的成年子女，较少与老年父母联系的成年子女以实物形式供养的比重降低了 19.2%，而平时几乎不与老年父母联系的成年子女以实物形式供养的比重降低到了 10.9%。上述结果表明，成年子女与老年父母的情感亲近度显著影响成年子女经济供养形式。之所以出现上述结果，主要是相对于平时与老年父母经常联系的成年子女而言，较少联系以及几乎不联系的成年子女不了解老年父母的日常需求，因此多采取提供现金的方式赡养老年父母。

从老年父母相关特征变量来看，老年父母的年龄、健在子女数均显著影响成年子女经济供养形式。结果显示，当其他条件保持不变时，老年父母的平均年龄与成年子女实物形式供养比重呈现负向关系，且在 1% 的统计水平上显著，老年父母平均年龄每增加一岁，成年子女以实物形式供养的比重就降低 1.8%，可能的原因是随着老年父母年龄的增加，身体状况将会不断变化，尤其是更容易生病，需要更多的现金用于各类医疗服务开支，故成年子女会随着老人年龄的增加，对其现金供养也在增加。

从区域的角度来看，相对于西部地区而言，老年父母参保后，东部地区成年子女采取实物形式供养比重显著提高；但中部地区成年子女采取实物形式供养比重出现下降，但统计上并不显著。可能的解释是东部地区成年子女发生迁移的概率不高，多留在父母身边照料，故对父母照料多以实物形式为主，而中部地区成年子女外出务工比例较高，因为常年在外，日常无法照料父母，通过提供经济支持的方式来替代。

此外，通过回归结果可以发现，老年父母是否帮忙照顾未成年孩子、父母收入水平等变量会降低成年子女以实物形式供养的比例，但不具有统计显著性。

（2）样本异质性分析。针对不同特征的成年子女及其老年父母与成年子女提供经济供养形式关系的分析将有助于细化分析，识别不同群体的差异性，进一步探讨具体不同特征的成年子女提供经济供养形式受老年父母新农保参与行为的影响，也有助于未来相关社会保障政策制定的目标选择。

第一，成年子女性别的异质性效应分析。

从表 7-37 可以看出，相对于儿子，老年父母参加新农保后，女儿以实物形式提供经济供养比重略高；但当老年父母领取一定养老金后，儿子以实物形式提供经济供养比重高于女儿。这主要是因为新农保制度以现金的方式发放，因此在老年父母领取一定养老金后，改变了成年子女经济供养的形式，逐步提高以实物形式提供经济供养的比重。从而本研究分假说H2a 得到了验证。

表 7 - 37　　　　　　　基于成年子女性别差异的异质性效应分析

	女儿			儿子		
	(1) 经济供养形式	(2) 经济供养形式	(3) 经济供养形式	(4) 经济供养形式	(5) 经济供养形式	(6) 经济供养形式
参加新农保状况	0.454*** (0.0285)			0.400*** (0.0396)		
领取新农保养老金状况		0.335*** (0.0314)			0.337*** (0.0432)	
领取新农保养老金数额			0.0851*** (0.0133)			0.158*** (0.0261)
控制变量	Yes	Yes	Yes	Yes	Yes	Yes
样本量	4 440	4 440	4 440	2 982	2 982	2 982
Log likelihood	-3 559.4974	-3 636.6751	-3 674.3005	-1 992.6109	-2 016.2394	-2 029.3365
LR chi2 (19)/(20)	391.62	237.27	162.02	229.44	182.19	155.99
Prob > chi2	0.0000	0.0000	0.0000	0.0000	0.0000	0.0000
Pseudo R^2	0.0521	0.0316	0.0216	0.0544	0.0432	0.0370

注：***表示在 1% 的显著性水平，括号中数字代表标准误。系数均为 Tobit 模型回归结果，为了控制篇幅，故未列出控制变量回归结果。

第二，成年子女收入水平的异质性效应分析。

本研究按照成年子女收入等级，对超过均值的样本划为收入水平较高，而低于均值的样本就划为收入水平较低。表 7 - 38 回归结果显示，相对于收入水平较高的成年子女，老年父母新农保参与对收入水平较低的成年子女以实物形式提供经济供养比重的影响更为显著，回归系数也更大。之所以出现上述结果，可能的解释是当老年父母参加新农保领取一定的养老金后，对于低收入水平的成年子女，其收入本来就低，现金流较为紧张，故此转以粮食等实物形式提供经济供养；而高收入水平的成年子女受此方面的约束就较小，因此，其以实物形式提供经济供养比重就比较低。从而本研究分假说 H2b 得到了验证。

表 7 – 38　　　　　　　基于成年子女收入水平的异质性效应分析

	成年子女收入水平高			成年子女收入水平低		
	(1) 经济供养 形式	(2) 经济供养 形式	(3) 经济供养 形式	(4) 经济供养 形式	(5) 经济供养 形式	(6) 经济供养 形式
参加新农保状况	0.426 *** (0.0291)			0.442 *** (0.0376)		
领取新农保养老 金状况		0.310 *** (0.0310)			0.366 *** (0.0427)	
领取新农保养老 金数额			0.0745 *** (0.0124)			0.173 *** (0.0261)
控制变量	Yes	Yes	Yes	Yes	Yes	Yes
样本量	3 676	3 676	3 676	3 746	3 746	3 746
Log likelihood	– 2 821.2644	– 2 884.9658	– 2 918.0928	– 2 695.4375	– 2 731.6868	– 2 747.6846
LR chi2 (20)	348.96	221.56	155.31	350.43	277.93	245.94
Prob > chi2	0.0000	0.0000	0.0000	0.0000	0.0000	0.0000
Pseudo R^2	0.0582	0.0370	0.0259	0.0610	0.0484	0.0428

注：*** 表示在 1% 的显著性水平，括号中数字代表标准误。系数均为 Tobit 模型回归结果，为了控制篇幅，故未列出控制变量回归结果。

第三，老年父母教育程度的异质性效应分析。

表 7 – 39 回归结果显示，相比于老年父母教育程度比较高的成年子女，老年父母教育程度比较低的成年子女在老年父母新农保参与下，以实物形式提供经济供养比重较高。这充分说明，新农保制度对教育程度较低的老年父母福利影响更显著。

表 7 – 39　　　　　　　基于老年父母教育程度的异质性效应分析

	老年父母教育程度高			老年父母教育程度低		
	(1) 经济供养 形式	(2) 经济供养 形式	(3) 经济供养 形式	(4) 经济供养 形式	(5) 经济供养 形式	(6) 经济供养 形式
参加新农保状况	0.391 *** (0.0432)			0.452 *** (0.0272)		
领取新农保养老 金状况		0.271 *** (0.0568)			0.362 *** (0.0283)	
领取新农保养老 金数额			0.0344 (0.0226)			0.136 *** (0.0142)

续表

	老年父母教育程度高			老年父母教育程度低		
	（1） 经济供养 形式	（2） 经济供养 形式	（3） 经济供养 形式	（4） 经济供养 形式	（5） 经济供养 形式	（6） 经济供养 形式
控制变量	Yes	Yes	Yes	Yes	Yes	Yes
样本量	2 388	2 388	2 388	5 034	5 034	5 034
Log likelihood	− 1 790. 2154	− 1 822. 1037	− 1 832. 5217	− 3 742. 8348	− 3 806. 11	− 3 844. 6098
LR chi2 （20）	229. 42	165. 65	144. 81	550. 39	423. 84	346. 84
Prob > chi2	0. 0000	0. 0000	0. 0000	0. 0000	0. 0000	0. 0000
Pseudo R^2	0. 0602	0. 0435	0. 0380	0. 0685	0. 0527	0. 0432

注：*** 表示在 1% 的显著性水平，括号中数字代表标准误。系数均为 Tobit 模型回归结果，为了控制篇幅，故未列出控制变量回归结果。

第四，老年父母身体健康状况的异质性效应分析。

表 7 - 40 回归结果显示，相对于老年父母没有功能障碍的成年子女，老年父母有功能障碍的成年子女老年父母新农保参与显著影响其以实物形式提供经济供养的比重，这说明新农保制度重点改变了对身体健康欠佳老年父母的经济赡养方式。从而本研究分假说 H2c 得到了验证。

表 7 - 40　　　基于老年父母身体健康状况的异质性效应分析

	老年父母有功能障碍			老年父母没有功能障碍		
	（1） 经济供养 形式	（2） 经济供养 形式	（3） 经济供养 形式	（4） 经济供养 形式	（5） 经济供养 形式	（6） 经济供养 形式
参加新农保状况	0. 438 *** （0. 0337）			0. 428 *** （0. 0318）		
领取新农保养老金状况		0. 360 *** （0. 0352）			0. 313 *** （0. 0368）	
领取新农保养老金数额			0. 146 *** （0. 0199）			0. 0776 *** （0. 0149）
控制变量	Yes	Yes	Yes	Yes	Yes	Yes
样本量	3 337	3 337	3 337	4 085	4 085	4 085
Log likelihood	− 2 515. 5381	− 2 552. 007	− 2 579. 3017	− 3 028. 0221	− 3 087. 6155	− 3 111. 2189
LR chi2 （20）	355. 08	282. 14	227. 55	403. 71	284. 52	237. 31
Prob > chi2	0. 0000	0. 0000	0. 0000	0. 0000	0. 0000	0. 0000
Pseudo R^2	0. 0659	0. 0524	0. 0422	0. 0625	0. 0440	0. 0367

注：*** 表示在 1% 的显著性水平，括号中数字代表标准误。系数均为 Tobit 模型回归结果，为了控制篇幅，故未列出控制变量回归结果。

第五，老年父母年龄的异质性效应分析。

本研究按照老年父母年龄，对超过均值的样本划为年龄较大，而低于均值的样本就划为年龄较小。表7-41回归结果显示，在老年父母参保的情况下，相对于老年父母年龄较大的成年子女，老年父母年龄较小的成年子女以实物形式提供经济供养比重更大，影响更显著。但当老年父母领取一定养老金后，父母年龄较大的成年子女以实物形式提供经济供养比重更大，影响更显著。从而本研究分假说H2c得到了验证。

表7-41　　　　　　　　基于老年父母年龄的异质性效应分析

	老年父母年龄较大			老年父母年龄较小		
	（1）经济供养形式	（2）经济供养形式	（3）经济供养形式	（4）经济供养形式	（5）经济供养形式	（6）经济供养形式
参加新农保状况	0.406 *** (0.0311)			0.455 *** (0.0342)		
领取新农保养老金状况		0.412 *** (0.0306)			0.265 *** (0.0468)	
领取新农保养老金数额			0.156 *** (0.0164)			0.0630 *** (0.0179)
控制变量	Yes	Yes	Yes	Yes	Yes	Yes
样本量	3 429	3 429	3 429	3 993	3 993	3 993
Log likelihood	-2 633.828	-2 628.1124	-2 678.9023	-2 904.7475	-2 983.9123	-2 993.8522
LR chi2 (20)	329.51	340.94	239.37	405.42	247.09	227.21
Prob > chi2	0.0000	0.0000	0.0000	0.0000	0.0000	0.0000
Pseudo R^2	0.0589	0.0609	0.0428	0.0652	0.0398	0.0366

注：*** 表示在1%的显著性水平，括号中数字代表标准误。系数均为Tobit模型回归结果，为了控制篇幅，故未列出控制变量回归结果。

第六，基于区域差异的异质性效应分析。

表7-42回归结果显示，相对于东部地区而言，老年父母参保后，中部、西部地区成年子女采取实物形式供养比重显著提高。可能的解释是，相对于东部地区而言，中部、西部地区成年子女外出务工比例较高，因为常年在外，日常无法照料父母，通过以逢年过节等重点节点增加提供实物、营养品等方式来赡养。从而本研究分假说H2d得到了验证。

表 7 - 42

基于区域差异的异质性效应分析

	中部			东部			西部		
	(1) 经济供养形式	(2) 经济供养形式	(3) 经济供养形式	(4) 经济供养形式	(5) 经济供养形式	(6) 经济供养形式	(7) 经济供养形式	(8) 经济供养形式	(9) 经济供养形式
参加新农保状况	0.482*** (0.0383)			0.361*** (0.0433)			0.435*** (0.0390)		
领取新农保养老金状况		0.307*** (0.0404)			0.346*** (0.0491)			0.359*** (0.0438)	
领取新农保养老金数额			0.164*** (0.0281)			0.0576*** (0.0171)			0.136*** (0.0214)
控制变量	Yes	Yes	Yes	Yes	Yes	Yes	Yes	Yes	Yes
样本量	2 710	2 710	2 710	2 104	2 104	2 104	2 608	2 608	2 608
Log likelihood	-1 983.1864	-2 040.5739	-2 053.1873	-1 616.7572	-1 627.3731	-1 647.2159	-1 916.2519	-1 948.0196	-1 962.4264
LR chi2 (19)	317.32	202.54	177.32	254.66	233.43	193.75	230.54	167.00	138.19
Prob > chi2	0.0000	0.0000	0.0000	0.0000	0.0000	0.0000	0.0000	0.0000	0.0000
Pseudo R^2	0.0741	0.0473	0.0414	0.0730	0.0669	0.0555	0.0567	0.0411	0.0340

注: *** 表示在 1% 的显著性水平。括号中数字代表标准误。系数均为 Tobit 模型回归结果，为了控制篇幅，故未列出控制变量回归结果。

第8章　基于中介变量的新农保参与对成年子女经济供养影响的实证研究

通过前面的分析可知，老年父母新农保参与行为有利于促进成年子女劳动力迁移，而劳动力迁移增加了成年子女获取经济收入的机会，进而提高了为老年父母提供经济供养的可能性，换言之，在这一作用过程中，成年子女劳动力迁移可视为一个中介变量（mediator）。本章笔者将通过验证中介变量——劳动力迁移的中介作用，揭示老年父母新农保参与对成年子女经济供养决策行为的作用机理。

在分析老年父母新农保参与对成年子女经济供养决策行为影响中，中介变量成年子女劳动力迁移的作用原理如图8-1所示。

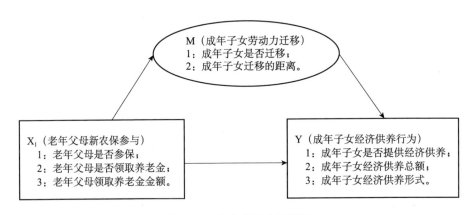

图8-1　中介变量分析示意

一般地，中介变量作为一种间接效应，如何确切地知道成年子女劳动力迁移真正起到中介变量的作用，或者说中介效应（mediator effect）显著呢？根据贾德等（Judd et al. , 1981）、巴伦和肯尼（Baron & Kenny，1986）以及温忠麟等（2014）的研究，本研究将通过以下三个标准验证中介效应：一是中介变量对自变量回归，自变量达到显著的水平；二是因变量对自变量回归，自变量也应该达到显著的水平；三是因变量同时对中介变量和自变量回归，如果中介变量达到显著的水平，自变量的回归系数减小且自变量达到显著的水平，则中介变量起部分中介作用，自变量回归系数减小但自变量没有达到显著的水平，则中介变量起完全中介作用。

具体到本研究，验证成年子女劳动力迁移的中介效应是否显著，主要有以下三个标准：一是中介变量成年子女劳动力对老年父母新农保参与回归，老年父母新农保参与具有显著的影响作用；二是因变量成年子女经济供养对自变量老年父母新农保参与回归，老年父母新农保参与也达到显著水平；三是因变量成年子女经济供养行为同时对中介变量成年子女劳动力迁移和自变量老年父母新农保参与回归，如果中介变量成年子女劳动力迁移达到显著水平，自变量老年父母新农保参与的回归系数减小且也达到显著水平，则成年子女劳动力迁移起部分中介作用，自变量老年父母新农保参与的回归系数减小但不具有显著性，则成年子女劳动力迁移起完全中介作用。例如，存在一个自变量（X_1）、一个中介变量（M）和两个控制变量（X_2，X_3）的模型时，要验证 X_1 经过 M 的中介效应是否显著，则需要验证 c、a、b、c′ 是否显著，见式（8-1）~式（8-3）。

$$Y = cX_1 + \delta_1 X_2 + \delta_2 X_3 + e_1 \qquad (8-1)$$

$$M = aX_1 + \varphi_1 X_2 + \varphi_2 X_3 + e_2 \qquad (8-2)$$

$$Y = c'X_1 + \gamma_1' X_2 + \gamma_2' X_3 + bM + e_3 \qquad (8-3)$$

在考察中介效应的效果量时，本研究采用了计算中介效应占总效应比值这一方式。因为本研究的有效数据样本量达到了 7 422 个，远远高于"中介效应占总效应的比值"计算所要求的 500 份有效样本的要求（方杰等，2012）。根据公式 $\text{Effect}_m = \dfrac{a \times b}{c}$，计算中介效应占总效应的比值，来报告中介效应的大小。

这里需要说明的是，尽管回归方程中可能还包含了与成年子女经济供养行为相关的其他社会特征变量，上述检验标准仍然具有适用性。这是因为，当有多个自变量和中介变量时，研究者首先要明确感兴趣的是哪个自变量经过哪个中介变量的中介效应，然后找出该自变量的系数根据前述中介效应检验标准，就可以检验（温忠麟等，2004）。

8.1 指标选择与样本描述性统计分析

本章的"关键被解释变量"为"成年子女经济供养行为"，跟前面所述一致，分别使用"成年子女是否提供经济供养""成年子女经济供养的总额"以及"成年子女经济供养的形式"三个指标来衡量。

"关键解释变量"是"农村老年父母新农保参与行为"，本章使用三种指标来衡量老年父母新农保参与情况，分别是"老年父母是否参加新农保""老年父母是否领取新农保养老金"以及"老年父母领取新农保养老金的金额"。

"中介变量"为"成年子女劳动力迁移"，本章采用"成年子女是否发生劳动力迁移"以及"成年子女劳动力迁移距离"两种方式来衡量。

表8-1概括了所有关键变量和其他控制变量基本的统计学特征。由表8-1可见，相比于2011年，2013年老年父母参保组与未参保组在过去一年成年子女提供经济供养概率、金额以及实物供养价值所占比重都有所提高。无论是2011年，还是2013年，老年父母参保组的成年子女提供经济供养的概率和提供实物供养的价值占总供养价值的比重均比老年父母未参保组的成年子女高，但成年子女提供经济供养金额略有差异。此外，相比于老年父母未参保组而言，老年父母参保组成年子女劳动力迁移的概率较高，其迁移距离也较远，至于相关系数是否显著，有待后续的检验。

表 8-1　相关变量的描述性统计

变量名	2011 年调研样本						2013 年调研样本					
	所有样本（量=3 711）		参保组（量=1 155）		未参保组（量=2 556）		所有样本（量=3 711）		参保组（量=3 136）		未参保组（量=575）	
	均值	标准差	均值	标准差	均值	标准差	均值	标准差	均值	标准差	均值	标准差
经济供养状况	0.561	0.496	0.555	0.497	0.563	0.496	0.781	0.413	0.789	0.407	0.735	0.441
经济供养数额	719.91	2 441.48	944.41	3 320.55	618.46	1 908.48	1 635.05	5 254.80	1 630.69	5 213.59	1 658.85	5 478.74
经济供养形式	0.109	0.280	0.123	0.291	0.103	0.275	0.332	0.396	0.335	0.395	0.315	0.400
参加新农保状况	0.311	0.463	1	0	0	0	0.845	0.361	1	0	0	0
领取养老金	0.121	0.327	0.391	0.488	0	0	0.533	0.498	0.631	0.482	0	0
领取养老金数额	0.162	0.556	0.520	0.899	0	0	0.655	1.047	0.776	1.097	0	0
迁移状况	0.803	0.397	0.828	0.377	0.791	0.406	0.921	0.268	0.926	0.261	0.895	0.305
迁移距离	0.412	0.492	0.396	0.489	0.419	0.493	0.791	0.405	0.798	0.400	0.754	0.430
年龄	35.031	8.874	33.819	8.414	35.579	9.022	36.931	8.806	36.877	8.758	37.226	9.064
性别	0.599	0.489	0.605	0.489	0.597	0.490	0.599	0.489	0.595	0.490	0.605	0.489
教育程度	7.810	3.991	8.322	4.037	7.579	3.948	7.892	3.954	7.856	4.005	8.086	3.661
是否长子	0.231	0.421	0.240	0.427	0.227	0.419	0.231	0.421	0.227	0.419	0.243	0.429
婚姻状况	0.826	0.378	0.811	0.391	0.833	0.372	0.853	0.353	0.855	0.351	0.843	0.363
收入水平	5.119	1.361	5.191	1.344	5.087	1.367	5.496	1.455	5.495	1.447	5.502	1.498

续表

变量名	2011 年调研样本						2013 年调研样本					
	所有样本（量=3 711）		参保组（量=1 155）		未参保组（量=2 556）		所有样本（量=3 711）		参保组（量=3 136）		未参保组（量=575）	
	均值	标准差	均值	标准差	均值	标准差	均值	标准差	均值	标准差	均值	标准差
16 周岁以下孩子数量	0.849	0.816	0.845	0.792	0.850	0.826	0.843	0.840	0.848	0.841	0.817	0.834
与父母较少联系	0.106	0.308	0.078	0.269	0.118	0.323	0.096	0.294	0.099	0.298	0.080	0.271
与父母几乎不联系	0.144	0.351	0.126	0.332	0.152	0.359	0.114	0.318	0.108	0.310	0.147	0.355
老年父母平均年龄	61.718	9.129	60.421	8.691	62.304	9.263	63.671	9.109	63.643	9.040	63.824	9.483
老年父母婚姻状况	0.756	0.428	0.778	0.415	0.747	0.434	0.734	0.441	0.737	0.439	0.716	0.451
老年父母教育程度	3.926	2.985	4.175	3.034	3.814	2.956	3.902	3.024	3.857	2.989	4.145	3.204
老年父母健在子女数	3.081	1.530	2.924	1.443	3.152	1.563	3.567	1.462	3.583	1.474	3.478	1.392
是否照顾孙辈	0.120	0.325	0.122	0.327	0.119	0.324	0.143	0.350	0.143	0.350	0.146	0.353
是否患有严重慢性病	0.406	0.491	0.395	0.489	0.411	0.492	0.390	0.487	0.386	0.486	0.412	0.492
是否有 ADL_IADL 功能障碍	0.433	0.495	0.368	0.482	0.462	0.498	0.465	0.498	0.471	0.499	0.434	0.496
老年父母收入水平	2.225	6.801	2.985	7.896	1.882	6.214	0.969	4.373	0.994	4.368	0.831	4.402
是否与子女同住	0.392	0.488	0.411	0.492	0.384	0.486	0.393	0.488	0.386	0.487	0.431	0.495
中部	0.365	0.481	0.432	0.495	0.334	0.471	0.365	0.481	0.387	0.487	0.241	0.428
东部	0.283	0.450	0.304	0.460	0.273	0.446	0.283	0.450	0.266	0.442	0.373	0.484

资料来源：根据 CHARLS 2011 年、2013 年计算整理。

8.2　新农保参与影响成年子女经济供养决策机理的实证分析

为了运用上述中介效应方法研究成年子女劳动力迁移在老年父母新农保参与影响成年子女经济供养决策中发挥的作用，本节分别构建与式（8-1）～式（8-3）相对应的中介效应实证模型，并对其进行检验。

$$Y_{it} = \beta_0 + \beta_1 NRIS_{it} + \sum \beta_2 X_{it} + \lambda_t + \varphi_i + \varepsilon_{it} \qquad (8-4)$$

$$LM_{it} = \alpha_0 + \alpha_1 NRIS_{it} + \sum \alpha_2 X_{it} + \lambda_t + \varphi_i + \varepsilon_{it}^* \qquad (8-5)$$

$$Y_{it} = \delta_0 + \delta_1 NRIS_{it} + \delta_2 LM_{it} + \sum \delta_3 X_{it} + \lambda_t + \varphi_i + \varepsilon_{it}^{**} \qquad (8-6)$$

其中，Y_{it} 表示成年子女经济供养决策行为（是否提供经济供养），$NRIS_{it}$ 表示老年父母新农保参与情况，LM_{it} 表示中介变量（成年子女劳动力迁移情况），X_{it} 表示控制变量。

在与式（8-1）对应的实证模型上，当考察自变量老年父母新农保参与对因变量成年子女经济供养决策的影响时，构建式（8-4）并采取工具变量法来估计相关系数；在与式（8-2）对应的实证模型，即考察自变量老年父母新农保参与对中介变量成年子女劳动力迁移影响时，构建式（8-5）并采取工具变量法来估计相关系数；在与式（8-3）对应的实证模型上，当考察自变量老年父母新农保参与对中介变量成年子女劳动力迁移对因变量成年子女经济供养决策的影响时，只需在式（8-4）的基础上加入中介变量即可，形成式（8-6），估计方法与式（8-4）相同，式（8-4）～式（8-6）其他相关设置见第5章实证模型设定。

8.2.1　参加新农保对成年子女经济供养决策影响路径分析

（1）基本结果分析。表8-2报告了成年子女劳动力迁移在老年父母参加新农保影响成年子女经济供养决策的中介效应检验结果。在表8-2中，从成年子女劳动力迁移行为在老年父母新农保参与影响成年子女经济供养决策的中介效应检验结果看：第一，（1）、（2）列回归结果表明，老年父母参加新农保对中介变量"成年子女劳动力迁移""成年子女迁移距离"具有显著的正向影响，且在1%的统计水平上显著；第二，（3）列模型结果显示，自变量老年父母参加新农保对因变量成年子女经济供养决策影响显著；第三，（4）、（5）列回归结果表明，在加入了中介变量后，中介变量在1%的统计水平上显著，而自变量老年父母参加新农保对成年子女经济供养决策的影响减弱，其回归系数从0.390，分别降为0.372、0.304，并且仍达到显著水平。根据前面中介效应的判断标准可知，成年子女劳动力迁移以及劳动力迁移距离在老年父母参加新农保影响成年子女经济供养决策中起到部分中介作用（见表8-2和图8-2、图8-3）。

表8-2 父母参加新农保对成年子女经济供养决策影响的中介效应检验

	（1）迁移状况	（2）迁移距离	（3）经济供养状况	（4）经济供养状况	（5）经济供养状况
参加新农保状况	0.499 ***（0.0595）	0.745 ***（0.0473）	0.390 ***（0.0506）	0.372 ***（0.0514）	0.304 ***（0.0532）
迁移状况				0.167 ***（0.0477）	
迁移距离					0.335 ***（0.0354）
其他控制变量	Yes	Yes	Yes	Yes	Yes
样本量	7 422	7 422	7 422	7 422	7 422
Log likelihood	-6 113.5737	-8 014.3486	-7 648.4278	-7 617.7537	-7 545.9808
Wald chi2（14）/（21）/（22）	482.24	690.24	784.72	798.06	874.49
Prob > chi2	0.0000	0.0000	0.0000	0.0000	0.0000

注：*** 表示在1%的显著性水平，括号中数字代表标准误。

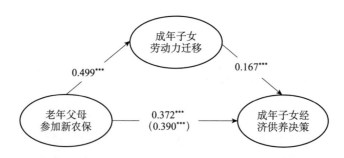

图8-2 劳动力迁移在参加新农保影响经济供养决策的部分中介效应路径

注：*** 表示在1%的显著性水平，括号内数值为老年父母参加新农保对成年子女经济供养直接作用的回归系数。

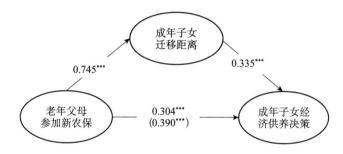

图 8 - 3 迁移距离在参加新农保影响经济供养决策的部分中介效应路径

注：*** 表示在 1% 的显著性水平，括号内数值为老年父母参加新农保对成年子女经济供养直接作用的回归系数。

根据中介效应的效果量公式，$Effect_m = \dfrac{a \times b}{c}$，计算中介效应占总效应的比值。当中介变量为"成年子女劳动力迁移"时，从表 8 - 2 可知，a = 0.499，b = 0.167，c = 0.390，c' = 0.372，则 $Effect_m = 0.2137$。当中介变量为"成年子女迁移距离"时，a = 0.745，b = 0.335，c = 0.390，c' = 0.304，则 $Effect_m = 0.6399$。由此验证了本研究假说 H3：成年子女劳动力迁移行为是老年父母参加新农保影响成年子女经济供养的重要中介机制。

（2）样本异质性分析。针对不同特征的成年子女分别进行中介效应分析，有利于进一步细化和揭示老年父母新农保参与对成年子女经济供养决策行为的作用机理。

第一，基于成年子女性别的异质性效应分析。

表 8 - 3 报告了基于成年子女性别差异下，成年子女劳动力迁移在老年父母参加新农保影响成年子女经济供养决策的中介效应检验结果。（1） ~（5）列展示了女儿的中介效应检验结果；（6） ~（10）列展示了儿子的中介效应检验结果。

根据前面中介效应的判断标准可知，成年子女劳动力迁移行为的中介效应显著，当中介变量为"成年子女劳动力迁移"时，儿子迁移行为的中介效应更为显著；但当中介变量为"成年子女劳动力迁移距离"时，女儿的劳动力迁移行为的中介效应更为显著。从而本研究分假说 H3a 得到了有效验证。

第二，基于成年子女收入水平的异质性效应分析。

表 8 - 4 报告了基于成年子女收入水平差异下，成年子女劳动力迁移在老年父母参加新农保影响成年子女经济供养决策的中介效应检验结果。本

表8-3 基于成年子女性别的异质性效应分析

| | 女儿 | | | | | 儿子 | | | | |
	(1) 迁移状况	(2) 迁移距离	(3) 经济供养状况	(4) 经济供养状况	(5) 经济供养状况	(6) 迁移状况	(7) 迁移距离	(8) 经济供养状况	(9) 经济供养状况	(10) 经济供养状况
参加新农保状况	0.469*** (0.0562)	0.738*** (0.0401)	0.380*** (0.0417)	0.370*** (0.0420)	0.287*** (0.0433)	0.332*** (0.0537)	0.245*** (0.0490)	0.190*** (0.0503)	0.170*** (0.0508)	0.167*** (0.0507)
迁移状况				0.162** (0.0713)					0.208*** (0.0651)	
迁移距离					0.383*** (0.0443)					0.278*** (0.0559)
控制变量	Yes	Yes	Yes	Yes	Yes	Yes	Yes	Yes	Yes	Yes
样本量	4 440	4 440	4 440	4 440	4 440	2 982	2 982	2 982	2 982	2 982
Log likelihood	-1 226.2746	-2 716.6454	-2 510.7343	-2 508.1671	-2 473.2633	-1 444.8177	-1 834.5316	-1 733.4405	-1 728.3422	-1 721.067
LR chi2 (13)/(21)	175.24	556.57	517.97	523.10	592.91	198.71	316.67	386.13	396.33	410.88
Prob > chi2	0.0000	0.0000	0.0000	0.0000	0.0000	0.0000	0.0000	0.0000	0.0000	0.0000
Pseudo R^2	0.0667	0.0929	0.0935	0.0944	0.1070	0.0643	0.0795	0.1002	0.1029	0.1066

注: ***、 ** 分别表示在1%、5%的显著性水平, 括号中数字代表标准误。

表8-4 基于成年子女收入水平的异质性效应分析

	成年子女收入水平较高					成年子女收入水平较低				
	(1) 迁移状况	(2) 迁移距离	(3) 经济供养状况	(4) 经济供养状况	(5) 经济供养状况	(6) 迁移状况	(7) 迁移距离	(8) 经济供养状况	(9) 经济供养状况	(10) 经济供养状况
参加新农保状况	0.229*** (0.0607)	0.470*** (0.0456)	0.317*** (0.0475)	0.309*** (0.0476)	0.260*** (0.0484)	0.493*** (0.0511)	0.568*** (0.0423)	0.276*** (0.0433)	0.259*** (0.0439)	0.212*** (0.0444)
迁移状况				0.252*** (0.0779)					0.141** (0.0593)	
迁移距离					0.388*** (0.0521)					0.331*** (0.0456)
控制变量	Yes	Yes	Yes	Yes	Yes	Yes	Yes	Yes	Yes	Yes
样本量	3 676	3 676	3 676	3 676	3 676	3 746	3 746	3 746	3 746	3 746
Log likelihood	-1 082.7169	-2 137.1015	-1 958.4948	-1 953.3232	-1 930.7224	-1 585.2128	-2 444.0551	-2 329.0152	-2 326.1857	-2 302.5817
LR chi2 (13)/(21)	186.56	250.58	304.97	315.31	360.51	326.81	302.97	368.87	374.53	421.74
Prob > chi2	0.0000	0.0000	0.0000	0.0000	0.0000	0.0000	0.0000	0.0000	0.0000	0.0000
Pseudo R²	0.0793	0.0554	0.0722	0.0747	0.0854	0.0934	0.0584	0.0734	0.0745	0.0839

注：***表示在1%的显著性水平，括号中数字代表标准误。

研究按照成年子女收入等级，对超过均值的样本划为收入水平较高，而低于均值的样本就划为收入水平较低。（1）～（5）列展示了收入较高成年子女的中介效应检验结果；（6）～（10）列展示了收入较低成年子女的中介效应检验结果。

根据前面中介效应的判断标准可知，成年子女劳动力迁移行为的中介效应显著，无论中介变量为"成年子女劳动力迁移"还是"成年子女劳动力迁移距离"，收入水平较高的成年子女劳动力迁移行为的中介效应更为显著。从而本研究分假说 H3b 得到了验证。

8.2.2 领取新农保养老金对成年子女经济供养决策影响路径分析

（1）基本结果分析。表8-5报告了成年子女劳动力迁移在老年父母领取新农保养老金影响成年子女经济供养决策的中介效应检验结果。

在表8-5中，从成年子女劳动力迁移行为在老年父母领取养老金影响成年子女经济供养决策的中介效应检验结果看：第一，（1）、（2）列回归结果表明，老年父母领取养老金对中介变量"成年子女劳动力迁移""成年子女迁移距离"具有显著的正向影响，且在1%的统计水平上显著；第二，（3）列模型结果显示，自变量老年父母领取养老金对因变量成年子女经济供养决策有显著的正向影响；第三，（4）、（5）列回归结果表明，在加入了中介变量后，中介变量均在1%的统计水平上显著，而自变量老年父母领取养老金对成年子女经济供养决策的影响减弱，其回归系数从0.617，分别降为0.593、0.490，并且仍达到显著水平。根据前文中介效应的判断标准可知，成年子女劳动力迁移以及劳动力迁移距离在老年父母领取养老金影响成年子女经济供养决策中起到部分中介作用（见表8-5和图8-4、图8-5）。

表8-5　父母领取养老金对成年子女经济供养决策影响的中介效应检验

	（1） 迁移状况	（2） 迁移距离	（3） 经济供养 状况	（4） 经济供养 状况	（5） 经济供养 状况
领取新农保养老金状况	0.778 *** (0.0908)	1.146 *** (0.0683)	0.617 *** (0.0777)	0.593 *** (0.0797)	0.490 *** (0.0841)

续表

	（1）迁移状况	（2）迁移距离	（3）经济供养状况	（4）经济供养状况	（5）经济供养状况
迁移状况				0.143 *** （0.0482）	
迁移距离					0.313 *** （0.0368）
其他控制变量	Yes	Yes	Yes	Yes	Yes
样本量	7 422	7 422	7 422	7 422	7 422
Log likelihood	−5 916.578	−7 817.773	−7 458.709	−7 427.1226	−7 351.9559
Wald chi2 （14）/（21）/（22）	507.58	780.75	819.81	830.92	898.68
Prob > chi2	0.0000	0.0000	0.0000	0.0000	0.0000

注：*** 表示在 1% 的显著性水平，括号中数字代表标准误。

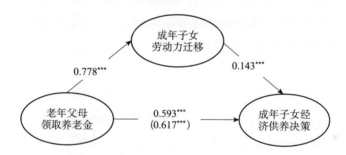

图 8 - 4　劳动力迁移在领取养老金影响经济供养决策的部分中介效应路径

注：*** 表示在 1% 的显著性水平，括号内数值为老年父母领取养老金对成年子女经济供养直接作用的回归系数。

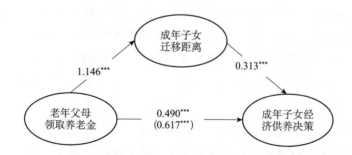

图 8 - 5　迁移距离在领取养老金影响经济供养决策的部分中介效应路径

注：*** 表示在 1% 的显著性水平，括号内数值为老年父母领取养老金对成年子女经济供养直接作用的回归系数。

根据中介效应的效果量公式，$\text{Effect}_m = \dfrac{a \times b}{c}$，计算中介效应占总效应的比值。当中介变量为"成年子女劳动力迁移"时，从表 8-5 可知，$a = 0.778$，$b = 0.143$，$c = 0.617$，$c' = 0.593$，则 $\text{Effect}_m = 0.1803$。当中介变量为"成年子女迁移距离"时，$a = 1.146$，$b = 0.313$，$c = 0.617$，$c' = 0.490$，则 $\text{Effect}_m = 0.5814$。由此验证了本研究假说 H3：即成年子女劳动力迁移行为是老年父母领取新农保养老金影响成年子女经济供养的重要中介机制。

（2）样本异质性分析。针对不同特征的成年子女分别进行中介效应分析，有利于进一步细化和揭示老年父母新农保参与对成年子女经济供养决策行为的作用机理。

第一，基于成年子女性别的异质性效应分析。

表 8-6 报告了基于成年子女性别差异下，成年子女劳动力迁移在老年父母领取养老金影响成年子女经济供养决策的中介效应检验结果。（1）~（5）列展示了女儿的中介效应检验结果；（6）~（10）列展示了儿子的中介效应检验结果。

根据前面中介效应的判断标准可知，成年子女劳动力迁移行为的中介效应均显著，当中介变量为"成年子女劳动力迁移"时，儿子迁移行为的中介效应更为显著；但当中介变量为"成年子女劳动力迁移距离"时，女儿的劳动力迁移行为的中介效应更为显著。从而本研究分假说 H3a 得到了验证。

第二，基于成年子女收入水平的异质性效应分析。

表 8-7 报告了基于成年子女收入水平差异下，成年子女劳动力迁移在老年父母领取养老金影响成年子女经济供养决策的中介效应检验结果。本研究按照成年子女收入等级，对超过均值的样本划为收入水平较高，而低于均值的样本就划为收入水平较低。（1）~（5）列展示了收入较高成年子女的中介效应检验结果；（6）~（10）列展示了收入较低成年子女的中介效应检验结果。

根据前面中介效应的判断标准可知，成年子女劳动力迁移行为的中介效应显著，无论中介变量为"成年子女劳动力迁移"还是"成年子女劳动力迁移距离"，收入水平较高的成年子女劳动力迁移行为的中介效应更为显著。从而本研究分假说 H3b 得到了验证。

表8-6 基于成年子女性别的异质性效应分析

| | 女儿 | | | | | 儿子 | | | | |
	(1) 迁移状况	(2) 迁移距离	(3) 经济供养 状况	(4) 经济供养 状况	(5) 经济供养 状况	(6) 迁移状况	(7) 迁移距离	(8) 经济供养 状况	(9) 经济供养 状况	(10) 经济供养 状况
领取新农保养老金状况	0.582*** (0.0718)	0.793*** (0.0482)	0.297*** (0.0506)	0.282*** (0.0510)	0.187*** (0.0522)	0.370*** (0.0635)	0.294*** (0.0576)	0.201*** (0.0611)	0.177*** (0.0616)	0.173*** (0.0616)
迁移状况				0.189*** (0.0711)					0.213*** (0.0650)	
迁移距离					0.422*** (0.0439)					0.280*** (0.0558)
控制变量	Yes	Yes	Yes	Yes	Yes	Yes	Yes	Yes	Yes	Yes
Observations	4 440	4 440	4 440	4 440	4 440	2 982	2 982	2 982	2 982	2 982
Log likelihood	-1 226.1278	-2 747.9078	-2 535.1432	-2 531.6206	-2 488.742	-1 446.6646	-1 833.8408	-1 735.1341	-1 729.778	-1 722.5764
LR chi2 (13)/(21)	175.54	494.04	469.15	476.20	561.95	195.02	318.05	382.74	393.45	407.86
Prob > chi2	0.0000	0.0000	0.0000	0.0000	0.0000	0.0000	0.0000	0.0000	0.0000	0.0000
Pseudo R²	0.0668	0.0825	0.0847	0.0860	0.1014	0.0631	0.0798	0.0993	0.1021	0.1059

注：*** 表示在1%的显著性水平，括号中数字代表标准误。

表 8—7   基于成年子女收入水平的异质性效应分析

	成年子女收入水平较高					成年子女收入水平较低				
	(1) 迁移状况	(2) 迁移距离	(3) 经济供养状况	(4) 经济供养状况	(5) 经济供养状况	(6) 迁移状况	(7) 迁移距离	(8) 经济供养状况	(9) 经济供养状况	(10) 经济供养状况
领取新农保养老金状况	0.285*** (0.0702)	0.533*** (0.0528)	0.199*** (0.0568)	0.186*** (0.0570)	0.125** (0.0580)	0.573*** (0.0638)	0.618*** (0.0514)	0.272*** (0.0535)	0.252*** (0.0541)	0.202*** (0.0545)
迁移状况				0.263*** (0.0778)					0.156*** (0.0591)	
迁移距离					0.415*** (0.0520)					0.345*** (0.0454)
控制变量	Yes	Yes	Yes	Yes	Yes	Yes	Yes	Yes	Yes	Yes
Observations	3 676	3 676	3 676	3 676	3 676	3 746	3 746	3 746	3 746	3 746
Log likelihood	−1 081.3849	−2 138.3609	−1 974.5685	−1 968.9047	−1 942.7371	−1 590.4688	−2 461.7918	−2 336.2055	−2 332.7343	−2 307.1097
LR chi2 (13)/(21)	189.22	248.06	272.82	284.15	336.48	316.30	267.50	354.49	361.44	412.69
Prob > chi2	0.0000	0.0000	0.0000	0.0000	0.0000	0.0000	0.0000	0.0000	0.0000	0.0000
Pseudo R^2	0.0805	0.0548	0.0646	0.0673	0.0797	0.0904	0.0515	0.0705	0.0719	0.0821

注：***、**分别表示在1%、5%的显著性水平，括号中数字代表标准误。

8.2.3　领取金额对成年子女经济供养决策影响路径分析

（1）基本结果分析。表8-8报告了成年子女劳动力迁移在老年父母新农保养老金领取金额影响成年子女经济供养决策的中介效应检验结果。

在表8-8中，从成年子女劳动力迁移行为在老年父母领取养老金额度影响成年子女经济供养决策的中介效应检验结果看，有以下几点：第一，（1）、（2）列回归结果表明，老年父母领取养老金额度对中介变量"成年子女劳动力迁移""成年子女迁移距离"具有显著的正向影响；第二，（3）列模型结果显示，自变量老年父母领取养老金额度对因变量成年子女经济供养决策有显著的正向影响，且在1%的统计水平上显著；第三，（4）、（5）列回归结果表明，在加入了中介变量后，中介变量均在1%的统计水平下显著，而自变量老年父母领取养老金额度对成年子女经济供养决策的影响减弱，其回归系数从0.460，分别降为0.441、0.370，并且仍达到显著水平。根据前面中介效应的判断标准可知，成年子女劳动力迁移以及劳动力迁移距离在老年父母领取养老金额度影响成年子女经济供养决策中起到部分中介作用（见表8-8和图8-6、图8-7）。

表8-8　父母领取额度对成年子女经济供养决策影响的中介效应检验

	（1）迁移状况	（2）迁移距离	（3）经济供养状况	（4）经济供养状况	（5）经济供养状况
领取新农保养老金数额	0.572*** (0.0596)	0.784*** (0.0387)	0.460*** (0.0550)	0.441*** (0.0566)	0.370*** (0.0615)
迁移状况				0.154*** (0.0472)	
迁移距离					0.311*** (0.0372)
其他控制变量	Yes	Yes	Yes	Yes	Yes
样本量	7 422	7 422	7 422	7 422	7 422

续表

	（1） 迁移状况	（2） 迁移距离	（3） 经济供养 状况	（4） 经济供养 状况	（5） 经济供养 状况
Log likelihood	− 62 899. 92	− 64 819. 883	− 64 387. 315	− 64 374. 867	− 64 318. 353
Wald chi2（14）/（21）/（22）	607. 05	1 096. 00	919. 91	922. 89	965. 50
Prob > chi2	0. 0000	0. 0000	0. 0000	0. 0000	0. 0000

注：*** 表示在1%的显著性水平，括号中数字代表标准误。

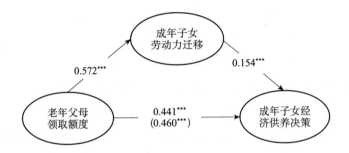

图 8 − 6　劳动力迁移在领取养老金额度影响经济供养决策的部分中介效应路径

注：*** 表示在1%的显著性水平，括号内数值为老年父母领取养老金额度对成年子女经济供养直接作用的回归系数。

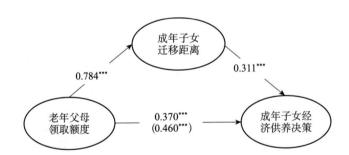

图 8 − 7　迁移距离在领取养老金额度影响经济供养决策的部分中介效应路径

注：*** 表示在1%的显著性水平，括号内数值为老年父母领取养老金额度对成年子女经济供养直接作用的回归系数。

根据中介效应的效果量公式，$\mathrm{Effect_m} = \dfrac{a \times b}{c}$，计算中介效应占总效应

的比值。当中介变量为"成年子女劳动力迁移"时，从表8-8可知，a = 0.572，b = 0.154，c = 0.460，c' = 0.441，则 $Effect_m$ = 0.1915。当中介变量为"成年子女迁移距离"时，a = 0.784，b = 0.311，c = 0.460，c' = 0.370，则 $Effect_m$ = 0.53。由此验证了本研究假说 H3：成年子女劳动力迁移行为是老年父母领取新农保养老金额度影响成年子女经济供养的重要中介机制。

（2）样本异质性分析。针对不同特征的成年子女分别进行中介效应分析，有利于进一步细化和揭示老年父母新农保参与对成年子女经济供养决策行为的作用机理。

第一，基于成年子女性别的异质性效应分析。

表8-9报告了基于成年子女性别差异下，成年子女劳动力迁移在老年父母领取养老金额度影响成年子女经济供养决策的中介效应检验结果。（1）～（5）列展示了女儿的中介效应检验结果；（6）～（10）列展示了儿子的中介效应检验结果。

根据前面中介效应的判断标准可知，成年子女劳动力迁移行为的中介效应均显著，无论中介变量为"成年子女劳动力迁移"还是"成年子女劳动力迁移距离"，女儿的劳动力迁移行为的中介效应更为显著。从而本研究分假说 H3a 得到了验证。

第二，基于成年子女收入水平的异质性效应分析。

表8-10报告了基于成年子女收入水平差异下，成年子女劳动力迁移在老年父母领取养老金额度影响成年子女经济供养决策的中介效应检验结果。本研究按照成年子女收入等级，对超过均值的样本划为收入水平较高，而低于均值的样本就划为收入水平较低。（1）～（5）列展示了收入较高成年子女的中介效应检验结果；（6）～（10）列展示了收入较低成年子女的中介效应检验结果。

根据前面中介效应的判断标准可知，成年子女劳动力迁移行为的中介效应显著，无论中介变量为"成年子女劳动力迁移"还是"成年子女劳动力迁移距离"，收入水平较高的成年子女劳动力迁移行为的中介效应更为显著。从而本研究分假说 H3b 得到了验证。

表8-9

基于成年子女性别的异质性效应分析

	女儿					儿子				
	(1)迁移状况	(2)迁移距离	(3)经济供养状况	(4)经济供养状况	(5)经济供养状况	(6)迁移状况	(7)迁移距离	(8)经济供养状况	(9)经济供养状况	(10)经济供养状况
领取新农保养老金数额	0.272***(0.0503)	0.307***(0.0297)	0.0564**(0.0232)	0.0528**(0.0232)	0.0272(0.0231)	0.140***(0.0409)	0.122***(0.0366)	0.142***(0.0429)	0.130***(0.0428)	0.130***(0.0429)
迁移状况				0.225***(0.0708)					0.220***(0.0648)	
迁移距离					0.451***(0.0431)					0.285***(0.0557)
控制变量	Yes	Yes	Yes	Yes	Yes	Yes	Yes	Yes	Yes	Yes
样本量	4 440	4 440	4 440	4 440	4 440	2 982	2 982	2 982	2 982	2 982
Log likelihood	-1 244.5276	-2 829.2902	-2 549.4036	-2 544.366	-2 494.4674	-1 457.7879	-1 841.3434	-1 734.7963	-1 729.0511	-1 721.6741
LR chi2 (13)/(21)	138.74	331.28	440.63	450.71	550.50	172.77	303.05	383.42	394.91	409.66
Prob > chi2	0.0000	0.0000	0.0000	0.0000	0.0000	0.0000	0.0000	0.0000	0.0000	0.0000
Pseudo R^2	0.0528	0.0553	0.0795	0.0814	0.0994	0.0559	0.0760	0.0995	0.1025	0.1063

注：***、** 分别表示在1%、5%的显著性水平，括号中数字代表标准误。

表 8 - 10　　基于成年子女收入水平的异质性效应分析

	成年子女收入水平较高					成年子女收入水平较低				
	(1) 迁移状况	(2) 迁移距离	(3) 经济供养状况	(4) 经济供养状况	(5) 经济供养状况	(6) 迁移状况	(7) 迁移距离	(8) 经济供养状况	(9) 经济供养状况	(10) 经济供养状况
领取新农保养老金数额	0.0999** (0.0419)	0.199*** (0.0307)	0.0443* (0.0240)	0.0413* (0.0240)	0.0249 (0.0240)	0.267*** (0.0445)	0.270*** (0.0341)	0.127*** (0.0365)	0.118*** (0.0366)	0.0983*** (0.0366)
迁移状况				0.276*** (0.0778)					0.179*** (0.0587)	
迁移距离					0.428*** (0.0515)					0.362*** (0.0449)
控制变量	Yes	Yes	Yes	Yes	Yes	Yes	Yes	Yes	Yes	Yes
Observations	3 676	3 676	3 676	3 676	3 676	3 746	3 746	3 746	3 746	3 746
Log likelihood	-1 086.53	-2 166.1422	-1 978.9688	-1 972.7555	-1 944.513	-1 613.2095	-2 502.978	-2 342.9005	-2 338.2557	-2 310.294
LR chi2 (13)/(21)	178.93	192.49	264.02	276.45	332.93	270.82	185.13	341.10	350.39	406.32
Prob > chi2	0.0000	0.0000	0.0000	0.0000	0.0000	0.0000	0.0000	0.0000	0.0000	0.0000
Pseudo R^2	0.0761	0.0425	0.0625	0.0655	0.0789	0.0774	0.0357	0.0679	0.0697	0.0808

注：***，**，* 分别表示在 1%、5% 和 10% 的显著性水平，括号中数字代表标准误。

8.3 新农保参与影响成年子女经济供养程度机理的实证分析

为了运用前面中介效应方法研究成年子女劳动力迁移行为在老年父母新农保参与影响成年子女经济供养总额中发挥的作用，本节分别构建与式（8-1）~式（8-3）相对应的中介效应实证模型，并对其进行检验。

$$Y_{it} = \beta_0 + \beta_1 NRIS_{it} + \sum \beta_2 X_{it} + \lambda_t + \varphi_i + \varepsilon_{it} \qquad (8-7)$$

$$LM_{it} = \alpha_0 + \alpha_1 NRIS_{it} + \sum \alpha_2 X_{it} + \lambda_t + \varphi_i + \varepsilon_{it} \qquad (8-5)$$

$$Y_{it} = \delta_0 + \delta_1 NRIS_{it} + \delta2 LM_{it} + \sum \delta_3 X_{it} + \lambda_t + \varphi_i + \varepsilon_{it}^{**} \qquad (8-8)$$

其中，Y_{it}表示成年子女经济供养总额，$NRIS_{it}$表示老年父母新农保参与情况，LM_{it}表示中介变量（成年子女劳动力迁移情况），X_{it}表示控制变量。

在与式（8-1）对应的实证模型上，当考察自变量老年父母新农保参与对因变量成年子女经济供养程度的影响时，构建式（8-7），由于因变量成年子女经济供养总额在零点出现积聚及"左截取"（left censored）的现象，参考陈华帅和曾毅（2013）的做法，拟采用 Tobit 面板模型来估计相关系数；在与式（8-2）对应的实证模型，即考察自变量老年父母新农保参与对中介变量成年子女劳动力迁移影响时，采用式（8-5）的工具变量法来估计相关系数；在与式（8-3）对应的实证模型上，当考察自变量老年父母新农保参与对中介变量成年子女劳动力迁移对因变量成年子女经济供养程度的影响时，只需在式（8-7）的基础上加入中介变量即可，形成式（8-8），估计方法与式（8-7）相同，式（8-7）、式（8-5）、式（8-8）其他相关设置见第5章实证模型设定。

8.3.1 参加新农保对成年子女经济供养程度影响路径分析

（1）基本结果分析。表8-11报告了成年子女劳动力迁移在老年父母参加新农保影响成年子女经济供养程度的中介效应检验结果。在表8-11

中，从成年子女劳动力迁移行为在老年父母新农保参与影响成年子女经济供养总额的中介效应检验结果看：第一，通过前面分析可知，老年父母参加新农保对中介变量"成年子女劳动力迁移""成年子女迁移距离"具有显著的正向影响，且在 1% 的统计水平上显著；第二，（1）列模型结果显示，自变量老年父母参加新农保对因变量成年子女经济供养总额影响在1% 的统计水平上显著；第三，（2）、（3）列回归结果表明，在加入了中介变量后，中介变量均在 1% 的统计水平上显著，而自变量老年父母参加新农保对成年子女经济供养总额的影响减弱，其回归系数从 2 167，分别降为2 105、1 851，并且仍达到显著水平。根据前面中介效应的判断标准可知，成年子女劳动力迁移行为在老年父母参加新农保影响成年子女经济供养总额中起到部分中介作用（见表 8 - 11 和图 8 - 8、图 8 - 9）。

表 8 - 11　父母参加新农保对成年子女经济供养程度影响的中介效应检验

	（1） 迁移状况	（2） 迁移距离	（3） 经济供养 数额	（4） 经济供养 数额	（5） 经济供养 数额
参加新农保状况	0.499 *** (0.0595)	0.745 *** (0.0473)	2 167 *** (226.5)	2 105 *** (229.9)	1 851 *** (235.8)
迁移状况				591.5 *** (216.3)	
迁移距离					1 127 *** (153.6)
其他控制变量	Yes	Yes	Yes	Yes	Yes
Observations	7 422	7 422	7 422	7 422	7 422
Log likelihood	- 6 113.5737	- 8 014.3486	- 51 502.184	- 51 473.256	- 51 415.599
Wald chi2 (14)/(21)/(22)	482.24	690.24	721.36	733.58	796.21
Prob > chi2	0.0000	0.0000	0.0000	0.0000	0.0000

注：*** 表示在 1% 的显著性水平，括号中数字代表标准误。

根据中介效应的效果量公式，$\text{Effect}_m = \dfrac{a \times b}{c}$，计算中介效应占总效应的比值。根据前面分析和表 8 - 11 可知，当中介变量为"成年子女劳动力迁移"时，a = 0.499，b = 591.5，c = 2 167，c' = 2 105，则 Effect_m = 0.1362。当中介变量为"成年子女迁移距离"时，a = 0.745，b = 1 127，

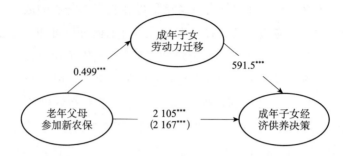

图 8-8　劳动力迁移在参加新农保影响经济供养程度的部分中介效应路径

注：*** 表示在 1% 的显著性水平，括号内数值为老年父母参加新农保对成年子女经济供养总额直接作用的回归系数。

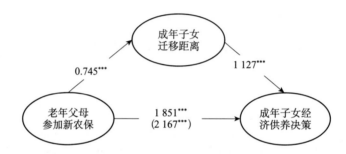

图 8-9　迁移距离在参加新农保影响经济供养程度的部分中介效应路径

注：*** 表示在 1% 的显著性水平，括号内数值为老年父母参加新农保对成年子女经济供养总额直接作用的回归系数。

$c = 2\,167$，$c' = 1\,851$，则 $Effect_m = 0.3875$。由此验证了本研究假说 H3：成年子女劳动力迁移行为是老年父母参加新农保影响成年子女经济供养总额的重要中介机制。

（2）样本异质性分析。针对不同特征的成年子女分别进行中介效应分析，有利于进一步细化和揭示老年父母新农保参与对成年子女经济供养决策行为的作用机理。

第一，基于成年子女性别的异质性效应分析。

表 8-12 报告了基于成年子女性别差异下，成年子女劳动力迁移在老年父母参加新农保影响成年子女经济供养程度的中介效应检验结果。（1）~（5）列展示了女儿的中介效应检验结果；（6）~（10）列展示了儿子的中介效应检验结果。

表8－12　基于成年子女性别的异质性效应分析

	女儿					儿子				
	(1) 迁移状况	(2) 迁移距离	(3) 经济供养数额	(4) 经济供养数额	(5) 经济供养数额	(6) 迁移状况	(7) 迁移距离	(8) 经济供养数额	(9) 经济供养数额	(10) 经济供养数额
参加新农保状况	0.469*** (0.0562)	0.738*** (0.0401)	991.9*** (121.0)	961.5*** (122.0)	721.1*** (125.3)	0.332*** (0.0537)	0.245*** (0.0490)	1 734*** (298.8)	1 650*** (301.2)	1 611*** (299.6)
迁移状况				419.6* (221.2)					858.2** (397.8)	
迁移距离					1 002*** (129.3)					1 421*** (332.7)
控制变量	Yes	Yes	Yes	Yes	Yes	Yes	Yes	Yes	Yes	Yes
样本量	4 440	4 440	4 440	4 440	4 440	2 982	2 982	2 982	2 982	2 982
Log likelihood	-1 226.2746	-2 716.6454	-28 371.298	-28 369.49	-28 341.133	-1 444.8177	-1 834.5316	-19 198.025	-19 195.69	-19 188.876
LR chi2 (13)/(21)	175.24	556.57	456.03	459.64	516.36	198.71	316.67	358.30	362.97	376.60
Prob > chi2	0.0000	0.0000	0.0000	0.0000	0.0000	0.0000	0.0000	0.0000	0.0000	0.0000
Pseudo R^2	0.0667	0.0929	0.0080	0.0080	0.0090	0.0643	0.0795	0.0092	0.0094	0.0097

注：***、**、* 分别表示在1%、5%和10%的显著性水平，括号中数字代表标准误。

根据前面中介效应的判断标准可知，成年子女劳动力迁移行为的中介效应显著，无论中介变量为"成年子女劳动力迁移"还是"成年子女劳动力迁移距离"，儿子的劳动力迁移行为的中介效应更为显著。从而本研究分假说 H3a 得到了验证。

第二，基于成年子女收入水平的异质性效应分析。

表 8－13 报告了基于成年子女收入水平差异下，成年子女劳动力迁移在老年父母参加新农保影响成年子女经济供养程度的中介效应检验结果。本研究按照成年子女收入等级，对超过均值的样本划为收入水平较高，而低于均值的样本就划为收入水平较低。（1）～（5）列展示了收入较高成年子女的中介效应检验结果；（6）～（10）列展示了收入较低成年子女的中介效应检验结果。

根据前面中介效应的判断标准可知，成年子女劳动力迁移行为的中介效应显著，无论中介变量为"成年子女劳动力迁移"还是"成年子女劳动力迁移距离"，收入水平较高的成年子女劳动力迁移行为的中介效应更为显著。从而本研究分假说 H3b 得到了验证。

8.3.2　领取新农保养老金对成年子女经济供养程度影响路径分析

（1）基本结果分析。表 8－14 报告了成年子女劳动力迁移在老年父母领取新农保养老金影响成年子女经济供养程度的中介效应检验结果。在表 8－14 中，从成年子女劳动力迁移行为在老年父母新农保参与影响成年子女经济供养程度的中介效应检验结果看：第一，通过前面分析可知，老年父母领取新农保养老金对中介变量"成年子女劳动力迁移""成年子女迁移距离"具有显著的正向影响，且在 1% 的统计水平上显著；第二，（1）列模型结果显示，自变量老年父母领取新农保养老金对因变量成年子女经济供养总额影响在 1% 的统计水平上显著；第三，（2）、（3）列回归结果表明，在加入了中介变量后，中介变量在分别在 5%、1% 的统计水平下显著，而自变量老年父母领取新农保养老金对成年子女经济供养总额的影响减弱，其回归系数从 3 451，分别降为 3 373、3 004，并且仍达到显著水平。根据前面中介效应的判断标准可知，成年子女劳动力迁移行为在老年父母领取新农保养老金影响成年子女经济供养总额中起到部分中介作用（见表 8－14 和图 8－10、图 8－11）。

表8-13　基于成年子女收入水平的异质性效应分析

| | 成年子女收入水平较高 | | | | | 成年子女收入水平较低 | | | | |
	(1) 迁移状况	(2) 迁移距离	(3) 经济供养数额	(4) 经济供养数额	(5) 经济供养数额	(6) 迁移状况	(7) 迁移距离	(8) 经济供养数额	(9) 经济供养数额	(10) 经济供养数额
参加新农保状况	0.229*** (0.0607)	0.470*** (0.0456)	1 703*** (247.5)	1 651*** (248.1)	1 411*** (250.4)	0.493*** (0.0511)	0.568*** (0.0423)	814.1*** (104.3)	769.7*** (105.7)	644.7*** (106.5)
迁移状况				1 196*** (425.1)					364.2** (147.4)	
迁移距离					1 797*** (272.3)					759.3*** (108.9)
控制变量	Yes	Yes	Yes	Yes	Yes	Yes	Yes	Yes	Yes	Yes
样本量	3 676	3 676	3 676	3 676	3 676	3 746	3 746	3 746	3 746	3 746
Log likelihood	-1 082.7169	-2 137.1015	-27 178.988	-27 175.005	-27 157.111	-1 585.2128	-2 444.0551	-20 334.61	-20 331.543	-20 310.176
LR chi2 (13)/(21)	186.56	250.58	181.05	189.01	224.80	326.81	302.97	238.04	244.17	286.91
Prob > chi2	0.0000	0.0000	0.0000	0.0000	0.0000	0.0000	0.0000	0.0000	0.0000	0.0000
Pseudo R^2	0.0793	0.0554	0.0033	0.0035	0.0041	0.0934	0.0584	0.0058	0.0060	0.0070

注：***、**分别表示在1%、5%的显著性水平，括号中数字代表标准误。

表 8-14　父母领取养老金对成年子女经济供养程度影响的中介效应检验

	(1) 迁移状况	(2) 迁移距离	(3) 经济供养 数额	(4) 经济供养 数额	(5) 经济供养 数额
领取新农保养老金状况	0.778*** (0.0908)	1.146*** (0.0683)	3 451*** (366.4)	3 373*** (373.9)	3 004*** (386.8)
迁移状况				482.2** (221.9)	
迁移距离					1 017*** (160.5)
其他控制变量	Yes	Yes	Yes	Yes	Yes
样本量	7 422	7 422	7 422	7 422	7 422
Log likelihood	−5 916.578	−7 817.773	−51 310.513	−51 280.549	−51 219.741
Wald chi2 (14)/(21)/(22)	507.58	780.75	699.67	712.39	776.83
Prob > chi2	0.0000	0.0000	0.0000	0.0000	0.0000

注：***、**分别表示在1%、5%的显著性水平，括号中数字代表标准误。

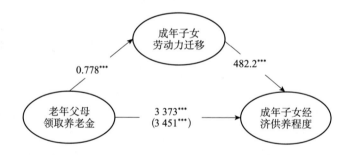

图 8-10　劳动力迁移在领取养老金影响经济供养程度的部分中介效应路径

注：***表示在1%的显著性水平，括号内数值为老年父母领取养老金对成年子女经济供养总额直接作用的回归系数。

　　根据中介效应的效果量公式，$Effect_m = \dfrac{a \times b}{c}$，计算中介效应占总效应的比值。根据前面分析和表 8-14 可知，当中介变量为"成年子女劳动力迁移"时，$a = 0.778$，$b = 482.2$，$c = 3\ 451$，$c' = 3\ 373$，则 $Effect_m = 0.1087$。当中介变量为"成年子女迁移距离"时，$a = 1.146$，$b = 1\ 017$，$c = 3\ 451$，$c' = 3\ 004$，则 $Effect_m = 0.3377$。由此验证了本研究假说 H3：成

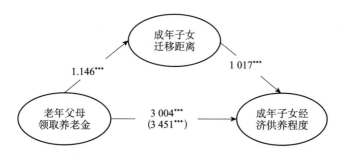

图 8 – 11　迁移距离在领取养老金影响经济供养程度的部分中介效应路径

注：*** 表示在 1% 的显著性水平，括号内数值为老年父母领取养老金对成年子女经济供养总额直接作用的回归系数。

年子女劳动力迁移行为是老年父母领取新农保养老金影响成年子女经济供养总额的重要中介机制。

（2）样本异质性分析。针对不同特征的成年子女分别进行中介效应分析，有利于进一步细化和揭示老年父母新农保参与对成年子女经济供养决策行为的作用机理。

第一，基于成年子女性别的异质性效应分析。

表 8 – 15 报告了基于成年子女性别差异下，成年子女劳动力迁移在老年父母领取养老金影响成年子女经济供养程度的中介效应检验结果。（1）～（5）列展示了女儿的中介效应检验结果；（6）～（10）列展示了儿子的中介效应检验结果。

根据前面中介效应的判断标准可知，成年子女劳动力迁移行为的中介效应显著，无论中介变量为"成年子女劳动力迁移"还是"成年子女劳动力迁移距离"，儿子的劳动力迁移行为的中介效应更为显著。从而本研究分假说 H3a 得到了验证。

第二，基于成年子女收入水平的异质性效应分析。

表 8 – 16 报告了基于成年子女收入水平差异下，成年子女劳动力迁移在老年父母领取养老金影响成年子女经济供养程度的中介效应检验结果。本研究按照成年子女收入等级，对超过均值的样本划为收入水平较高，而低于均值的样本就划为收入水平较低。（1）～（5）列展示了收入较高成年子女的中介效应检验结果；（6）～（10）列展示了收入较低成年子女的中介效应检验结果。

表8-15　基于成年子女性别的异质性效应分析

	女儿					儿子				
	(1) 迁移状况	(2) 迁移距离	(3) 经济供养数额	(4) 经济供养数额	(5) 经济供养数额	(6) 迁移状况	(7) 迁移距离	(8) 经济供养数额	(9) 经济供养数额	(10) 经济供养数额
领取新农保养老金状况	0.582*** (0.0718)	0.793*** (0.0482)	656.2*** (136.7)	615.2*** (137.8)	343.3** (140.5)	0.370*** (0.0635)	0.294*** (0.0576)	1 614*** (340.9)	1 514*** (343.5)	1 463*** (342.0)
迁移状况				526.1** (221.3)					919.5** (397.9)	
迁移距离					1 129*** (128.5)					1 448*** (333.0)
控制变量	Yes	Yes	Yes	Yes	Yes	Yes	Yes	Yes	Yes	Yes
样本量	4 440	4 440	4 440	4 440	4 440	2 982	2 982	2 982	2 982	2 982
Log likelihood	-1 226.1278	-2 747.9078	-28 393.659	-28 390.814	-28 354.798	-1 446.6646	-1 833.8408	-19 203.713	-19 201.033	-19 194.237
LR chi2 (13)/(21)	175.54	494.04	411.31	416.99	489.03	195.02	318.05	346.92	352.28	365.87
Prob > chi2	0.0000	0.0000	0.0000	0.0000	0.0000	0.0000	0.0000	0.0000	0.0000	0.0000
Pseudo R^2	0.0668	0.0825	0.0072	0.0073	0.0085	0.0631	0.0798	0.0090	0.0091	0.0094

注：***、**分别表示1%、5%的显著性水平，括号中数字代表标准误。

表 8-16　　基于成年子女收入水平的异质性效应分析

| | 成年子女收入水平较高 | | | | | 成年子女收入水平较低 | | | | |
	(1) 迁移状况	(2) 迁移距离	(3) 经济供养数额	(4) 经济供养数额	(5) 经济供养数额	(6) 迁移状况	(7) 迁移距离	(8) 经济供养数额	(9) 经济供养数额	(10) 经济供养数额
领取新农保养老金状况	0.285*** (0.0702)	0.533*** (0.0528)	1 268*** (272.6)	1 203*** (273.3)	918.3*** (276.0)	0.573*** (0.0638)	0.618*** (0.0514)	602.8*** (122.7)	544.3*** (124.0)	407.8*** (124.5)
迁移状况				1 255*** (425.6)					446.2*** (147.5)	
迁移距离					1 902*** (272.7)					838.2*** (108.6)
控制变量	Yes	Yes	Yes	Yes	Yes	Yes	Yes	Yes	Yes	Yes
样本量	3 676	3 676	3 676	3 676	3 676	3 746	3 746	3 746	3 746	3 746
Log likelihood	-1 081.3849	-2 138.3609	-27 191.966	-27 187.594	-27 167.515	-1 590.4688	-2 461.7918	-20 353.185	-20 348.585	-20 323.213
LR chi2 (13)/(21)	189.22	248.06	155.09	163.84	204.00	316.30	267.50	200.89	210.09	260.83
Prob > chi2	0.0000	0.0000	0.0000	0.0000	0.0000	0.0000	0.0000	0.0000	0.0000	0.0000
Pseudo R^2	0.0805	0.0548	0.0028	0.0030	0.0037	0.0904	0.0515	0.0049	0.0051	0.0064

注：*** 表示在 1% 的显著性水平，括号中数字代表标准误。

根据前面中介效应的判断标准可知，成年子女劳动力迁移行为的中介效应显著，无论中介变量为"成年子女劳动力迁移"还是"成年子女劳动力迁移距离"，收入水平较高的成年子女劳动力迁移行为的中介效应更为显著。从而本研究分假说 H3b 得到了验证。

8.3.3 领取金额对成年子女经济供养程度影响路径分析

（1）基本结果分析。表 8 - 17 报告了成年子女劳动力迁移在老年父母领取新农保养老金额度影响成年子女经济供养程度的中介效应检验结果。在表 8 - 17 中，从成年子女劳动力迁移行为在老年父母新农保参与影响成年子女经济供养程度的中介效应检验结果看，有以下几点：第一，通过前面分析可知，老年父母领取新农保养老金额度对中介变量"成年子女劳动力迁移""成年子女迁移距离"具有显著的正向影响；第二，（1）列模型结果显示，自变量老年父母领取新农保养老金额度对因变量成年子女经济供养总额有显著正向影响，且在 1% 的统计水平上显著；第三，（2）、（3）列回归结果表明，在加入了中介变量后，中介变量分别在 5%、1% 的统计水平上显著，而自变量老年父母领取新农保养老金对成年子女经济供养总额的影响减弱，其回归系数从 2 745，分别降为 2 668、2 368，并且仍达到显著水平。根据前面中介效应的判断标准可知，成年子女劳动力迁移行为在老年父母领取新农保养老金额度影响成年子女经济供养程度中起到部分中介作用（见表 8 - 17 和图 8 - 12、图 8 - 13）。

表 8 - 17　父母领取金额对成年子女经济供养程度影响的中介效应检验

	（1）迁移状况	（2）迁移距离	（3）经济供养数额	（4）经济供养数额	（5）经济供养数额
领取新农保养老金数额	0.572 *** (0.0596)	0.784 *** (0.0387)	2 745 *** (303.0)	2 668 *** (306.0)	2 368 *** (314.0)
迁移状况				585.8 ** (228.3)	
迁移距离					1 067 *** (163.4)

续表

	（1） 迁移状况	（2） 迁移距离	（3） 经济供养 数额	（4） 经济供养 数额	（5） 经济供养 数额
其他控制变量	Yes	Yes	Yes	Yes	Yes
样本量	7 422	7 422	7 422	7 422	7 422
Log likelihood	– 62 899. 92	– 64 819. 883	– 108 236. 75	– 108 226. 19	– 108 184. 62
Wald chi2 （14）/（21）/（22）	607. 05	1 096. 00	645. 13	660. 22	731. 10
Prob > chi2	0. 0000	0. 00 00	0. 0000	0. 0000	0. 0000

注：＊＊＊ 、＊＊ 分别表示在 1% 、5% 的显著性水平，括号中数字代表标准误。

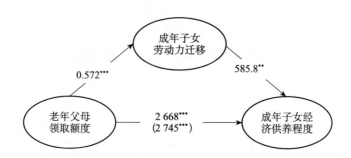

图 8 – 12　劳动力迁移在领取额度影响经济供养程度的部分中介效应路径

注：＊＊＊ 、＊＊ 分别表示在 1% 、5% 的显著性水平，括号内数值为老年父母领取养老金额度对成年子女经济供养总额直接作用的回归系数。

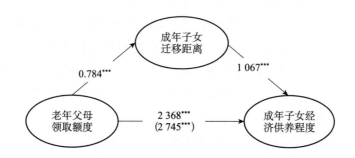

图 8 – 13　迁移距离在领取额度影响经济供养程度的部分中介效应路径

注：＊＊＊ 表示在 1% 的显著性水平，括号内数值为老年父母领取养老金额度对成年子女经济供养总额直接作用的回归系数。

根据中介效应的效果量公式，$Effectm = \dfrac{a \times b}{c}$，计算中介效应占总效应的比值。根据前面分析和表 8 – 17 可知，当中介变量为"成年子女劳动力迁移"时，$a = 0.572$，$b = 585.8$，$c = 2\,745$，$c' = 2\,668$，则 $Effect_m = 0.1220$。当中介变量为"成年子女迁移距离"时，$a = 0.784$，$b = 1\,067$，$c = 2\,745$，$c' = 2\,368$，则 $Effect_m = 0.3047$。由此验证了本研究假说 H3：成年子女劳动力迁移行为是老年父母领取新农保养老金额度影响成年子女经济供养总额的重要中介机制。

（2）样本异质性分析。针对不同特征的成年子女分别进行中介效应分析，有利于进一步细化和揭示老年父母新农保参与对成年子女经济供养决策行为的作用机理。

第一，基于成年子女性别的异质性效应分析。

表 8 – 18 报告了基于成年子女性别差异下，成年子女劳动力迁移在老年父母领取养老金额度影响成年子女经济供养程度的中介效应检验结果。（1）～（5）列展示了女儿的中介效应检验结果；（6）～（10）列展示了儿子的中介效应检验结果。

根据前面中介效应的判断标准可知，成年子女劳动力迁移行为的中介效应显著，无论中介变量为"成年子女劳动力迁移"还是"成年子女劳动力迁移距离"，儿子的劳动力迁移行为的中介效应更为显著。从而本研究分假说 H3a 得到了验证。

第二，基于成年子女收入水平的异质性效应分析。

表 8 – 19 报告了基于成年子女收入水平差异下，成年子女劳动力迁移在老年父母领取养老金额度影响成年子女经济供养程度的中介效应检验结果。本研究按照成年子女收入等级，对超过均值的样本划为收入水平较高，而低于均值的样本就划为收入水平较低。（1）～（5）列展示了收入较高成年子女的中介效应检验结果；（6）～（10）列展示了收入较低成年子女的中介效应检验结果。

根据前面中介效应的判断标准可知，成年子女劳动力迁移行为的中介效应显著，无论中介变量为"成年子女劳动力迁移"还是"成年子女劳动力迁移距离"，收入水平较高的成年子女劳动力迁移行为的中介效应更为显著。从而本研究分假说 H3b 得到了验证。

表8-18　基于成年子女性别的异质性效应分析

| | 女儿 | | | | | 儿子 | | | | |
	(1) 迁移状况	(2) 迁移距离	(3) 经济供养数额	(4) 经济供养数额	(5) 经济供养数额	(6) 迁移状况	(7) 迁移距离	(8) 经济供养数额	(9) 经济供养数额	(10) 经济供养数额
领取新农保养老金数额	0.272*** (0.0503)	0.307*** (0.0297)	137** (61.0)	126** (61.2)	57.5 (61.6)	0.140*** (0.0409)	0.122*** (0.0366)	856*** (211.0)	814*** (212.0)	794*** (211.0)
迁移状况				619.2*** (220.2)					1 024*** (396.2)	
迁移距离					1 192*** (125.7)					1 512*** (332.3)
控制变量	Yes	Yes	Yes	Yes	Yes	Yes	Yes	Yes	Yes	Yes
样本量	4 440	4 440	4 440	4 440	4 440	2 982	2 982	2 982	2 982	2 982
Log likelihood	-1 244.5276	-2 829.2902	-28 402.71	-28 398.723	-28 357.353	-1 457.7879	-1 841.3434	-19 206.718	-19 203.364	-19 196.329
LR chi2 (13)/(21)	138.74	331.28	393.20	401.18	483.92	172.77	303.05	340.91	347.62	361.69
Prob > chi2	0.0000	0.0000	0.0000	0.0000	0.0000	0.0000	0.0000	0.0000	0.0000	0.0000
Pseudo R^2	0.0528	0.0553	0.0069	0.0070	0.0085	0.0559	0.0760	0.0088	0.0090	0.0093

注：***、**分别表示在1%、5%的显著性水平，括号中数字代表标准误。

表 8 - 19　　基于成年子女收入水平的异质性效应分析

	成年子女收入水平较高					成年子女收入水平较低				
	(1) 迁移状况	(2) 迁移距离	(3) 经济供养数额	(4) 经济供养数额	(5) 经济供养数额	(6) 迁移状况	(7) 迁移距离	(8) 经济供养数额	(9) 经济供养数额	(10) 经济供养数额
领取新农保养老金数额	0.0999** (0.0419)	0.199*** (0.0307)	312*** (116.0)	296** (116.0)	220* (116.0)	0.267*** (0.0445)	0.270*** (0.0341)	287*** (77.6)	261*** (78.0)	206*** (78.1)
迁移状况				1 359*** (425.1)					497.3*** (146.5)	
迁移距离					2 012*** (270.0)					873.2*** (107.3)
控制变量	Yes	Yes	Yes	Yes	Yes	Yes	Yes	Yes	Yes	Yes
样本量	3 676	3 676	3 676	3 676	3 676	3 746	3 746	3 746	3 746	3 746
Log likelihood	-1 086.53	-2 166.1422	-27 199.221	-27 194.075	-27 171.276	-1 613.2095	-2 502.978	-20 358.47	-20 352.671	-20 325.132
LR chi2 (13)/(21)	178.93	192.49	140.58	150.88	196.47	270.82	185.13	190.32	201.92	256.99
Prob > chi2	0.0000	0.0000	0.0000	0.0000	0.0000	0.0000	0.0000	0.0000	0.0000	0.0000
Pseudo R²	0.0761	0.0425	0.0026	0.0028	0.0036	0.0774	0.0357	0.0047	0.0049	0.0063

注：***、**、* 分别表示在 1%、5% 和 10% 的显著性水平，括号中数字代表标准误。

8.4　新农保参与影响成年子女经济供养
形式机理的实证分析

为了运用前面中介效应方法研究成年子女劳动力迁移行为在老年父母新农保参与影响成年子女经济供养形式中发挥的作用，本节分别构建与式（8-1）~式（8-3）相对应的中介效应实证模型，并对其进行检验。

$$Y_{it} = \beta_0 + \beta_1 NRIS_{it} + \sum \beta_2 X_{it} + \lambda_t + \varphi_i + \varepsilon_{it} \qquad (8-9)$$

$$LM_{it} = \alpha_0 + \alpha_1 NRIS_{it} + \sum \alpha_2 X_{it} + \lambda_t + \varphi_i + \varepsilon_{it}^* \qquad (8-5)$$

$$Y_{it} = \delta_0 + \delta_1 NRIS_{it} + \delta_2 LM_{it} + \sum \delta_3 X_{it} + \lambda_t + \varphi_i + \varepsilon_{it}^{**} \quad (8-10)$$

其中，Y_{it}表示成年子女经济供养形式（即实物供养价值占总供养价值的比重），$NRIS_{it}$表示老年父母新农保参与情况，LM_{it}表示中介变量（成年子女劳动力迁移情况），X_{it}表示控制变量。

在与式（8-1）对应的实证模型上，当考察自变量老年父母新农保参与对因变量成子女经济供养形式的影响时，构建式（8-9），由于因变量成年子女经济供养总额在零点出现积聚及"左截取"（left censored）的现象，参考陈华帅和曾毅（2013）的做法，拟采用 Tobit 面板模型来估计相关系数；在与式（8-2）对应的实证模型，即考察自变量老年父母新农保参与对中介变量成年子女劳动力迁移影响时，采用前面式（8-5）的工具变量法来估计相关系数；在与式（8-3）对应的实证模型上，当考察自变量老年父母新农保参与对中介变量成年子女劳动力迁移对因变量成年子女经济供养形式的影响时，只需在式（8-9）的基础上加入中介变量即可，形成式（8-10），估计方法与式（8-9）相同，式（8-9）、式（8-5）、式（8-10）其他相关设置见第5章实证模型设定。

8.4.1　参加新农保对成年子女经济供养形式影响路径分析

（1）基本结果分析。表8-20报告了成年子女劳动力迁移在老年父母参加新农保影响成年子女经济供养形式的中介效应检验结果。在表8-20中，从成年子女劳动力迁移行为在老年父母新农保参与影响成年子女经济供养形式的中介效应检验结果看：第一，通过前面分析可知，老年父母参加新农保对中介变量"成年子女劳动力迁移""成年子女迁移距离"具有显著的正向影响，且在1%的统计水平上显著；第二，（1）列模型结果显示，自变量老年父母参加新农保对因变量成年子女经济供养形式影响在1%的统计水平上显著；第三，（2）、（3）列回归结果表明，在加入了中介变量后，中介变量均在1%的统计水平下显著，而自变量老年父母参加新农保对成年子女经济供养形式的影响减弱，其回归系数从0.633，分别降为0.619、0.580，并且仍达到显著水平。根据前面中介效应的判断标准可知，成年子女劳动力迁移行为在老年父母参加新农保影响成年子女经济供养形式中起到部分中介作用（见表8-20和图8-14、图8-15）。

表8-20　父母参加新农保对成年子女经济供养形式影响的中介效应检验

	（1）迁移状况	（2）迁移距离	（3）经济供养形式	（4）经济供养形式	（5）经济供养形式
参加新农保状况	0.499***（0.0595）	0.745***（0.0473）	0.633***（0.0383）	0.619***（0.0388）	0.580***（0.0397）
迁移状况				0.119***（0.0358）	
迁移距离					0.162***（0.0248）
其他控制变量	Yes	Yes	Yes	Yes	Yes
样本量	7 422	7 422	7 422	7 422	7 422
Log likelihood	−6 113.5737	−8 014.3486	−8 929.6139	−8 897.0405	−8 845.1989
Wald chi2 (14)/(21)/(22)	482.24	690.24	564.48	584.74	640.96
Prob > chi2	0.0000	0.0000	0.0000	0.0000	0.0000

注：***表示在1%的显著性水平，括号中数字代表标准误。

根据中介效应的效果量公式，$Effect_m = \dfrac{a \times b}{c}$，计算中介效应占总效应的比值。根据前面分析和表8-20可知，当中介变量为"成年子女劳动力迁移"时，$a=0.499$，$b=0.119$，$c=0.633$，$c'=0.619$，则 $Effect_m = 0.0938$。当中介变量为"成年子女迁移距离"时，$a=0.745$，$b=0.162$，

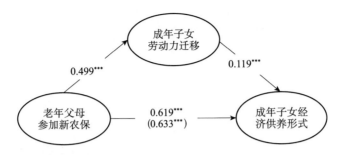

图 8 - 14　劳动力迁移在参加新农保影响经济供养形式的部分中介效应路径

注：*** 表示在 1% 的显著性水平，括号内数值为老年父母参加新农保对成年子女经济供养形式直接作用的回归系数。

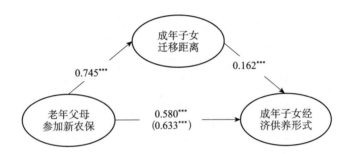

图 8 - 15　迁移距离在参加新农保影响经济供养形式的部分中介效应路径

注：*** 表示在 1% 的显著性水平，括号内数值为老年父母参加新农保对成年子女经济供养形式直接作用的回归系数。

$c = 0.633$，$c' = 0.580$，则 $\text{Effect}_m = 0.1907$。由此验证了本研究假说 H3：成年子女劳动力迁移行为是老年父母参加新农保影响成年子女经济供养形式的重要中介机制。

（2）样本异质性分析。针对不同特征的成年子女分别进行中介效应分析，有利于进一步细化和揭示老年父母新农保参与对成年子女经济供养决策行为的作用机理。

第一，基于成年子女性别的异质性效应分析。

表 8 - 21 报告了基于成年子女性别差异下，成年子女劳动力迁移在老年父母参加新农保影响成年子女经济供养形式的中介效应检验结果。（1）~（5）列展示了女儿的中介效应检验结果；（6）~（10）列展示了儿子的中介效应检验结果。

表8-21 基于成年子女性别的异质性效应分析

	女儿					儿子				
	(1) 迁移状况	(2) 迁移距离	(3) 经济供养形式	(4) 经济供养形式	(5) 经济供养形式	(6) 迁移状况	(7) 迁移距离	(8) 经济供养形式	(9) 经济供养形式	(10) 经济供养形式
参加新农保状况	0.469*** (0.0562)	0.738*** (0.0401)	0.454*** (0.0285)	0.440*** (0.0286)	0.381*** (0.0290)	0.332*** (0.0537)	0.245*** (0.0490)	0.400*** (0.0396)	0.387*** (0.0398)	0.392*** (0.0397)
迁移状况				0.192*** (0.0518)					0.126** (0.0505)	
迁移距离					0.268*** (0.0295)					0.0819** (0.0416)
控制变量	Yes	Yes	Yes	Yes	Yes	Yes	Yes	Yes	Yes	Yes
样本量	4 440	4 440	4 440	4 440	4 440	2 982	2 982	2 982	2 982	2 982
Log likelihood	-1 226.2746	-2 716.6454	-3 559.4974	-3 552.5059	-3 517.3732	-1 444.8177	-1 834.5316	-1 992.6109	-1 989.4707	-1 990.6589
LR chi2 (13)/(21)	175.24	556.57	391.62	405.61	475.87	198.71	316.67	229.44	235.72	233.35
Prob > chi2	0.0000	0.0000	0.0000	0.0000	0.0000	0.0000	0.0000	0.0000	0.0000	0.0000
Pseudo R^2	0.0667	0.0929	0.0521	0.0540	0.0634	0.0643	0.0795	0.0544	0.0559	0.0554

注：***、** 分别表示在1%、5%的显著性水平，括号中数字代表标准误。

根据前面中介效应的判断标准可知，成年子女劳动力迁移行为的中介效应显著，无论中介变量为"成年子女劳动力迁移"还是"成年子女劳动力迁移距离"，女儿的劳动力迁移行为的中介效应更为显著。从而本研究分假说 H3a 得到了验证。

第二，基于成年子女收入水平的异质性效应分析。

表 8－22 报告了基于成年子女收入水平差异下，成年子女劳动力迁移在老年父母参加新农保影响成年子女经济供养形式的中介效应检验结果。本研究按照成年子女收入等级，对超过均值的样本划为收入水平较高，而低于均值的样本就划为收入水平较低。（1）～（5）列展示了收入较高成年子女的中介效应检验结果；（6）～（10）列展示了收入较低成年子女的中介效应检验结果。

根据前面中介效应的判断标准可知，成年子女劳动力迁移行为的中介效应显著，无论中介变量为"成年子女劳动力迁移"还是"成年子女劳动力迁移距离"，收入水平较高的成年子女劳动力迁移行为的中介效应更为显著。从而本研究分假说 H3b 得到了验证。

8.4.2　领取新农保养老金对成年子女经济供养形式影响路径分析

（1）基本结果分析。表 8－23 报告了成年子女劳动力迁移在老年父母领取新农保养老金影响成年子女经济供养形式的中介效应检验结果。在表 8－23 中，从成年子女劳动力迁移行为在老年父母新农保参与影响成年子女经济供养形式的中介效应检验结果看：第一，通过前面分析可知，老年父母领取新农保养老金对中介变量"成年子女劳动力迁移""成年子女迁移距离"具有显著的正向影响，且在 1% 的统计水平上显著；第二，（1）列模型结果显示，自变量老年父母领取新农保养老金对因变量成年子女经济供养形式影响在 1% 的统计水平上显著；第三，（2）、（3）列回归结果表明，在加入了中介变量后，中介变量均在 1% 的统计水平下显著，而自变量老年父母领取新农保养老金对成年子女经济供养总额的影响减弱，其回归系数从 1.014，分别降为 0.999、0.947，并且仍达到显著水平。根据前面中介效应的判断标准可知，成年子女劳动力迁移行为在老年父母领取新农保养老金影响成年子女经济供养形式中起到部分中介作用（见表 8－23 和图 8－16、图 8－17）。

表8-22　基于成年子女收入水平的异质性效应分析

	成年子女收入水平较高					成年子女收入水平较低				
	(1) 迁移状况	(2) 迁移距离	(3) 经济供养形式	(4) 经济供养形式	(5) 经济供养形式	(6) 迁移状况	(7) 迁移距离	(8) 经济供养形式	(9) 经济供养形式	(10) 经济供养形式
参加新农保状况	0.229*** (0.0607)	0.470*** (0.0456)	0.426*** (0.0291)	0.418*** (0.0290)	0.390*** (0.0292)	0.493*** (0.0511)	0.568*** (0.0423)	0.442*** (0.0376)	0.428*** (0.0380)	0.395*** (0.0383)
迁移状况				0.197*** (0.0490)					0.121** (0.0529)	
迁移距离					0.216*** (0.0307)					0.194*** (0.0379)
控制变量	Yes	Yes	Yes	Yes	Yes	Yes	Yes	Yes	Yes	Yes
样本量	3 676	3 676	3 676	3 676	3 676	3 746	3 746	3 746	3 746	3 746
Log likelihood	-1 082.7169	-2 137.1015	-2 821.2644	-2 813.0162	-2 796.0157	-1 585.2128	-2 444.0551	-2 695.4375	-2 692.7978	-2 682.1534
LR chi2 (13)/(21)	186.56	250.58	348.96	365.46	399.46	326.81	302.97	350.43	355.71	377.00
Prob > chi2	0.0000	0.0000	0.0000	0.0000	0.0000	0.0000	0.0000	0.0000	0.0000	0.0000
Pseudo R^2	0.0793	0.0554	0.0582	0.0610	0.0667	0.0934	0.0584	0.0610	0.0620	0.0657

注：***、**分别表示在1%、5%的显著性水平，括号中数字代表标准误。

表 8 - 23 父母领取养老金对成年子女经济供养形式影响的中介效应检验

	(1) 迁移状况	(2) 迁移距离	(3) 经济供养 形式	(4) 经济供养 形式	(5) 经济供养 形式
领取新农保养老金状况	0.778 *** (0.0908)	1.146 *** (0.0683)	1.014 *** (0.0639)	0.999 *** (0.0651)	0.947 *** (0.0671)
迁移状况				0.0873 ** (0.0378)	
迁移距离					0.127 *** (0.0267)
控制变量	Yes	Yes	Yes	Yes	Yes
样本量	7 422	7 422	7 422	7 422	7 422
Log likelihood	-5 916.578	-7 817.773	-8 770.0549	-8 735.2764	-8 678.9505
Wald chi2 (14)/(21)/(22)	507.58	780.75	518.36	538.27	591.50
Prob > chi2	0.0000	0.0000	0.0000	0.0000	0.0000

注: *** 、** 分别表示在1% 、5%的显著性水平,括号中数字代表标准误。

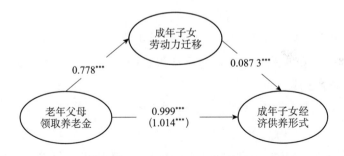

图 8 - 16 劳动力迁移在领取养老金影响经济供养形式的部分中介效应路径

注: *** 表示在 1% 的显著性水平,括号内数值为老年父母领取养老金对成年子女经济供养形式直接作用的回归系数。

根据中介效应的效果量公式, $Effect_m = \dfrac{a \times b}{c}$, 计算中介效应占总效应的比值。根据前面分析和表 8 - 23 可知, 当中介变量为"成年子女劳动力迁移"时, a = 0.778, b = 0.0873, c = 1.014, c' = 0.999, 则 $Effect_m$ = 0.0670。当中介变量为"成年子女迁移距离"时, a = 1.146, b = 0.127, c = 1.014, c' = 0.947, 则 $Effect_m$ = 0.1435。由此验证了本研究假说 H3:

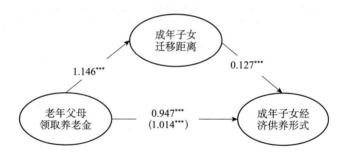

图 8 – 17　迁移距离在领取养老金影响经济供养形式的部分中介效应路径

注：*** 表示在1% 的显著性水平，括号内数值为老年父母领取养老金对成年子女经济供养
形式直接作用的回归系数。

成年子女劳动力迁移行为是老年父母领取新农保养老金影响成年子女经济供养形式的重要中介机制。

（2）样本异质性分析。针对不同特征的成年子女分别进行中介效应分析，有利于进一步细化和揭示老年父母新农保参与对成年子女经济供养决策行为的作用机理。

第一，基于成年子女性别的异质性效应分析。

表 8 –24 报告了基于成年子女性别差异下，成年子女劳动力迁移在老年父母领取养老金影响成年子女经济供养形式的中介效应检验结果。（1）～（5）列展示了女儿的中介效应检验结果；（6）～（10）列展示了儿子的中介效应检验结果。

根据前面中介效应的判断标准可知，成年子女劳动力迁移行为的中介效应显著，无论中介变量为"成年子女劳动力迁移"还是"成年子女劳动力迁移距离"，女儿的劳动力迁移行为的中介效应更为显著。从而本研究分假说 H3a 得到了验证。

第二，基于成年子女收入水平的异质性效应分析。

表 8 –25 报告了基于成年子女收入水平差异下，成年子女劳动力迁移在老年父母领取养老金影响成年子女经济供养形式的中介效应检验结果。本研究按照成年子女收入等级，对超过均值的样本划为收入水平较高，而低于均值的样本就划为收入水平较低。（1）～（5）列展示了收入较高成年子女的中介效应检验结果；（6）～（10）列展示了收入较低成年子女的中介效应检验结果。

表8-24 基于成年子女性别的异质性效应分析

	女儿					儿子				
	(1) 迁移状况	(2) 迁移距离	(3) 经济供养形式	(4) 经济供养形式	(5) 经济供养形式	(6) 迁移状况	(7) 迁移距离	(8) 经济供养形式	(9) 经济供养形式	(10) 经济供养形式
领取新农保养老金状况	0.582*** (0.0718)	0.793*** (0.0482)	0.335*** (0.0314)	0.317*** (0.0316)	0.249*** (0.0318)	0.370*** (0.0635)	0.294*** (0.0576)	0.337*** (0.0432)	0.321*** (0.0434)	0.326*** (0.0434)
迁移状况				0.234*** (0.0525)					0.148*** (0.0507)	
迁移距离					0.321*** (0.0297)					0.0938** (0.0417)
控制变量	Yes	Yes	Yes	Yes	Yes	Yes	Yes	Yes	Yes	Yes
样本量	4 440	4 440	4 440	4 440	4 440	2 982	2 982	2 982	2 982	2 982
Log likelihood	-1 226.1278	-2 747.9078	-3 636.6751	-3 626.4861	-3 576.3129	-1 446.6646	-1 833.8408	-2 016.2394	-2 011.8782	-2 013.6965
LR chi2 (13)/(21)	175.54	494.04	237.27	257.65	357.99	195.02	318.05	182.19	190.91	187.27
Prob > chi2	0.0000	0.0000	0.0000	0.0000	0.0000	0.0000	0.0000	0.0000	0.0000	0.0000
Pseudo R^2	0.0668	0.0825	0.0316	0.0343	0.0477	0.0631	0.0798	0.0432	0.0453	0.0444

注: ***、** 分别表示在1%、5% 的显著性水平，括号中数字代表标准误。

表 8 - 25　基于成年子女收入水平的异质性效应分析

	成年子女收入水平较高					成年子女收入水平较低				
	(1)迁移状况	(2)迁移距离	(3)经济供养形式	(4)经济供养形式	(5)经济供养形式	(6)迁移状况	(7)迁移距离	(8)经济供养形式	(9)经济供养形式	(10)经济供养形式
领取新农保养老金状况	0.285***(0.0702)	0.533***(0.0528)	0.310***(0.0310)	0.299***(0.0310)	0.264***(0.0312)	0.573***(0.0638)	0.618***(0.0514)	0.366***(0.0427)	0.346***(0.0431)	0.310***(0.0432)
迁移状况				0.212***(0.0495)					0.162***(0.0532)	
迁移距离					0.243***(0.0311)					0.237***(0.0379)
控制变量	Yes	Yes	Yes	Yes	Yes	Yes	Yes	Yes	Yes	Yes
样本量	3 676	3 676	3 676	3 676	3 676	3 746	3 746	3 746	3 746	3 746
Log likelihood	-1 081.3849	-2 138.3609	-2 884.9658	-2 875.6105	-2 853.7237	-1 590.4688	-2 461.7918	-2 731.6868	-2 726.9791	-2 711.7199
LR chi2 (13)/(21)	189.22	248.06	221.56	240.27	284.05	316.30	267.50	277.93	287.35	317.87
Prob > chi2	0.0000	0.0000	0.0000	0.0000	0.0000	0.0000	0.0000	0.0000	0.0000	0.0000
Pseudo R^2	0.0805	0.0548	0.0370	0.0401	0.0474	0.0904	0.0515	0.0484	0.0500	0.0554

注：*** 表示在 1% 的显著性水平，括号中数字代表标准误。

根据前面中介效应的判断标准可知，成年子女劳动力迁移行为的中介效应显著，无论中介变量为"成年子女劳动力迁移"还是"成年子女劳动力迁移距离"，收入水平较高的成年子女劳动力迁移行为的中介效应更为显著。从而本研究分假说 H3b 得到了验证。

8.4.3　领取金额对成年子女经济供养形式影响路径分析

（1）基本结果分析。表 8 – 26 报告了成年子女劳动力迁移在老年父母领取新农保养老金额度影响成年子女经济供养形式的中介效应检验结果。在表 8 – 26 中，从成年子女劳动力迁移行为在老年父母新农保参与影响成年子女经济供养形式的中介效应检验结果看，有以下几点：第一，通过前面分析可知，老年父母领取新农保养老金额度对中介变量"成年子女劳动力迁移""成年子女迁移距离"具有显著的正向影响；第二，（1）列模型结果显示，自变量老年父母领取新农保养老金额度对因变量成年子女经济供养形式有显著正向影响，且在 1% 的统计水平上显著；第三，（2）、（3）列回归结果表明，在加入了中介变量后，中介变量均在 1% 的统计水平下显著，而自变量老年父母领取新农保养老金对成年子女经济供养形式的影响减弱，其回归系数从 0.809，分别降为 0.792、0.749，且仍达到显著水平。根据前面中介效应的判断标准可知，成年子女劳动力迁移行为在老年父母领取新农保养老金额度影响成年子女经济供养形式中起到部分中介作用（见表 8 – 26 和图 8 – 18、图 8 – 19）。

表 8 – 26　父母领取金额对成年子女经济供养形式影响的中介效应检验

	（1）迁移状况	（2）迁移距离	（3）经济供养形式	（4）经济供养形式	（5）经济供养形式
领取新农保养老金数额	0.572 *** (0.0596)	0.784 *** (0.0387)	0.809 *** (0.0566)	0.792 *** (0.0570)	0.749 *** (0.0581)
迁移状况				0.118 *** (0.0417)	
迁移距离					0.143 *** (0.0293)

续表

	(1) 迁移状况	(2) 迁移距离	(3) 经济供养 形式	(4) 经济供养 形式	(5) 经济供养 形式
其他控制变量	Yes	Yes	Yes	Yes	Yes
样本量	7 422	7 422	7 422	7 422	7 422
Log likelihood	- 62 899.92	- 64 819.883	- 65 704.844	- 65 688.395	- 65 650.022
Wald chi2（14）/（21）/（22）	607.05	1 096.00	421.96	442.22	491.41
Prob > chi2	0.0000	0.0000	0.0000	0.0000	0.0000

注：*** 表示在1%的显著性水平，括号中数字代表标准误。

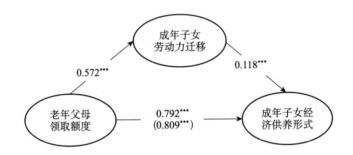

图 8 - 18　劳动力迁移在领取额度影响经济供养形式的部分中介效应路径

注：*** 表示在1%的显著性水平，括号内数值为老年父母领取养老金额度对成年子女经济供养形式直接作用的回归系数。

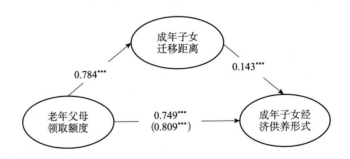

图 8 - 19　迁移距离在领取额度影响经济供养形式的部分中介效应路径

注：*** 表示在1%的显著性水平，括号内数值为老年父母领取养老金额度对成年子女经济供养形式直接作用的回归系数。

根据中介效应的效果量公式，$Effect_m = \dfrac{a \times b}{c}$，计算中介效应占总效应的比值。根据前面分析和表 8 – 26 可知，当中介变量为"成年子女劳动力迁移"时，$a = 0.572$，$b = 0.118$，$c = 0.809$，$c' = 0.792$，则 $Effect_m = 0.0834$。当中介变量为"成年子女迁移距离"时，$a = 0.784$，$b = 0.143$，$c = 0.809$，$c' = 0.749$，则 $Effect_m = 0.1386$。由此验证了本研究假说 H3：成年子女劳动力迁移行为是老年父母领取新农保养老金额度影响成年子女经济供养形式的重要中介机制。

（2）样本异质性分析。针对不同特征的成年子女分别进行中介效应分析，有利于进一步细化和揭示老年父母新农保参与对成年子女经济供养决策行为的作用机理。

第一，基于成年子女性别的异质性效应分析。

表 8 – 27 报告了基于成年子女性别差异下，成年子女劳动力迁移在老年父母领取养老金额度影响成年子女经济供养形式的中介效应检验结果。（1）～（5）列展示了女儿的中介效应检验结果；（6）～（10）列展示了儿子的中介效应检验结果。

根据前面中介效应的判断标准可知，成年子女劳动力迁移行为的中介效应显著，无论中介变量为"成年子女劳动力迁移"还是"成年子女劳动力迁移距离"，女儿的劳动力迁移行为的中介效应更为显著。从而本研究分假说 H3a 得到了验证。

第二，基于成年子女收入水平的异质性效应分析。

表 8 – 28 报告了基于成年子女收入水平差异下，成年子女劳动力迁移在老年父母领取养老金额度影响成年子女经济供养形式的中介效应检验结果。本研究按照成年子女收入等级，对超过均值的样本划分为收入水平较高，而低于均值的样本就划为收入水平较低。（1）～（5）列展示了收入较高成年子女的中介效应检验结果；（6）～（10）列展示了收入较低成年子女的中介效应检验结果。

根据前面中介效应的判断标准可知，成年子女劳动力迁移行为的中介效应显著，无论中介变量为"成年子女劳动力迁移"还是"成年子女劳动力迁移距离"，收入水平较高的成年子女劳动力迁移行为的中介效应更为显著。从而本研究分假说 H3b 得到了验证。

表8-27　基于成年子女性别的异质性效应分析

	女儿					儿子				
	(1) 迁移状况	(2) 迁移距离	(3) 经济供养形式	(4) 经济供养形式	(5) 经济供养形式	(6) 迁移状况	(7) 迁移距离	(8) 经济供养形式	(9) 经济供养形式	(10) 经济供养形式
领取新农保养老金数额	0.272*** (0.0503)	0.307*** (0.0297)	0.0851*** (0.0133)	0.0806*** (0.0133)	0.0639*** (0.0132)	0.140*** (0.0409)	0.122*** (0.0366)	0.158*** (0.0261)	0.152*** (0.0261)	0.153*** (0.0261)
迁移状况				0.279*** (0.0525)					0.174*** (0.0506)	
迁移距离					0.360*** (0.0292)					0.112*** (0.0418)
控制变量	Yes	Yes	Yes	Yes	Yes	Yes	Yes	Yes	Yes	Yes
样本量	4 440	4 440	4 440	4 440	4 440	2 982	2 982	2 982	2 982	2 982
Log likelihood	-1 244.5276	-2 829.2902	-3 674.3005	-3 659.685	-3 595.6104	-1 457.7879	-1 841.3434	-2 029.3365	-2 023.3131	-2 025.7345
LR chi2 (13)/(21)	138.74	331.28	162.02	191.25	319.40	172.77	303.05	155.99	168.04	163.20
Prob > chi2	0.0000	0.0000	0.0000	0.0000	0.0000	0.0000	0.0000	0.0000	0.0000	0.0000
Pseudo R²	0.0528	0.0553	0.0216	0.0255	0.0425	0.0559	0.0760	0.0370	0.0399	0.0387

注：***表示在1%的显著性水平，括号中数字代表标准误。

表8-28 基于成年子女收入水平的异质性效应分析

	成年子女收入水平较高					成年子女收入水平较低				
	(1)迁移状况	(2)迁移距离	(3)经济供养形式	(4)经济供养形式	(5)经济供养形式	(6)迁移状况	(7)迁移距离	(8)经济供养形式	(9)经济供养形式	(10)经济供养形式
领取新农保养老金数额	0.0999** (0.0419)	0.199*** (0.0307)	0.0745*** (0.0124)	0.0719*** (0.0124)	0.0627*** (0.0123)	0.267*** (0.0445)	0.270*** (0.0341)	0.173*** (0.0261)	0.164*** (0.0262)	0.149*** (0.0263)
迁移状况				0.238*** (0.0497)					0.196*** (0.0530)	
迁移距离					0.275*** (0.0310)					0.266*** (0.0375)
控制变量	Yes	Yes	Yes	Yes	Yes	Yes	Yes	Yes	Yes	Yes
样本量	3 676	3 676	3 676	3 676	3 676	3 746	3 746	3 746	3 746	3 746
Log likelihood	-1 086.53	-2 166.1422	-2 918.0928	-2 906.2978	-2 877.4733	-1 613.2095	-2 502.978	-2 747.6846	-2 740.7158	-2 721.9892
LR chi2 (13)/(21)	178.93	192.49	155.31	178.90	236.55	270.82	185.13	245.94	259.88	297.33
Prob > chi2	0.0000	0.0000	0.0000	0.0000	0.0000	0.0000	0.0000	0.0000	0.0000	0.0000
Pseudo R^2	0.0761	0.0425	0.0259	0.0299	0.0395	0.0774	0.0357	0.0428	0.0453	0.0518

注：***、** 分别表示在1%、5%的显著性水平，括号中数字代表标准误。

第9章 结论与政策建议

本章的结构安排如下：首先是对本研究的主要结论进行阐述；其次，提出相应的政策建议；最后，提出几点未来的研究展望。

9.1 主要研究结论

9.1.1 老年父母新农保参与对成年子女劳动力迁移决策行为的影响

（1）老年父母新农保参与行为显著提高了成年子女选择迁移的概率。相对女儿，老年父母新农保参与对儿子选择迁移概率的影响更为显著，新农保影响效应存在性别差异。同时，老年父母新农保参与行为缓解了成年子女照料子女的压力，有利于促进其劳动力迁移。老年父母新农保参与显著影响教育程度较低子女的劳动力迁移决策，相比于教育程度较高的成年子女，受教育程度较低的成年子女，老年父母新农保参与行为更加提高其劳动力迁移的概率，此外，老年父母新农保参与显著影响收入较低成年子女的劳动力迁移决策。老年父母教育程度较低时，其新农保参与行为对成年子女劳动力迁移决策的影响更显著，这说明新农保对教育程度不同的老年父母产生的影响机理和效应存在显著差异。新农保对老年父母身体健康较差的成年子女影响更为明显，这充分说明，老年父母新农保参与行为缓解了成年子女赡养父母的压力。同时，相对于抑郁程度较低的老年父母，抑郁程度较高的老年父母新农保参与行为对成年子女劳动力迁移的影响更为显著，这充分表明老年父母参加新农保，领取一定的养老金后，增加了其心理安全感，减少了对成年子女的过度依赖，提高了成年子女劳动力迁移的概率。

此外，老年父母新农保参与行为对成年子女劳动力迁移概率的影响存在区域性差异。相较于中部地区和西部地区，东部地区老年父母参加新农保以及领取养老金对成年子女劳动力迁移的影响更为显著。但在老年父母养老金金额对成年子女劳动力迁移决策影响上，东部地区并不显著，反而中部地区和西部地区的成年子女受到的影响更为显著。

（2）老年父母新农保参与行为对成年子女劳动力迁移距离的影响显著为正。相比于儿子，女儿迁往县外的概率更高，说明老年父母新农保参与对女儿劳动力迁移距离的影响大于对儿子劳动力迁移距离的影响，更说明广大农村"养儿防老"的现状并没有发生根本改变，虽然老年父母参加新农保有一笔稳定的收入，但毕竟收入有限，对儿子的劳动力远距离迁移的约束在一定程度上还是存在的。老年父母新农保参与显著影响教育程度较低子女的劳动力迁移距离决策，相较于教育程度较高的成年子女，受教育程度较低的成年子女，老年父母新农保参与行为显著增加了其迁往县外的概率。此外，老年父母新农保参与显著影响收入较低成年子女的劳动力迁移距离决策。新农保政策会因为老年父母教育程度的差别，对成年子女迁移距离的影响产生显著性差异。老年父母教育程度较高时，老年父母新农保参与对其成年子女劳动力迁移距离决策的影响更显著。新农保对身体健康较差的老年人影响更为明显。同时，相对于抑郁程度较低的老年父母，抑郁程度较高的老年父母新农保参与行为对成年子女劳动力迁移距离的影响更为显著，提高了成年子女劳动力迁往县外的概率，且抑郁程度越高，影响效应越显著。

此外，老年父母新农保明显放宽对成年子女劳动力迁移距离的约束，且存在区域性差异，在老年父母领取一定养老金后，对成年子女劳动力迁移距离决策影响上，中部地区成年子女受到的影响更大，亦更为显著，东部次之，西部相对较小。

9.1.2　老年父母新农保参与对成年子女经济供养行为的影响

（1）老年父母新农保参与对成年子女提供经济供养概率的影响显著为正。老年父母领取新农保养老金并未显著挤出成年子女对其的经济支持，反而显著增加了成年子女对其的经济支持。女儿在赡养父母中作用日益凸显，但儿子仍是农村老年父母最重要的赡养主体。相较于收入水平较高的成年子女，老年父母新农保参与主要影响收入较低子女提供经济供养的决策。通过比较老年父母教育程度、身体健康可知，新农保政策主要改善了低收入阶层、身体健康欠佳的老年人的福利水平。此外，老年父母新农保参与对成年子女提供经济供养概率的影响还存在区域差异，对中部地区的影响更为显著，也在一定程度上弥补了中部地区成年子女劳动力迁移比重过大后，对该区域老年父母带来的负面影响。

（2）老年父母新农保参与有利于增加成年子女提供经济供养的总额。在老年父母新农保参与的情况下，相比于女儿，儿子提供经济供养的金额更多。老年父母新农保参与主要影响收入较高子女经济供养程度的决策，通过比较老年父母教育程度、身体健康可知，新农保政策主要改善了低收入阶层、身体健康欠佳的老年人的福利水平。此外，老年父母新农保参与对成年子女提供经济供养程度的影响还存在区域差异，对中部地区的影响更为显著，西部次之，东部最不明显。

（3）老年父母新农保参与对成年子女提供经济供养形式具有显著正向影响，增加了成年子女以实物形式提供经济供养的比例。老年父母新农保参与行为显著影响了成年子女提供经济供养的形式，大大挤入了成年子女以实物形式供养的总额和比重。相对于儿子，老年父母参加新农保后，女儿以实物形式提供经济供养比重略高；但当老年父母领取一定养老金后，儿子以实物形式提供经济供养比重高于女儿。相对于收入水平较高的成年子女，老年父母新农保参与对收入水平较低的成年子女以实物形式提供经济供养比重的影响更为显著。通过比较老年父母教育程度、身体健康可知，新农保政策主要改变了低收入阶层、身体健康欠佳的老年人成年子女的经济供养形式。此外，老年父母新农保参与对成年子女提供经济供养形式的影响还存在区域差异，对中部地区的影响更为显著，西部次之，东部最低。

9.1.3　基于中介变量的新农保参与对成年子女经济供养的影响

（1）成年子女劳动力迁移行为在老年父母新农保参与影响成年子女经

济供养决策中起到部分中介作用，是老年父母新农保参与影响成年子女经济供养的重要中介机制。同时，成年子女劳动力迁移行为的中介效应具有性别差异，当中介变量为"成年子女劳动力迁移"时，儿子迁移行为的中介效应更为显著；但当中介变量为"成年子女劳动力迁移距离"时，女儿的劳动力迁移行为的中介效应更为显著。此外，收入水平较高的成年子女劳动力迁移行为的中介效应更为显著，成年子女劳动力迁移行为的中介效应具有收入性差异。

（2）成年子女劳动力迁移行为在老年父母新农保参与影响成年子女经济供养程度中起到部分中介作用，是影响成年子女经济供养程度的重要中介机制。同时，相比于女儿，儿子的劳动力迁移行为的中介效应更为显著，成年子女劳动力迁移行为的中介效应具有性别差异。此外，收入水平较高的成年子女劳动力迁移行为的中介效应更为显著，成年子女劳动力迁移行为的中介效应具有收入性差异。

（3）成年子女劳动力迁移行为在老年父母新农保参与影响成年子女经济供养形式中起到部分中介作用，是影响成年子女经济供养形式的重要中介机制。同时，相比于儿子，女儿的劳动力迁移行为的中介效应更为显著，成年子女劳动力迁移行为的中介效应具有性别差异。此外，收入水平较高的成年子女劳动力迁移行为的中介效应更为显著，成年子女劳动力迁移行为的中介效应具有收入性差异。

9.2　政策建议

9.2.1　完善农村社会养老保险政策设计体系

新农保政策的实施初衷仅仅是为了逐步解决广大农民的养老问题。然而，本研究却发现新农保制度的实施还产生了更为积极的政策效果，老年父母新农保参与行为对成年子女劳动力迁移会产生显著影响。

上述研究结论对于完善城乡社会养老保险制度本身及其对城乡劳动力市场建设具有重要的启示：首先，农村居民基本养老金依然偏低，由于整体缴费水平偏低，导致个人账户基金积累不足，限制了社会保险政策效果。因此，随着我国经济的发展和财政收入的增加，应适时增加政府补贴在养老保险基金中的比例，逐渐提高城乡社会养老保险的保障水平。其次，需要进一步提高农村居民参保缴费的积极性，在当前基本养老金标准无法大幅度提高的前提下，可以改变城乡社会养老保险基金管理和运营模式，积极推进商业化运营，提高个人账户基金收益率。同时，制定财政缴费补贴与农民分档缴费挂钩的激励机制，引导农村老年人选择较高标准的缴费档次并长期缴费，形成社会养老保险制度的长效机制。最后，要加强城乡养老保险制度转移接续机制建设，提高农民城乡就业的养老保险"便携性"，不断发挥社会养老保险政策对城乡劳动力市场就业的积极效应。

9.2.2 推动农村公共养老服务建设

研究表明，老年父母新农保参与有利于促进成年子女劳动力迁移，且影响效应存在异质性，对老年父母身体健康较差的成年子女迁移影响更为显著，带来的重要问题就是由于农村青壮年劳动力迁移，留守老年父母的日常照料问题迫切需要关注。

由于农村青壮年外出，老年父母日常照料，尤其是失能或半失能农村老年人照料迫切需要解决。中央和各级地方政府应推动农村养老基础设施建设，为留守老年人创造良好的养老硬件条件。一方面，各级政府要推动新兴产业发展，尤其是农村智慧养老产业以及市场的发展，为形成农村社会"医养结合"模式奠定良好基础。依托高新技术的进步，充分发挥"互联网＋"的新业态，大力培育农村智慧养老产业和市场，有效降低由于成年子女劳动力迁移造成老年父母心理失落和情感空虚、缺乏日常照料等一系列现实养老问题。另一方面，由于收入水平较低，农村老年人在卫生保健方面大部分处于边缘地位，"有病不治""小病拖大病"现象较为普遍。因此，相关决策部门必须通过降低医疗成本，并制定医疗和药品成本的保护价格，扩大当前新农合制度报销比例和报销范围。此外，要吸引更好的医疗从业者到农村地区，最终为农村老年人提供适当的医疗保险，来改善当前农村医疗保健市场。奖励农村地区的卫生保健从业人员，并免费为这些农村从业人员提供适当的培训，不断提高其服务水平和服务质量。

同时，要促进社会关怀，营造良好的尊老爱老的氛围。随着独生子女一代也成为迁徙劳动力的主体，没有子女留在家里或附近提供身体照料的农村老人的数量将大大增加。由于在中国文化中历史上定义的亲属关系为更大的圈，大家庭的成员也对亲属关系圈中的其他成员相互承担一些非正式的义务。邻居也被历史定义为支持的宝贵来源，正所谓"远亲不如近邻"。因此，为了照顾农村老年人，特别是目前没有政府大力支持的情况下，广大农村社区需要汇集尽可能多的资源，并充分结合中国农村社区养老现状，制定一个基于村庄社区的社会关怀计划，鼓励农村社区老年人之间形成互助养老模式。

9.2.3 创新农村社会养老保险制度的瞄准机制

通过研究发现老年父母新农保参与行为不仅不会"挤出"成年子女的经济供养，反而会挤入成年子女的经济供养，使老年父母的经济福利水平得到双重提升，但老年父母新农保参与对成年子女经济供养的影响具有异质性效应。

因此，随着中国新农保制度覆盖率的持续提高与养老金待遇的不断增加，相关决策部门需要充分了解城乡社会养老保险制度对参保者收入再分配效应的异质性差异，不断创新社会养老保险制度的瞄准机制，从而保证社会养老保险制度发挥其养老保障的基本功能，真正实现低收入老年人群体福利改善与降低贫困的政策目标。特别是针对农村贫困老人群体，政府应加大农村社会养老保险缴费中的补贴力度，确保农村社会养老保险政策对贫困家庭老年人的全覆盖。此外，还需要对弱势老年群体给予更多的政策倾斜，从而深入推进基本公共服务的均等化进程。最后，在进一步推进和完善当前农村社会养老保险制度的过程中，政府部门应该考虑不同地区在经济发展水平和养老保障方面的地区差异，加快推进省级城乡社会养老保险制度统筹工作，为实施全国统筹奠定基础。

9.2.4 切实保护农村劳动力迁移者的合法权益

成年子女劳动力迁移行为在老年父母新农保参与影响成年子女经济供养行为中起到部分中介作用，是提升老年父母经济福利水平重要的中介机制。因此，要增强社会养老保险带来的福利效应，必须消除农民城乡流动就业制度性和体制性障碍，切实保障好保护迁徙劳动者的权利。

当前，绝大多数农村劳动力迁移者，被称为"流动人口"，生活在中国城市社会底层。他们没有城市户口及其所附带的一系列福利权利，包括医疗、子女教育、住房以及养老金等。由于没有城市户口，农村劳动力迁移者通常倾向于在具有危险或不卫生的工作条件等低门槛的制造和建筑工作中工作，这些工作通常需要长时间工作，没有或很少的假期时间和工作安全。他们的劳动权利经常受到侵犯或忽视。因此，他们在社会中处于极其不利的经济地位，但他们又是为其年长父母提供经济照料的主要提供者。换句话说，农村老年人缺少法律保护和福利的保障，他们的子女在城市地区面临同样的问题。虽然中国政府颁布了新的劳动法以保护农民工的权利，但私营企业主对这些法律的执行仍然存在疑问。因此，各级政府需要作出更大的努力，不仅要制定新的法律，而且要加大执行相关法律的力度，切实保障农村劳动力迁移者的合法权益。

9.3　研究展望

综上所述，本书对于理解和洞察社会养老保险制度对农村老年父母经济福利影响及作用机理做了初步尝试，研究成果可为社会养老保险相关政策制定提供理论参考。此外，本研究的结果为未来在中国农村社会保障以及老年照料研究领域提出了更多的研究问题。

第一，老年父母新农保参与促进了成年子女劳动力迁移，在增加农村老年人经济福利的同时，带来了农村老年人日常照料和精神慰藉的缺失，但依靠信息技术的快速发展和参与，通过发展智慧养老产业，由迁移距离导致的养老问题及负面影响是否在逐步缩小，有待进一步探究。

第二，本书仅从代际经济供养这一视角考察了"新农保"的影响，而全面评估以"新农保"政策为主体的城乡社会养老保险制度效果还有待进一步研究。社会养老保险可能对家庭内部资源产生再分配效应，这些都是值得进一步研究的方向。

第三，由于无法通过成年子女获得日常照料，老年父母参加社会养老保险后，机构照料是否会成为有劳动力迁移子女的农村老年父母的选择呢？此外，迁移的子女是否愿意为老年父母提供养老机构照料费用，并将照料的责任转移到养老机构中呢？这些问题都有待进一步探讨。因此，需要进一步探讨城乡社会养老保险对农村老年人居住模式、护理模式选择的影响。

第四，由于当前新农保总体上保障水平较低，老年父母参加新农保，领取一定养老金虽然在一定程度上降低了对成年子女的依赖，但成年子女依然是其赡养的最重要主体，至少在短期内不会改变。因此，探讨家庭养老与社会养老的关系，如何发挥宗族网络以及强化孝道对家庭的维系作用，从而为农村老人提供更好的养老环境，走出一条家庭养老和社会养老相结合的具有中国特色的养老之路，值得进一步探讨。

第五，随着中国老龄化进程的加快和城镇化的同步推进，发展农村养老产业成为成千上万老年人能否实现"老有所养"的重要方式。而由于盈利空间小，社会资本介入积极性不高，制约了农村养老产业的发展。但当前中国实施的普惠性金融、城乡社会养老保险制度、农村土地确权以及上市流转都为农村养老产业的发展营造了良好的社会环境。因此，探讨有中国特色的农村养老产业发展之路将会是政府和学术界关注的热点问题。

参考文献

［1］蔡昉. 关于中国人口及相关问题的若干认识误区［J］. 国际经济评论，2010（6）：81-94，5.

［2］蔡蒙. 劳务经济引致下的农村留守老人生存状态研究［J］. 农村经济，2006（4）：118-121.

［3］陈华帅，曾毅. "新农保"使谁受益：老人还是子女？［J］. 经济研究，2013（8）：55-67.

［4］程令国，张晔，刘志彪. "新农保"改变了中国农村居民的养老模式吗？［J］. 经济研究，2013（8）：42-54.

［5］杜鹏，丁志宏，李全棉，等. 农村子女外出务工对留守老人的影响［J］. 人口研究，2004（6）：44-52.

［6］范辰辰，李文. 新农保、宗族网络与农村家庭代际转移［J］. 北京社会科学，2015（1）：18-25.

［7］方杰，张敏强，邱皓政. 中介效应的检验方法和效果量测量［J］. 心理发展与教育，2012（1）：105-111.

［8］封进. 人口老龄化、社会保障及对劳动力市场的影响［J］. 中国经济问题，2019（5）：15-33.

［9］郝春虹，赵旭东，张慧敏. "社会统筹养老"是否真的挤出"家庭代际养老"和"个人自我养老"［J］. 南开经济研究，2021（6）：144-161.

［10］何平，Hyung Ju Lee. 中国农村养老保险制度改革与发展报告［M］. 北京：中国经济出版社，2011：1-3.

［11］贺聪志，叶敬忠. 农村劳动力外出务工对留守老人生活照料的影响研究［J］. 农业经济问题，2010（3）：46-53，111.

［12］胡宏伟，栾文敬，杨睿，等. 挤入还是挤出：社会保障对子女

经济供养老人的影响 [J]. 人口研究, 2012 (2): 82 - 96.

[13] 黄宏伟. 新型农村社会养老保险的制度效应及可持续性研究 [D]. 南京: 南京农业大学, 2014.

[14] 加里·斯坦利·贝克尔. 家庭论 [M]. 北京: 商务印书馆, 2009: 41 - 48.

[15] 加里·斯坦利·贝克尔. 人类行为的经济分析 [M]. 上海: 格致出版社, 2008: 161 - 163.

[16] 江克忠, 裴育, 夏策敏. 中国家庭代际转移的模式和动机研究 [J]. 经济评论, 2013 (4): 37 - 46.

[17] 解垩. "新农保" 对农村老年人劳动供给及福利的影响 [J]. 财经研究, 2015 (8): 39 - 49.

[18] 李强. 中国外出农民工及其汇款之研究 [J]. 社会学研究, 2001 (4): 64 - 76.

[19] 李瑞芬, 童春林. 中国老年人精神赡养问题 [J]. 中国老年学杂志, 2006 (12): 1754 - 1755.

[20] 刘欢. 社会保障与农村老年人劳动供给 [J]. 劳动经济研究, 2017 (2): 96 - 111.

[21] 刘凌晨, 曾益. 新农保覆盖对农户劳动供给的影响 [J]. 农业技术经济, 2016 (6): 56 - 67.

[22] 刘佩, 孙立娟. 城乡居民养老保险对代际经济支持的影响——基于中介效应模型的研究 [J]. 云南财经大学学报, 2020, 36 (12): 3 - 18.

[23] 刘岩. 私人代际转移动机研究——基于 CHARLS 的实证分析 [J]. 经济理论与经济管理, 2015 (10): 56 - 66.

[24] 刘子兰, 郑茜文, 周成. 养老保险对劳动供给和退休决策的影响 [J]. 经济研究, 2019 (6): 151 - 167.

[25] 卢海阳, 钱文荣. 子女外出务工对农村留守老人生活的影响研究 [J]. 农业经济问题, 2014 (6): 24 - 32, 110.

[26] 马春华, 石金群, 李银河, 等. 中国城市家庭变迁的趋势和最新发现 [J]. 社会学研究, 2011 (2): 182 - 216.

[27] 马光荣, 周广肃. 新型农村养老保险对家庭储蓄的影响 [J]. 经济研究, 2014 (11): 116 - 129.

［28］马克·赫特尔.变动中的家庭［M］.杭州：浙江人民出版社，1987：310－313.

［29］宁满秀，王小莲.中国农村家庭代际经济支持行为动机分析［J］.农业技术经济，2015（5）：21－33.

［30］秦昌才.新农保对家庭养老的替代效应——基于CFPS的微观证据［J］.东岳论丛，2019，40（6）：87－95，192.

［31］沈毅，穆怀中，陈曦.新型农村社会养老保险对城乡劳动力市场就业效应研究［J］.经济研究参考，2013（62）：28－33.

［32］舒玢玢，同钰莹.成年子女外出务工对农村老年人健康的影响——再论"父母在，不远游"［J］.人口研究，2017，41（2）：42－56.

［33］宋璐，李树茁.子女迁移对农村老年家庭生计资本的影响——基于家庭结构的可持续生计分析［J］.人口研究，2017，41（3）：65－75.

［34］孙鹃娟.劳动力迁移过程中的农村留守老人照料问题研究［J］.人口学刊，2006（4）：14－18.

［35］孙战文.农民工家庭迁移决策与迁移行为研究［D］.泰安：山东农业大学，2013：30.

［36］谭华清，周广肃，王大中.新型农村社会养老保险对城乡劳动力转移的影响［J］.经济科学，2016（1）：53－65.

［37］谭银清，陈益芳.新农保减少了来自子女的代际支付吗？［J］.北京社会科学，2016（7）：86－92.

［38］唐灿.家庭现代化理论及其发展的回顾与评述［J］.社会学研究，2010（3）：199－222.

［39］田北海，徐杨.成年子女外出弱化了农村老年人的家庭养老支持吗？［J］.中国农村观察，2020（4）：50－69.

［40］王芳，李锐."新农保"对"家庭养老"替代性的地区差异分析［J］.保险研究，2016（12）：114－123.

［41］王劲松.收入代际转移动机理论述评［J］.经济学动态，2002（2）：76－80.

［42］王全胜.农村留守老人问题初探［J］.学习论坛，2007（1）：71－73.

[43] 王小龙，兰永生．劳动力转移、留守老人健康与农村养老公共服务供给 [J]．南开经济研究，2011 (4)：21 – 31，107.

[44] 王小增，杜兴艳，王林萍．亲近还是疏远：新农保对中国农村家庭代际情感支持的影响研究 [J]．南京农业大学学报（社会科学版），2021 (4)：76 – 85.

[45] 王小增，王林萍，宁满秀．新农保参与、劳动力迁移与农村老年人经济供养 [J]．当代经济管理，2020 (6)：33 – 39.

[46] 王小增，王林萍．"新农保"拉近了父母与子女的空间距离吗？[J]．农业技术经济，2020 (6)：90 – 102.

[47] 王翌秋，陈青霞．养老金收入对农村家庭代际转移的影响 [J]．金融经济学研究，2017 (5)：117 – 128.

[48] 温忠麟，叶宝娟．中介效应分析：方法和模型发展 [J]．心理科学进展，2014 (5)：731 – 745.

[49] 温忠麟，张雷，侯杰泰等．中介效应检验程序及其应用 [J]．心理学报，2004 (5)：614 – 620.

[50] 许明，刘长庚，陈华帅．是否参加"新农保"对中国农村老人的影响 [J]．山西财经大学学报，2014 (11)：12 – 24.

[51] 杨帆，杨成刚．家庭结构和代际交换对养老意愿的影响 [J]．人口学刊，2016 (1)：68 – 76.

[52] 杨政怡．替代或互补：群体分异视角下新农保与农村家庭养老的互动机制 [J]．公共管理学报，2016 (1)：117 – 127.

[53] 叶敬忠，贺聪志．农村劳动力外出务工对留守老人经济供养的影响研究 [J]．人口研究，2009 (4)：44 – 53.

[54] 于新亮，申宇鹏，李红波．新农保非携带性对农村劳动力流动的锁定效应 [J]．中国农村观察，2019 (6)：109 – 126.

[55] 张川川，陈斌开．"社会养老"能否替代"家庭养老"？[J]．经济研究，2014 (11)：102 – 115.

[56] 张翠娥，杨政怡．名实的分离与融合：农村女儿养老的现状与未来 [J]．妇女研究论丛，2015 (1)：12 – 19.

[57] 张红梅．中国农村社会养老保险商业化运作模式研究 [M]．北京：科学出版社，2012：36 – 37.

［58］张琪，李廷豪.家庭养老财务转移代际回报研究［J］.人口与经济，2015（2）：98 - 107.

［59］张胜荣，聂焱.欠发达地区农村劳动力外流对老年人经济支持影响的实证研究［J］.清华大学学报（哲学社会科学版），2012（4）：46 - 54.

［60］张文娟，李树茁.劳动力外流对农村家庭养老的影响分析［J］.中国软科学，2004（8）：34 - 39.

［61］张文娟.成年子女的流动对其经济支持行为的影响分析［J］.人口研究，2012（3）：68 - 80.

［62］张烨霞，李树茁，靳小怡.农村三代家庭中子女外出务工对老年人经济支持的影响研究［J］.当代经济科学，2008（1）：8 - 15.

［63］张征宇，曹思力."新农保"促进还是抑制了劳动供给？——从政策受益比例的角度［J］.统计研究，2021，38（9）：89 - 100.

［64］赵国庆.中国农村社会养老保险问题研究［M］.北京：中国农业出版社，2007：36 - 37.

［65］郑晓冬，方向明.劳动力转移如何影响农村老年人健康［J］.中国农业大学学报，2017（8）：188 - 198.

［66］郑旭辉，王小莲，宁满秀.挤出效应视阈下新型农村社会养老保险制度的收入再分配效果分析［J］.东南学术，2015（2）：150 - 156.

［67］周律，陈功，王振华.子女性别和孩次对中国农村代际货币转移的影响［J］.人口学刊，2012（1）：52 - 60.

［68］朱火云.城乡居民养老保险对代际收入转移的影响：基于CLHLS 2005—2014 的纵贯分析［J］.社会保障评论，2019，3（2）：94 - 108.

［69］Altonji J. , Hayashi F. , Kotlikoff L. J. Parental Altruism and Inter Vivos Transfers：Theoryand Evidence［J］. Journal of Political Economy，1997，105（6）：1121 - 1166.

［70］Antman F. M. Elderly Care and Intrafamily Resource Allocation when Children Migrate［J］. Journal of Human Resources，2012，47（2）：331 - 363.

［71］Ardington C. , Case A. , Hosegood V. Labor Supply Responses to Large Social Transfers：Longitudinal Evidence from South Africa［J］. American Economic Journal: Applied Economics, 2009, 1 (1): 22 – 48.

[72] Attias-Donfut C. , Wolff F. C. The Redistributive Effects of Generational Transfers. In: Arber S, Attias-Donfut C (eds) The Myth of Generational Conflict. The family and state in ageing societies [C]. Routledge, London, 2000: 22 – 46.

[73] Baron R. M. , Kenny D. A. The Moderator-mediator Variable Distinction in Social Psychological Research: Conceptual, Strategic, and Statistical Considerations [J]. Journal of Personality and Social Psychology, 1986, 51 (6): 1173 – 1182.

[74] Barro R. J. Are Government Bonds Net Wealth? [J]. Journal of Political Economy, 1974, 82 (6): 1095 – 1117.

[75] Becker G. S. A Theory of Social Interactions [J]. Journal of Political Economy, 1974, 82 (6): 1063 – 1093.

[76] Benjamin D. , Brandt L. , Rozelle S. Aging, well-being and social security in rural northern China [J]. Population and Development Review, 2000, 26 (1): 89 – 116.

[77] Bernheim B. , Shleifer A. , Summers L. The Strategic Bequest Motive [J]. Journal of Political Economy, 1985, 93 (6): 1045 – 1076.

[78] Chan Angelique. The Social and Economic Consequences of Ageing in Asia: An Introduction [J]. Asian Journal of Social Science, 1999, 27 (2): 1 – 7.

[79] Chen X. , Eggleston K. , Sun A. The impact of social pensions on intergenerational relationships: Comparative evidence from China [J]. The Journal of the Economics of Ageing (2018), http://dx. doi. org/10. 1016/j. jeoa. 2017. 04. 001.

[80] Chen X. Old-age Pension and Extended Families: How is Adult Children's inter migration affected? [J]. Contemporary Economic Policy (2015), doi: 10. 1111/coep. 12161.

[81] Cong Z. Silverstein M. Intergeneration Time-for-Money exchanges in rural China: Does reciprocity reduce depressive symptoms of older grandparents? [J]. Research in Human Development, 2008, 5 (1): 6 – 25.

［82］ Cox D. , Eser Z. , Jimenez E. Motives for Private Transfers Over the Life Cycle： An Analytical Framework and Evidence for Peru ［J］. Journal of Development Economics, 1998, 55 (1)： 57 – 80.

［83］ Cox D. , Jimenez E. Social security and private transfers in developing countries： The case of Peru ［J］. World Bank Economic Review, 1992, 6 (1)： 155 – 169.

［84］ Cox D. , Hansen B. E. , Jimenez E. How Responsive Are Private Transfers to Income? Evidence from a Laissez-Faire Economy ［J］. Journal of Public Economics, 2004, 88 (9 – 10)： 2193 – 2219.

［85］ Cox D. , Jakubson G. The Connection between Public Transfers and Private Interfamily Transfers ［J］. Journal of Public Economics, 1995, 57 (1)： 129 – 167.

［86］ Cox D. , Rank M. Inter-vivos Transfers and Intergenerational Exchange ［J］. Review of Economics and Statistics, 1992, 74 (2)： 305 – 314.

［87］ Cox D. Motives for private income transfers ［J］. Journal of Political Economy, 1987, 95 (3)： 508 – 546.

［88］ Du P. , P Tu. Population Ageing and Old Age Security ［M］. The Changing Population of China. Blackwell Publishers, 2000： 59.

［89］ Eggleston Karen, Ang Sun, Zhaoguo Zhan. The Impact of Rural Pensions in China on Labor Migration ［J］. World Bank Economic Review, 2018, 32 (1)： 64 – 84.

［90］ Fan E. Who Benefits from Public Old Age Pensions? Evidence from a Targeted Program ［J］. Economic Development & Cultural Change, 2010, 58 (2)： 297 – 323.

［91］ Giles J. , Mu R. Elderly Parent Health and the Migration Decisions of Adult Children： Evidence from Rural China ［J］. Demography, 2007, 44 (2)： 265 – 288.

［92］ Goode W. J. World Revolution and Family Patterns ［M］. New York： Free Press of Glencoe, 1963： 432.

［93］ Guo M. , Chi I. , Silverstein M. Intergenerational Support of Chinese Rural Elders With Migrant Children： Do Sons' or Daughters' Migrations Make a

Difference? [J]. Journal of Gerontological Social Work, 2009, 52 (5): 534 – 554.

[94] Harris J. R., Todaro M. P. Migration, Unemployment & Development: A Two-sector Analysis [J]. American Economic Review, 1970, 60 (1): 126 – 142.

[95] Hermalin A. I. Aging in Asia: Facing the Crossroads [C]. The Well-being of the Elderly in Asia: A Four-Country Comparative Study [M]. Ann Arbor: University of Michigan Press, 2002: 1 – 24.

[96] Ikels C., Cynthia Beall. Settling Accounts: The Intergenerational Contract in an Age of Reform [C]. Deborah David Stevan Harrell, eds. Chinese Families in the Post-Mao Era [M]. Berkeley: University of California Press, 1993: 307 – 334.

[97] Inkeles A. Modernizing influences: Causes and consequences of individual change in six developing countries [J]. Centro-Sociale, 1972 (19): 106 – 108.

[98] Jensen, Robert T. Do private transfers "displace" the benefits of public transfers? Evidence from South Africa [J]. Publ. Econ., 2003, 88 (1 – 2): 89 – 112.

[99] Juarez L. Crowding out of Private Support to the Elderly: Evidence from a Demogrant in Mexico [J]. Journal of Public Economics, 2009, 93 (3): 454 – 463.

[100] Judd C. M., Kenny D. A. Process Analysis Estimating Mediation in Treatment Evaluations [J]. Evaluation Review, 1981, 5 (5): 602 – 619.

[101] Jung H., Pirog M. A., Sang K. L. Do Public Pensions Crowd out Private Transfers to the Elderly? Evidence from South Korea [J]. Journal of Pension Economics and Finance, 2015 (1): 1 – 23.

[102] Knodel J., Saengtienchai C. Rural Parents with Urban Children: Social and Economic Implications of Migration for the Rural Elderly in Thailand [J]. Population, Space and Place, 2010, 13 (3): 193 – 210.

[103] Krueger A. B., Meyer B. D. Labor Supply Effects of Social Insurance [M]. Handbook of Public Economics, 2002: 2327 – 2392.

[104] Künemund H. , Rein M. There is More to Receiving than Needing: Theoretical Arguments and Empirical Explorations of Crowding in and Crowding Out [J]. Ageing and Society, 1999, 19 (1): 93 – 121.

[105] Litwak E. Geographical mobility and extended family cohesion [J]. American Sociological Review, 1960, 25 (3): 385 – 394.

[106] Luo B. The Impact of Rural-Urban Migration on Familial Elder Care in Rural China [D]. ProQuest LLC: Office of Graduate Studies College of Arts and Sciences Georgia State University, 2009: 1 – 175.

[107] Macwan' gi M. , Cliggett L. , Alter G. Consequences of Rural-Urban Migration on Support for the Elderly in Zambia [R]. Presented at the Annual Meeting of the Population Association of America, New Orleans, Louisiana, 1996: 9 – 11.

[108] Mason K. O. Family Change and Support of the Elderly in Asia: What Do We Know? [J]. Asia-Pacific Population Journal, 1992, 7 (3): 13 – 32.

[109] Parsons T. The Kinship System of the Contemporary United States [J]. American Anthropologist, 1943, 45 (1): 22 – 38.

[110] Posel D. , Fairburn J. A. , Lund F. Labour Migration and Households: A Reconsideration of the Effects of the Social Pension on Labour Supply in South Africa [J]. Economic Modelling, 2006, 23 (5): 836 – 853.

[111] Reil-Held A. Crowding out or crowding in? Public and private transfers in Germany [J]. European Journal of Population, 2006, 22 (3): 263 – 280.

[112] Skeldon R. Ageing of Rural Populations in South-East and East Asia [D]. Mahidol University Thailand, 1999: 38 – 55.

[113] Song L. , Li S. , Feldman M. W. Out-Migration of Young Adults and Gender Division of Intergenerational Support in Rural China [J]. Research on Aging, 2012, 34 (4): 399 – 424.

[114] Stark O. , Bloom D. E. The New Economics of Labor Migration [J]. The American Economic Review, 1985, 75 (2): 173 – 178.

[115] Stark O. , Taylor J. E. Migration Incentives, Migration Types: The

Role of Relative Deprivation [J]. The Economic Journal, 1991, 101 (408): 1163 – 1178.

[116] Stark O. Migration in Less Development Countries: Risk, Remittances and Family [J]. Finance and Development, 1991, 28 (4): 431 – 452.

[117] Sung K. T. An Asian perspective on aging east on west: Filial piety and changing families. In Bengtson et al. (eds). Aging in East and West: Families, States, and the Elderly [M]. New York: Springer Publishing Company, 2000: 41 – 56.

[118] VERE J. P. Social security and elderly labor supply: Evidence from the health and retirement study [J]. Labour Economics, 2011, 18 (5): 676 – 686.

[119] Vullnetari J., King R. Does your Granny Eat Grass? Mass Migration, Care Drain and the Fate of Older People in Rural Albania [J]. Global Networks, 2008, 8 (2): 139 – 171.

[120] Whyte M. K. The social roots of China's economic development [J]. The China Quarterly, 1995, 144 (144): 999 – 1019.

[121] Yan Y. The triumph of conjugality: Structural transformation of family relations in a Chinese village [J]. Ethnology, 1997, 36 (3): 191 – 212.

后 记

本书是在我博士论文的基础上修订完成的。本书在撰写、修订直至出版的过程中，得到了各个方面的指导、帮助和大力支持，我在此深表谢意！

首先要特别感谢的是我的博士生导师王林萍教授，这些年来的每一点进步都离不开导师的细心指导。在我毕业论文的写作期间，从论文选题、框架的制定到论文的写作、修改直至定稿的全过程中无不凝集着导师的心血，在论文的字里行间饱含着导师辛勤的汗水和深邃的思想。导师不仅是我走进学术殿堂的领路人，更是促进我成长的引路人。她以开拓创新的思想和科学合理的方法启迪着我的学术创作，以开阔的心胸和十分的耐心给予我研究的空间和自由，并给予我前进的动力和信心。在此，谨向王老师致以最衷心的感谢和最崇高的敬意。

感谢攻读博士期间的授业并给予悉心帮助的福建农林大学经济与管理学院刘伟平教授、黄和亮教授、徐学荣教授、王文烂教授、陈钦教授、邓衡山教授、林本喜副教授、郑旭媛副教授，特别是宁满秀教授。本人的研究选题得到了宁老师悉心指导，甚至专门组织开设研讨会，指导构建毕业论文理论分析框架、研究方法的选择以及相关数据的分析处理，并解惑研究中碰到的无数个问题，其严谨治学的态度、缜密的逻辑思维，一丝不苟的敬业精神和精益求精的学术作风都使我受益匪浅，对本人经济学研究思维范式的形成起到了重要的作用。同时，也要感谢由宁老师主持的国家自然科学基金面上项目"农村医疗保险便携性、就业'锁定'与福利再分配效果研究"（项目编号：71773017）对本书研究给予的资助。福建农林大学经济与管理学院浓郁的学术氛围、老师们深厚的学术功底、同窗们良好的协作精神，都为我系统地学习和掌握农业经济管理专业知识奠定了良好的基础，使我终身受益。

为了做好博士论文，自己求教了许多国内著名的农业经济管理、经济社会学专家，他们深邃的思想、渊博的学识、平易近人的姿态给我留下非常深刻的印象，非常感谢他们对一个无名小辈给予无私的帮助和引导。他们分别是中国社会科学院农村发展研究所张晓山研究员、郜亮亮副研究员，南京农业大学钟甫宁教授，中国人民大学温铁军教授、孔祥智教授，浙江大学黄祖辉教授、郭红东教授、钱忠好教授、杨万江教授，北京大学刘世定教授，武汉大学周长城教授，华中师范大学项继权教授、袁方成教授。其中，特别要感谢的是钟甫宁教授，其不厌其烦地回复我很多后来看来多么肤浅的问题，对引导本人农业经济学思维范式起到了十分重要的作用。此外，感谢中国农业大学郑晓冬博士、南京农业大学刘畅博士以及上海财经大学刘进博士在研究方法与研究数据中给予的帮助和解答。感谢北京大学中国健康与养老追踪调查（China Health and Retirement Longitudinal Study，CHARLS）项目给予的数据支持，使本研究的实证有了全国性大数据的支撑。

感谢福建理工大学管理学院党政领导班子对本人工作上的指导和大力帮助，尤其是党委书记赵健研究员和院长蔡彬清教授长期关心本人的工作和科研进展情况，并给予无私的帮助，在此深表感谢。感谢福建理工大学管理学院公共事业管理教研室的诸位兄弟姐妹对我工作上的大力支持。本书的出版还要特别感谢管理学院副院长邱栋博士以及陈国宏教授，他们从福建理工大学人文社会科学创新团队"创新与绿色发展创新团队"培育经费中拨款资助本书的出版，付梓之际，谨向他们致以由衷的谢意。

感谢福建省社科规划项目"新农保参与、劳动力迁移与农村老年人经济供养研究（项目编号：FJ2019B132）"以及福建理工大学科研启动基金"互联网使用对农村老年人健康的影响研究（项目编号：GY-S22015）"提供的资助。

我还要特别感谢远在家乡的父母长期以来对我的关心和爱护，是他们给予了我最坚实有力的支持。感谢姐姐、姐夫承担了照顾父母的职责，使我可以全身心地投入工作、学习中。感谢儿子王杜骏的快乐陪伴，小家伙是我奋斗、快乐的源泉。特别要感谢爱人杜兴艳在各方面给我的关心和爱护，在本书成稿之际，仔细阅读好几遍，针对本书的修订提出了许多宝贵的意见和建议。

这是我从事农业经济研究后的第一本著作，因能力水平有限，该书难免存在讹误之处，恳请读者批评指正、不吝赐教。

王小增

2023 年 3 月于福州